O QUE NÃO TE CONTARAM
sobre "o que Deus uniu, não separe o homem"
(Manual para homens e mulheres cristãos diante da violência doméstica)

Editora Appris Ltda.
1.ª Edição - Copyright© 2024 da autora
Direitos de Edição Reservados à Editora Appris Ltda.

Nenhuma parte desta obra poderá ser utilizada indevidamente, sem estar de acordo com a Lei nº 9.610/98. Se incorreções forem encontradas, serão de exclusiva responsabilidade de seus organizadores. Foi realizado o Depósito Legal na Fundação Biblioteca Nacional, de acordo com as Leis nos 10.994, de 14/12/2004, e 12.192, de 14/01/2010.

Catalogação na Fonte
Elaborado por: Dayanne Leal Souza
Bibliotecária CRB 9/2162

S586q
2024
	Silva, Alessandra Batista da
	   O que não te contaram sobre "o que Deus uniu, não separe o homem": (manual para homens e mulheres cristãos diante da violência doméstica) / Alessandra Batista da Silva. – 1. ed. – Curitiba: Appris, 2024.
	     255 p. ; 23 cm.
	
	   Inclui referências.
	   ISBN 978-65-250-7105-3
	
	   1. Casamento. 2. Violência doméstica. 3. Mulher. 4. Família. 5. Feminismo. 6. Deus. 7. Submissão. I. Silva, Alessandra Batista da. II. Título.
	<div align="right">CDD – 305.42</div>

Editora e Livraria Appris Ltda.
Av. Manoel Ribas, 2265 – Mercês
Curitiba/PR – CEP: 80810-002
Tel. (41) 3156 - 4731
www.editoraappris.com.br

Printed in Brazil
Impresso no Brasil

ALESSANDRA BATISTA DA SILVA

O QUE NÃO TE CONTARAM
sobre "o que Deus uniu, não separe o homem"
(Manual para homens e mulheres cristãos diante da violência doméstica)

FICHA TÉCNICA

EDITORIAL	Augusto Coelho
	Sara C. de Andrade Coelho
COMITÊ EDITORIAL	Angela Cristina Ramos
	Brasil Delmar Zanatta Junior
	Edmeire C. Pereira - UFPR
	Estevão Misael da Silva
	Marli Caetano
SUPERVISORA EDITORIAL	Renata C. Lopes
PRODUÇÃO EDITORIAL	Adrielli de Almeida
REVISÃO	Viviane Maria Maffessoni
DIAGRAMAÇÃO	Andrezza Libel
CAPA	Daniela Baumguertner
REVISÃO DE PROVA	Bianca Pechiski

Dedico esta obra ao meu Deus, nosso Senhor Jesus Cristo. Ele é pai de órfãos. Ao meu esposo, Sebastião Antônio da Silva, por sua paciência, confiança, estímulo, cuidado e amor. Para todas as mulheres vítimas de abusos e violências no âmbito religioso, algumas (elas sabem quem são) foram minhas inspirações enquanto escrevia essas páginas.

AGRADECIMENTOS

À minha mãe, Nadir Felix da Silva, por sua resistência, por ter conseguido manter sua mente sã, apesar da orfandade que experienciou, pela persistência e investimento em mim, por sonhos adiados por causa dos filhos e por ter suportado as violências que sofreu nos defendendo, pelas madrugadas nas filas do SENAC para que eu iniciasse minha formação acadêmica, pelos choros por mim, adolescente impactada pelas vivências de um lar imerso na violência doméstica, e por todo cuidado com meus filhos, pela avó e bisavó que é.

Aos meus filhos, Naiane, Lucas, Catherine e Ester, vocês são minhas inspirações. E, a todos que, de alguma forma, quando souberam do projeto e leram a minuta do livro, foram meus incentivadores para que ele viesse a existir, e aqui falo da Aline Neves, irmã, amiga, intercessora, Dani Hibner e Cida Farias, minhas irmãs, meu muito obrigado. Pastora Jandira, da igreja Unidade da Fé, minha intercessora, gratidão.

"Nós mulheres fomos idealizadas e criadas pelo Eterno à altura do único Deus criador do céu e da terra, a partir de nossa existência, o homem que veio primeiro foi aperfeiçoado, e o que Deus viu que não era bom, a partir de nós deu lugar a plenitude".

PREFÁCIO 1

O livro tem a finalidade de apresentar aos leitores as experiências manifestadas ao longo do tempo pela Dr.ª Alessandra Batista, no que tange ao contraste entre homens e mulheres enquanto cristãos.

O manual nos traz uma visão holística de notabilidade e uma reflexão incrível, envolvendo os aspectos espirituais, históricos e sociais, fundamentado no discurso sobre "A violência doméstica praticada contra a mulher". Ressaltamos que a abordagem tem como viés conscientizar o leitor em relação à justiciabilidade e a preciosidade ao sexo feminino, visando eliminar a imparcialidade e o desrespeito na vida conjugal, cujo objetivo é revelar os fatores primordiais que dão acesso ao direito à vida, à liberdade e à valorização do "Ser mulher".

Esse ensinamento é bastante enriquecedor, pois nos revela os segredos de valorização às mulheres que ocuparam lugares esplêndidos e conquistaram nações por meio de seus ofícios desenvolvidos, revelando as suas habilidades e competências, em cenários sombrios, em que sua postura confirmou capacidade fantástica de desbravamento.

Que essa instrução colabore para o seu elevo espiritual, psicológico, familiar e social!

Aparecida Rodrigues Gonçalves de Farias
Pedagoga/Psicanalista

PREFÁCIO 2

Quando o assunto é violência doméstica, famílias dilaceradas e os desafios enfrentados pelas mulheres, o caminho para a compreensão nem sempre é claro. No entanto, quando encontramos alguém como Alessandra Batista, uma voz comprometida com a justiça e a verdade, somos guiados por meio das sombras para a luz da compreensão e do conhecimento. Conheci Alessandra em um ambiente onde as questões familiares se entrelaçam com a fé, e imediatamente percebi sua dedicação incansável à causa das famílias e das mulheres. Sua experiência, tanto em lidar com a violência doméstica quanto em compreender as complexidades das relações familiares, a torna uma voz singular e poderosa nesse campo.

Em *O que não te contaram sobre "o que Deus uniu, não separe o homem"*, Alessandra não apenas traz à tona um assunto muitas vezes negligenciado nas comunidades religiosas, mas o faz de maneira corajosa e perspicaz. Ao desafiar as noções preconcebidas e trazer à luz a realidade dolorosa que muitas mulheres cristãs enfrentam, ela nos convida a uma jornada de reflexão e entendimento.

Este livro não é apenas para aqueles que buscam compreender a violência doméstica do ponto de vista da fé, mas também para os que desejam promover uma mudança real e duradoura em suas comunidades.

Ao ler estas páginas, você encontrará não apenas estatísticas e teorias, mas também histórias reais e verdades profundas que tocarão o coração e abrirão os olhos. Este não é apenas um livro para ser lido, mas uma ferramenta vital para líderes e conselheiros que desejam implementar mudanças significativas e combater a violência em todas as suas formas.

Portanto, convido você a mergulhar nesta obra com mente e coração abertos. Que não seja apenas um guia, mas também uma inspiração para agir e promover um mundo onde o amor, o respeito e a justiça se façam presentes.

Meu desejo é que aqueles que leem este livro sejam capacitados a serem agentes de transformação, levando luz para onde há escuridão e esperança para onde há desespero.

Dr.ª Danielle Hibner Freitas
Psicóloga e Terapeuta Familiar

SUMÁRIO

INTRODUÇÃO 19

CAPÍTULO I
DE ONDE VEIO A DOMINAÇÃO MASCULINA 27

CAPÍTULO II
MALLEUS MALEFICARUM E A PERSEGUIÇÃO DAS MULHERES NA IDADE MÉDIA 33

CAPÍTULO III
BIBELKVINNA 39

CAPÍTULO IV
UM INIMIGO É QUEM FEZ ISSO 51

CAPÍTULO V
RELIGIOSIDADE 55

CAPÍTULO VI
LEIS DOS HOMENS E LEIS DIVINAS 61

CAPÍTULO VII
MULHERES COMPLETAMENTE CAPAZES 69

CAPÍTULO VIII
INCAPACIDADE RELATIVA DA MULHER E A OPRESSÃO NO CASAMENTO .. 85

CAPÍTULO IX
A "BALA DE PRATA" DO FEMINISMO 91

CAPÍTULO X
FEMINISMO E A DESTRUIÇÃO DA MULHER, DO HOMEM E DA FAMÍLIA ... 99

CAPÍTULO XI
VIOLÊNCIA DOMÉSTICA CONTRA A MULHER E A IGREJA 121

CAPÍTULO XII
O QUE DEUS UNIU NÃO SEPARE O HOMEM! 135

CAPÍTULO XIII
QUANTO À SUBMISSÃO BÍBLICA 143

CAPÍTULO XIV
SE TE MALTRATA, ELE PODE SER CHAMADO DE QUALQUER COISA, MENOS DE CRISTÃO 147

CAPÍTULO XV
O LEGADO DA CULPA 151

CAPÍTULO XVI
AS DEPENDÊNCIAS: EMOCIONAL E FINANCEIRA 157

CAPÍTULO XVII
O DESAFIO DA INCLUSÃO 163

CAPÍTULO XVIII
ALGUMAS DEFINIÇÕES IMPORTANTES 165

CAPÍTULO XIX
TIPOS DE VIOLÊNCIA E ABUSOS 171

CAPÍTULO XX
BREVE HISTÓRIA DAS LEIS DE PROTEÇÃO À MULHER 189

CAPÍTULO XXI
GRUPOS DE ACOLHIMENTO DENTRO DA IGREJA 193

CAPÍTULO XXII
APÊNDICE (LEGISLAÇÃO) 201

CAPÍTULO XXIII
A CONTA DA VIOLÊNCIA DOMÉSTICA..231

CONCLUSÃO..235

REDES DE SERVIÇOS...239

REFERÊNCIAS 253

INTRODUÇÃO

Para iniciar escrevendo sobre este tema, começaremos pela abordagem espiritual; é necessário compreender ao Senhor Jesus, naquilo que Ele permitiu que descortinássemos, sendo esse o imprescindível ponto de partida, pois conhecemos em parte, mais um dia entenderemos como Ele nos conhece. Imaginar isso, nos faz compreender com exatidão as quebras dos paradigmas empreendidos pelo mestre. As frequentes chacoalhadas naquelas formas farisaicas de viver.

Não, definitivamente este não é um manual permitindo ou permissivo para o divórcio. Se você comprou este livro pensando nisso, lamento te decepcionar. A verdade por trás da letra e as condicionantes para manter o status de quem não pratica a iniquidade, isto sim, você vai ver bastante por aqui, porque são estes que entrarão no reino dos céus, exatamente os que não praticam! O contrário disto é os tais que praticam a iniquidade esses já estão de fora, e não sou eu quem digo isso.

A ruptura com o engano proposta pelo mestre não estava adstrita à rebeldia dos que decidiam ignorá-lo, haja vista que os que o observavam foram todos impactados e transformados, lembremos de Zaqueu por exemplo, é, e sempre será uma mudança de vida paradigmática, e, o movimento é interno, eu decido, você decide e outros decidirão sempre será assim! A permanência no erro sempre será opcional, e suas consequências inevitáveis, podem até ser minoradas, sofrerem graduação, e até certo ponto moduladas por permissão de Deus a do Rei Davi, a ele foi permitido escolher o tipo de castigo que sofreria.

O distanciamento do modo de vida religioso, é a correção da rota, a proposta e do desejo do Pai é de salvar a todos, e, a religiosidade não se prestava a esse propósito. Ante, promovia o afastamento do verdadeiro encontro com o Senhor.

Nada diferente relativo a todo tipo de pecado, entendendo que alguns gerariam morte e outros não, mas, todos, sem exceção, produziriam o afastamento do Pai.

Nessa toada, se todos os pecados nos fazem errar o alvo, podemos perceber que o fato de praticar o adultério, ou roubo, ou a mentira, cometer violência contra a mulher, entre outros, nos colocam todos no mesmo patamar de distanciamento.

Não há nada oculto aos olhos do Senhor. Quando Jesus chega, sabia o que havia de mais profundo dentro de cada coração e assim, podia expor a todos sem exceção, grandes, pequenos, homens, mulheres tiveram contato com a verdade, que clareia os caminhos mais obscurecidos.

Quando observamos a aplicação da Palavra de Deus, interpretada por meio de conveniências, podemos analisar que a pregação também atenderia a interesses mesquinhos, senão vejamos:

> *Há pregadores que pregam por inveja, por porfia, por ambição egoísta, sem sinceridade.* (Filp.1: 15,17)

O Apóstolo Paulo encontrou quem agisse assim, e, em nossos tempos não é diferente. Quando ainda percebemos líderes das mais diversas patentes religiosas, que ignoram a violência contra a mulher em suas instituições, não se manifestam acerca do tema e não tomam nenhuma medida contra os agressores, silenciam acerca da situação, como se não existisse, uma espécie de "deixa isso para lá", não buscam a verdade, se escoram em seus títulos e seguem suas vidas, enquanto há muita opressão ocorrendo considerando que pregamos com nossas vidas. E, assim sendo, nossas atitudes e a falta delas também mostram a fé que possuímos.

Na omissão, somos tão responsáveis quanto os que cometem o ato. Sofreremos as consequências de todos os nossos atos, inclusive por não agir. Esse tema não é dos mais fáceis, cientificamente é necessária uma visão multidisciplinar do tema, há possibilidade de que a violência seja aprendida, adotada como um modo de vida e normalizada por quem comete, por quem sente e por quem pratica. Então, se o fenômeno deve ser tratado na sociedade mediante um olhar multidimensional, os fatores históricos, sociais e legais foram impactados pela questão espiritual; e a quem compete trazer luz ao mundo, e ao responder esta pergunta, outra em sequência deriva da anterior: Por que a igreja ficaria de fora? As mulheres vêm marcadas por uma sentença espiritual que ainda está sendo executada!

A questão da fé é um componente tão precioso, que é resguardada constitucionalmente, ou seja, somos livres para crer, e agir em conformidade com a nossa fé. Isso nos torna completamente responsáveis uns pelos outros, na medida confiada a Deus para cada um. Nesse sentido, quando somos instados a levar a carga uns dos outros, é aí que não temos liberdade para ignorar o sofrimento alheio que nos salta os olhos.

Então, sendo isso verdadeiro, ao menor sinal de sofrimento emocional ou desvios quaisquer que sejam, ou dificuldades, sentimentos de posse, ciúmes excessivos, violência psicológica, entre outros, que muitas vezes são tratados dentro dos gabinetes pastorais, necessitam de um tratamento diferenciado, núcleos de atendimento capazes de ajudar os vitimados pela violência doméstica, haja vista que os sofrimentos são múltiplos, o homem que pratica está a léguas de distância do seu Senhor, e, que por outro lado também pode ser vítima de uma família disfuncional, e, se o for quanto mais cedo ele puder ter um encontro consigo mesmo e resolver suas emoções, por meio de apoio técnico e espiritual (Grupos Reflexivos de Homens Autores de Violência de Gênero) previstos na Lei Maria da Penha, e, completamente desconhecido por muitos, é também uma ferramenta para o enfrentamento à violência doméstica e familiar; a expectativa é que ele consiga se tornar uma pessoa saudável, sadia em todos os aspectos.

Ainda considerando o aspecto espiritual da questão, o mundo segue adoecido pelo pecado. É um erro achar que sem uma abordagem profunda, e, não aceitando como verdadeira as quebras de maldições familiares, espirituais seremos capazes de debelar um fenômeno dessa magnitude, e, difícil de ser controlado. Por suas características, pelo adoecimento dos lares, das pessoas, das crianças, das mulheres feridas, dos homens agressores que se escondem por meio de sorrisos e uma maneira de agir que se oculta dos olhares dos outros.

E, não há nada de equivocado nisso, em geral quem sofre não tem orgulho ou desejo de se mostrar, até porque nos tempos atuais o sofrimento está fora de moda, sofrer não dá *likes*, são os físicos avantajados, as pregações cheias de efeitos e revelamentos artificiais, geração ligada ao bem-estar e ao prazer a qualquer custo, multidões no Instagram e no Facebook, o ter em detrimento do ser, que tornam as pessoas atraentes.

Considerando esse aspecto se fizéssemos um experimento social agora, utilizando a fórmula que Jesus nos ensinou, seríamos surpreendidos, apesar de avisados; então se alguém sujo, fedorento ou trajando roupas rasgadas, humildes, entrasse na igreja agora? Quem o guiaria para o primeiro lugar de frente ao púlpito? Não precisa responder. Nossa sociedade, o mundo caído está preso ao espírito deste tempo, que teima em aninhar-se na igreja. Essas e outras questões guiam nosso julgamento e forma de ver a vida. Precisamos ficar alertas quanto ao contágio social de demandas que tem uma única finalidade, nos afastar da essência de Cristo.

No aspecto histórico religioso, no começo de tudo, percebemos um Deus Pai que está presente na história da humanidade, na história das mulheres, dando a elas atenção, cuidado e destacando-as com frequência, não há liberdade ou concessão para que nenhuma fosse maltratada, antes foram muitas vezes usadas com profundidade para comunicarem uma mensagem ou outra, eternizadas por sua forma de agir, a exemplo de Jael, Débora, Agar, as filhas de Zelofeade, Rute, Abigail e Tamar, entre outras. Meus olhos brilham e meu coração pulsa mais forte quando as leio, sinto e consigo imaginá-las.

A verdade é que todas foram tremendamente amadas e, por isso, representando a cada uma de nós mulheres do tempo presente. Precisamos nos inspirar nelas com urgência, como um antídoto eficaz e poderoso contra o espírito de morte que assola o mundo caído sem Deus.

Outro aspecto importante a ser considerado, é o aparelhamento estatal no que tange aos conceitos humanistas, tais filosofias puramente humanas se chocam com a fé cristã e sua moral. Se considerarmos a contribuição da Reforma Protestante acerca da família, trabalho, educação e as condutas sociais esperadas pelo homem médio, foram disseminadas neste período.

Ainda que seja necessária a laicidade do estado, ela não está dissociada do respeito às diferenças e da liberdade de crença. À medida que o convencimento pende fortemente para as doutrinas humanistas, invariavelmente a pressão ocorre sobre os fundamentos da sociedade judaico cristã.

Neste tempo, nunca foi tão preciso e imperioso viver uma fé fundamentada, prática, verdadeira. Não há espaços para o meio termo, considerando que sendo seres sociais tendemos à imitação, imitamos os que vieram antes de nós. E, a pergunta é: quando nossos filhos tem contato com tais filosofias, eles conseguem ter em mente a oralidade transmitida? Os padrões de fé ensinados? E mais: possuem revestimento espiritual capaz de proteger suas mentes do engano? Perguntas inquietantes, mas necessárias. A geração que vem se espelhará na que a antecede, sem nenhuma dúvida, ou seremos ovacionados ou rechaçados.

O mundo, a carne e o diabo são os nossos inimigos. Há muito tempo, pelejamos com a cultura influenciada pelo diabo; quanto a carne, sabemos que ela se opõe às coisas do Espírito, não há como demonizar tudo!

Precisamos ser dirigidos pelo Senhor, para que possamos pedir a unção dos Bereanos, de forma que o discernimento seja nossa ferramenta, e se aplicado conforme esperado a revelação virá a tempo de nos colocar a salvo de doutrinas de demônios. Não podemos esquecer que o engano está posto diante de nós.

Essa é uma luta que não nos deixará, até que se consumem os séculos e que a segunda vinda de Cristo ocorra. Ainda haverá testes, episódios, provas que propiciarão a necessária distinção da fé qualitativamente falando. Precisamos compreender que os pilares que estão sendo movidos, vão impactar no cálculo estrutural do ser humano, e, qualquer mudança não calculada de forma correta não vai impedir a construção, mas sim sua durabilidade, estabilidade, fragilidade.

O homem foi criado com uma finalidade específica e para um propósito abençoado, mas, desde os primeiros tempos, a presença e os ensinamentos advindos de Deus criador foram rejeitados, e desta rejeição advieram as consequências do afastamento.

A sabedoria humana está aquém da sabedoria de Deus. O orgulho, acerca do que se sabe da vida, e, as elocubrações sociais do pensamento humano estão divorciadas da ideia do Deus criador do Céu e da Terra, a desobediência, a rejeição, o questionamento da soberania de Deus é o que está em *check*.

Podemos comparar com as grandes arenas romanas, quem está no Coliseu preocupa-se com os golpes do inimigo, e por um momento nos desconectamos de todo o resto, e buscamos por sobrevivência. Mas nos esquecemos que estamos no centro de uma perseguição desenfreada, o diabo busca perverter e nos distanciar da presença de Deus, e, faz isso usando nossos pensamentos e vontades que são livres, Deus nos fez livres, até mesmo para desobedecer.

Na arena, somos as presas. Nossas defesas não são compatíveis com o verdadeiro inimigo das nossas almas, pois ele nos estudou por muito tempo. Sabe das nossas fragilidades e da nossa costumeira dificuldade de crer de forma incondicional.

O diabo usa de forma atraente as sabedorias humanas, para manipular o homem. A Filosofia, a História, a Medicina, se não submetidas à sabedoria divina, serão os receptáculos perfeitos, as verdades filosóficas, históricas, medicinais, sociológicas culturais precisam ser submetidas ao crivo da Palavra do Senhor.

Exatamente neste ponto, percebemos o quão é necessária é a laicidade do Estado. Viver por fé precisa ser uma escolha consciente e nunca utilizada como instrumento de domínio. Não podemos nos impor sobre a filosofia escolhida de absolutamente ninguém, contudo, também não podemos impor sobre a sociedade os fundamentos humanistas via de regra estabelecidos por homens apartados de Deus. Esta imposição é a forma eleita para silenciar a igreja, por mais impiedade que vejamos, ela não será capaz de anular o propósito de Deus para a humanidade.

O que quero dizer é: o tempo não será modificado por causa do homem, ele seguirá seu curso. Atualmente, somos instados a defender nossa fé, precisamos lutar pelo direito de existência fundado no que cremos, nossas convicções morais e religiosas são fundamentos imprescindíveis que se correlacionam com nossa existência, por isso tão firmemente atacados.

Desta forma o Estado, que precisa ser laico, tem se arvorado contra nossa fé violentamente, por meio de doutrinas humanistas, problematizando a linguagem, impondo-se sobre a educação, sobre as leis, uma espécie de mordaça, e propiciando e estimulando o choque onde os conceitos tradicionalmente passados de pais para filhos são facilmente e repetidamente questionados.

Não seremos derrotados! Mas precisamos ser vigilantes.

Esta obra é fundamentada na revelação que Deus me concedeu para escrevê-la. É imperioso considerar que a moral judaico cristã está impregnada em todas estas linhas, os princípios basilares de interpretação têm esse fundamento. Em contrapartida, estamos vivendo em um mundo totalmente globalizado, fundamentado no Humanismo que respeita, traduz e reavalia as variantes das necessidades de crer e dos desejos de saber que são patrimônio universal de todas as civilizações. O Humanismo é o encontro de todas as diferenças, seu papel de reavaliador das variantes, torna elástica a fé, e a aceitação de todas as culturas, sejam elas quais forem, como plenamente válidas mesmo que se choquem com as culturas moralmente consolidadas de qualquer povo. A partir dele os marcos vão sendo removidos, e a ideia de um único Deus criador vai sendo demovida, dando lugar a outros ensinamentos contrários à Palavra de Deus.

Por fim e não menos importante, precisamos perceber e resgatar essa pureza transformadora do evangelho poderoso, que não pactua com opressões religiosas, com injustiças, com violência, com manipulações. Os inimigos são os mesmos, as estratégias estejam talvez mais sofisticadas e o povo ainda suscetível a todo tipo de manipulação, vento de doutrina, doutrinas humanas, demoníacas, e a tudo devemos enfrentar. Por fim, teremos uma abordagem que visa desconstruir os mitos levantados pelo feminismo, nos fará compreender que a perseguição à mulher é datada de muito antes dos movimentos organizados, os impactos sofridos pela inimizade posta entre a mulher e a serpente, e, por isso estamos constantemente em permanente tensão com o espírito deste tempo. Assim, é imperioso conhecer a verdade.

Porque conhecendo a verdade, ELA NOS LIBERTARÁ.

Boa Leitura.

Capítulo I

DE ONDE VEIO A DOMINAÇÃO MASCULINA

> *Para a mulher sentenciou o Senhor: "Multiplicarei grandemente o teu sofrimento na gravidez; em meio à agonia darás luz a filhos; seguirás desejando influenciar o teu marido, mas, ele te dominará". (Gn.3:16)*

A revelação se compreende por meio da fé, houve uma quebra no ecossistema do Éden, o pacto com Deus estava sendo violado. Havia todo um processo harmônico instalado que fora brutalmente desvirtuado pela entrada do pecado por meio da desobediência. Tal compreensão é necessária para que possamos vislumbrar de que forma o propósito designado por Deus, para o homem e a mulher, foram sensivelmente afetados. Um movimento espiritual foi iniciado a partir da sentença que ambos receberam em razão da violação da ordem dada por Deus. A inimizade fora instalada entre a serpente e a mulher, e, atrelado a isto viria a dominação masculina e o desejo dela de influenciar novamente seu marido, ou seja, um retorno ao estado natural de auxiliadora, adjutora idônea, alguém que seguiria influenciando e ajudando na administração ativamente, dotada de autonomia para explorar, compartilhar com Adão suas impressões com liberdade.

Uma vez perdida essa condição, no desenrolar da história de Adão e Eva, a terra já não era a mesma, estava submetida ao que Deus ordenou, a produção de alimentos foi afetada, a terra passou a ser hostil às investidas do homem, haveria trabalho dobrado, que exigiria mais força, mais empenho e muito cansaço, o pecado faz isso conosco, aumenta distâncias, nos deixa sem opções, nos fatiga e nos coloca numa condição de aprisionamento. Não havia escapatória, seria necessário passar por aquilo.

Precisamos compreender que não estamos diante de uma ideia humana de dominação, estamos diante de uma sentença. Haveria um preço a ser pago pela desobediência, e, que tal domínio a ser exercido pelo homem era o oposto da liberdade que fora oferecida; Eva foi concebida em essência como parte de Adão, não havia no pensamento de Deus nenhuma intenção de inferiorização da mulher, muito pelo contrário. Eva na história da criação foi a mulher mais empoderada da história, dela foi escrito que teve liberdade para explorar o jardim, de colher suas próprias impressões e depois poderia compartilhar com Adão, que exerceria seu domínio com um auxílio eficaz e produtivo; Eva utiliza sua habilidade comunicação com a serpente, denotando assim que não havia um ser subalternizado, e, sim alguém dotada de capacidades extraordinárias, avaliando que ela conseguiu se comunicar com um animal. Ela foi criada especialmente para uma missão que a designava como um auxílio fiel, uma segurança para o exercício do papel e missão de Adão que não seria completo sem ela. Eva ainda nos ensina sobre a tentação, a sugestão, a indução ao erro produzido pela serpente. Notemos que o estratagema continua sendo o mesmo, meia verdade é uma mentira, desvirtuamento da Palavra, sugestões mentais que levam ao erro. Eva foi escolhida pela Serpente pela sua alta capacidade, pela sua compreensão do Éden, por seu grau de influência e de importância ao lado de Adão. Eva não foi escolhida por ser débil, foi escolhida pelo diabo por sua inteligência e pela missão que havia de ser desempenhada por ela.

A vida de Eva nos apresenta uma didática importante, grandes ensinamentos devem ser extraídos da sua vida. Não deveria ser lembrada por seu erro, deveria ser lembrada como alguém que chamou atenção do inferno porque tinha uma grande missão a ser desenvolvida e que satanás precisava parar. Eva desempenhou sua missão no erro, pois foi o vetor desse compartilhamento, sua leitura equivocada foi compartilhada com Adão, que aceitou sua sugestão. Uma lição preciosa extraímos daqui, de que forma estamos influenciando nossos maridos, nossos liderados, nossos filhos? O diabo, a velha serpente, continua pelos "Éden" de nossas vidas com uma única finalidade que é de trazer perturbação frequente as nossas existências, nos levando ao afastamento de Deus.

Estamos diante de uma noção de completude, aquilo que estava perfeito e acabado, assim era Adão e Eva e sem Eva essa completude não existiria, não era bom que ele estivesse só. Quando a sentença surge, a Terra e todos os seres sobre ela tem o impacto desta sentença. Eva gera filhos com dores conforme determinado por Deus, sua casa experimenta o primeiro homicídio, muitas tristezas e dificuldades foram experimentadas, mas ela também gera Sete, agradece a Deus por isso, e Sete gera Enos e a partir dali os homens começaram a invocar o nome do Senhor. A história não para e ela continua a se desenrolar. Eva, ao gerar Sete, se sente agradecida porque um outro filho ocuparia o lugar daquele que foi assassinado. Deus dá novamente filhos a ela, e, como avó de Enos pôde testemunhar que o nome do Senhor foi invocado.

O nascimento de Enos e o que ele inaugura mostra o quão Deus proveu para Eva, uma espécie de remissão, afinal na sua linhagem desceram homens que temiam ao Senhor. Uma espécie de retorno ao Pai.

Se por um lado temos Eva sob o domínio de seu marido, temos também a serpente que agiria e se movimentaria perseguindo a mulher, afinal a inimizade estava posta entre ambas. Em que pese a dominação masculina imposta na sentença, não temos nada que autorize ao homem infringir sofrimento à mulher, essa dominação conferia antes de tudo uma ausência de prestígio, e, o enfraquecimento de sua influência, que nesse ponto era nula, sem efeito. Contudo, no desenrolar da história temos eventos importantes que revelam com profundidade o cuidado de Deus com as mulheres, e, o quanto elas foram importantes na história da humanidade.

Espiritualmente, a sentença e o poderio da serpente entram pela desobediência e saem pela obediência. À medida que Enos começa a invocar o nome do Senhor, o retorno à obediência e à observância do desejo de Deus para o homem, com essa atitude se inicia um novo momento. O poder da serpente é aniquilado, e, os corações alinhados à vontade de Deus produzem frutos que se correspondem com a essência do criador.

A história demonstra isso, Noé e sua obediência na construção da Arca que simbolizava o conserto de Deus, e por consequente uma nova aliança. O amor de Deus pela família traduzido nas ações empreendidas por Noé. Após vemos Abrão e Sarai, que se transformam em Abraão e Sara, após longo tempo de ensinamento sobre o caráter de Deus e seu modo de agir. Temos Rebeca, Joquebede, mais a frente, Sifrá e Puá as parteiras que foram essenciais para a vida de Moisés. Não observamos nada de opressivo ou nenhuma outorga a maus-tratos, físicos ou emocionais às mulheres. E, a explicação é porque quem invoca ao Senhor tem o caráter dele e Deus ama as mulheres.

Não podemos ignorar o fato de que o tempo presente e aqueles que vivem sem Cristo, estão sob o espírito da servidão, e o espírito da servidão a todo tempo invoca para si o exercício da inimizade contra a mulher. Desta forma, vemos um esforço gigante para mover a mulher do seu chamado inicial, da sua essência de adjutora fiel, idônea capaz de apontar o caminho. A mulher criada por Deus, no exercício do seu chamado é potente, e traz um grande prejuízo ao inferno. Não sem motivos, que enfrentamos inimigos de toda sorte, que possuem um único propósito que é nos aprisionar na sentença advinda do pecado original.

Eva e Adão foram avós de Enos, que passa a invocar o nome do Senhor, ao se submeter a Deus tudo vai voltando ao lugar.

Em que pese a dominação masculina, sentenciada no Éden, não vemos mulheres subalternizadas, inferiorizadas em vários relatos bíblicos, vemos mulheres potentes, direcionadas pelo Espírito do Senhor, mulheres que lideraram, mulheres que proveram grandes livramentos, mulheres que se destacaram e fora as anônimas que não tiveram seus nomes registrados no pentateuco, mulheres que receberam visitas de anjos, mulheres que tiveram sonhos atendidos, mulheres que alcançaram livramentos incríveis, mulheres que dialogaram com profetas, mulheres que mudaram a história.

Seria esse o pensamento, não podemos ignorar o que de fato ocorreu. Reconhecer nossa posição no mundo, e como somos vistos pelo diabo e os demônios, dará a ele a exata noção de como deverá nos combater. Ou seja, se sobre nós houver o selo do Espírito Santo, se cremos em Cristo, o segundo Adão, não poderá ser usada contra nós a arma dada a ele no Éden, sua inimizade, e a utilização da dominação masculina contra a vida das mulheres não terá o efeito pretendido, porque pela expiação do pecado, pelo sangue que foi vertido na cruz, o estado original volta, a completude entre homem e mulher passa a seguir seu curso e a vontade de Deus que é boa, perfeita e agradável terá o lugar devido nos corações dos que creem no Senhor Jesus.

O argumento falacioso dos movimentos tanto o feminista quanto o marxista, querem nos levar a crer que o homem essencialmente é mau. Se por um lado o feminismo abertamente atribui ao homem toda dominação e maldade, rechaçando sua liderança, desprezando-a; o marxismo devota seu ódio à família, correlacionando a ela com a propriedade privada, diluindo a liderança do homem, e colocando a mulher em seu lugar.

Não podemos nos permitir errar quanto a isto. O problema não está no homem criado a imagem e semelhança de Deus, o que precisamos combater é o espírito que teve as portas abertas pela desobediência, se pela desobediência de um o pecado entrou no mundo, pela obediência de outro ele sai, então dessa equação temos, o homem sem Deus entregue às suas próprias paixões, e o homem com Deus que teme ao Senhor, esses dois homens estão sobre a Terra, um tem conhecimento de suas lutas diárias, luta contra a sua própria carne, contra o mundo e contra o diabo, esse homem é o que teme a Deus, e o outro, nada sabe, nada vê, esmurra o ar e se autodestrói.

O desequilíbrio que vivenciamos não tem relação com guerra de sexos e nem disputa por posições, a guerra aberta contra nós tem relação com o domínio do inferno sobre os nossos corações. Por isso, não devemos nos deixar seduzir por argumentos falaciosos, por meias verdades, por discursos que não traduzem a verdade dos fatos, que ignoram a desobediência no Éden, que também desprezam a atuação do diabo que opera todos os dias para nos fazer errar o caminho, e errar o caminho é a jornada mais curta para o inferno. É sobre isso que estamos tratando.

Não estamos diante somente de uma construção social como querem e afirmam as feministas; estamos diante também de uma construção espiritual. Uma espécie de outorga para atuar foi dada ao diabo por causa do pecado. São as consequências da queda no Éden. As alterações decorrentes do pecado, trouxeram anomalias nas relações interpessoais e daí surgiram todas as distorções que distanciaram a mulher da sua primeira missão, a de ser auxiliadora, influenciadora, idônea, capaz de fornecer auxílio e direção. Caindo no descrédito, e, disto adviram perseguições, humilhações, preconceitos, estigmas, sujeições entre outros que perpassaram os séculos.

Nosso problema não são as masculinidades, o ser homem. O nosso real inimigo espreita as relações humanas e com um aguilhão apontado para a mulher, busca inferiorizá-la, infringindo a ela toda sorte de males mediante o domínio do homem. O exercício da masculinidade não é o problema em si, mas, a distorção que advém desse exercício. O engodo está neste ponto, a inadequação e o uso deste domínio, que se impõe sobre sua autonomia, e capacidade de influenciar. Não é possível exercer influência, quando se está sob domínio de alguém, pois a condição de dominada exige estar sob a vontade do outro. Perdemos a posição de auxiliadoras, da idoneidade e passamos a uma outra muito mais incômoda, de merecedoras do descrédito, e, tudo isso por causa do pecado.

O questionamento frequente da liderança masculina, revela o cerne do desejo do diabo, que é a distorção do propósito de Deus. Por isso, o patriarcado passa atender os propósitos da dominação masculina, passando assim a ser atacada a liderança masculina e nesse caso já altamente corrompida por satanás.

Nos próximos capítulos vamos ver de que forma as mulheres foram afetadas por esse espírito de dominação masculina, de que maneira vivenciamos a história, e, como a sentença do Éden e a atuação da Serpente vem marcando a trajetória da mulher.

FIXAÇÃO DO CAPÍTULO

A dominação masculina vem de uma sentença que foi proferida no Éden. A dominação imposta tem um componente espiritual que explica toda a distorção de comportamento. A partir da queda do homem, e quando o pecado entra no mundo o poderio da serpente se faz sentir nos pormenores da vida cotidiana. As relações homem e mulher não seriam mais as mesmas, contando com uma distorção severa sobre o desejo da mulher; ela seguiria tentando influenciar e seria dominada em sua pretensão e desejos. Ignorar a origem do conflito é impedir que a humanidade consiga enxergar o caminho de volta para harmonia das relações. Sem essa percepção correta do problema, a sociedade caminha como que tateando no escuro, em busca de uma solução que só poderá ser dada por meio de Cristo. Não há nada que corrobore ou permita a sujeição da mulher na Bíblia Sagrada, a outorga dada tem conexão com o pecado. Após a queda no Éden, segue-se vários episódios de conseguir o caminho de volta a adoração a Deus, e, por consequência o esvaziamento das sentenças, tornando-as sem efeito, de forma que o jugo sobre a mulher perdesse os efeitos jurídicos, sociais, relacionais de forma em geral. Sem a noção exata e o porquê da dominação as teorias vão se multiplicando nas quais o homem passa a figurar como grande algoz da mulher, essa simples cognição não fala dos motivos deste desequilíbrio e da influência diabólica que pesa sobre a humanidade até então. Desta forma, quando Cristo toma o lugar nos corações humanos, toda violência, toda dominação cedem a paz, e a paz perfeita que vem de Cristo se encarrega de dar fim em toda intranquilidade.

Capítulo II

MALLEUS MALEFICARUM E A PERSEGUIÇÃO DAS MULHERES NA IDADE MÉDIA

O *Malleus Maleficarum* (*O Martelo das Bruxas*) foi publicado por Kramer pela primeira vez no final do século XV (1487) – escrito em 1486, essa obra marcou um período intenso de perseguição às mulheres, uma espécie de repressão ordenada, sistemática. As mulheres eram parteiras, e passavam saberes umas para as outras, faziam seus próprios remédios, se organizavam e trocavam saberes, curando umas às outras até emocionalmente, e, assim de alguma forma desafiavam o poder médico, organizado nas universidades no sistema feudal. Abaixo na transcrição do livro, verifica-se a razão pela qual as mulheres eram usadas pelo demônio:

> A razão natural para isto é que ela é mais carnal que o homem, como fica claro pelas inúmeras abominações carnais que pratica. Deve-se notar que houve um defeito na fabricação da primeira mulher, pois ela foi formada por uma costela de peito de homem, que é torta. Devido a esse defeito, ela é um animal imperfeito que engana sempre. Malleus Maleficarum, primeira parte, questão VKramer, Heinrich; Sprenger, James. O martelo das feiticeiras (pp. 52-53). Rosa dos Tempos. Edição do Kindle.

Estamos diante de um tempo, onde a perseguição para os hereges, eram merecedores da morte, a mulher estava no centro dessa discussão, sendo ela que no imaginário dos inquisidores era a mulher do demônio, mantendo relações sexuais com ele, e o poder das bruxas vinha desta capacidade, de manter intimidade sexual com o diabo, e, desta forma teriam elas poderes sobrenaturais, para curar, para causar enfermidades, para fazer desaparecer órgãos sexuais masculinos, fazer oferenda de crianças ao diabo, trazer ruínas às colheitas, ocasionar doenças nos animais, atribuíam ainda a elas tempestades e outros que posteriormente justificariam seu extermínio em massa, autorizado por uma Bula Papal.

Neste ponto, reside uma grande falácia do feminismo, que atribuí generalizadamente ao Genesis 2, a autorização para o cometimento de atrocidades, o que se constitui como uma grandiosa falácia, pois a história bíblica denota, a punição pelo pecado cometido, em nenhum ponto há registro da autorização da realização de barbáries como as cometidas neste período, uma clara deturpação das sagradas escrituras. Outrossim, somente uma manipulação assombrosa poderia aventar a possibilidade de haver uma fase embrionária da inquisição que afetou as mulheres naquela época. Uma espécie de demonização de todas as Evas, daí as rupturas já começam a se cristalizar e as incoerências entre o que se entendia de Cristo (haja vista do domínio da igreja católica nesta época) o fato de Cristo estar no centro e com ele o amor, mais que amor é este que mata?

O Martelo das Feiticeiras é uma das mais assombrosas páginas do cristianismo, utilizada como o manual do inquisidor contra bruxaria, mas, é dirigido especialmente às mulheres, alimentando seu ódio a elas, para justificar as suas práticas, conceitos desabonadores entre outros conforme citado acima. Estamos diante de uma obra que foi utilizada em larga escala por durante três séculos, uma parte terrível da história da humanidade, que resultou em muitas mortes em especial as das mulheres. Ele advém do desejo de enaltecer a Cristo, e que de forma louca, transforma-se em um código criminal redigido por sábios, estudiosos da religião e da fé, eruditos por assim dizer.

Seus autores estavam protegidos por bula papal, seus escritos são uma clara deturpação do cristianismo. Avaliando, a partir deste ponto, a quem atribuímos a mentira, a deturpação da palavra, e toda sorte de engano. Assim foi desde o princípio e inclusive na idade média, o período em que foi escrito o *Malleus Maleficarum*.

Na verdade, o que se conseguiu no período foi o esvaziamento do potencial transformador da obra de Cristo e sua igreja, a violência empreendida no período em nada se assemelhava a Jesus, seu ensino e sua pregação.

Um fato que que merece total reflexão, é a que ponto pode ter sido tão profundamente deturpada a palavra de Deus. A tortura e a morte eram utilizadas como veículos para salvar da alma de volta para Cristo.

Os inquisidores faziam isso como especialistas nos evangelhos, na ótica de uma deturpação crescente das escrituras. A inquisição foi oficializada por meio das bulas papais no século XII, e tem a sua origem na mesma época da redação final do Novo Testamento.

Os evangelhos de Maria, de Tomé, e de Filipe, foram escavados no Egito, junto com outros gnósticos em 1945, ficando conhecidos pela biblioteca de *Nag Hamadi*, conferem à mulher um papel muito relevante na mensagem de Cristo, e de forma especial Maria Madalena. Que de acordo com os evangelhos de Filipe e de Maria, ela seria uma apóstola de Cristo, sendo sua predileta.

> *Pedro, respondeu a [Maria] [...] Ele particularmente falou assim a uma mulher e não a nós? Ele preferiu ela, a nós? Maria, chorou e disse a Pedro: "Pedro, meu irmão, o que pensas? Acreditas por acaso que inventei estas histórias em meu coração e minto sobre o salvador?" Levi, respondeu a Pedro: "Pedro, você sempre foi impetuoso. Agora vejo você atacando a mulher como a um adversário. Mas, se o Salvador a valorizou, que é você para rejeitá-la? Certamente o Salvador a conhece muito bem. Por isso é que ele a amou mais do que a nós".*

Ainda nessa vertente, foi pautada a repressão da mulher no apostolado, que com o tempo se torna a doutrina oficial da igreja católica. *"Simão Pedro disse a eles: 'Que Maria nos deixe, pois as mulheres não são dignas do espírito'". (Atribuído a Felipe, Evangelho de Felipe. Biblioteca de Nag Hamadi).*

As mulheres foram subalternizadas na Igreja Católica por anos, inclusive a atuação no Vaticano e nos principais cargos diretivos foram tolhidos, somente recentemente, uma mulher conseguiu chegar no posto número dois do Vaticano.

A Idade Média 400 – a 1400, conjuga morte sacrificial com o renascimento e gloriosa ressureição de Cristo. Mas é também em 1484 no ápice de Renascimento, que o Papa Inocêncio VII dá plenos poderes aos inquisidores, autores do *Malleus Maleficarum.*

Isso só pode ser explicado, em virtude do engano da serpente, e do seu objetivo ser inimigo das mulheres. Ainda durante seu papado (1198-1296) que se institucionaliza a morte contra hereges, determinando a morte dos Albigenses em (1209) e as Cruzadas que conseguiram superar o terror imposto na inquisição, utilizando a fé como pano de fundo.

O que acontece com as mulheres nesse período só corrobora com o espírito da época, a inimizade contra a mulher da sentença no Éden é a única coisa que explica tal situação, a inimizade fora materializada em atitudes brutais e forças masculinas opressoras, a ponto de deliberarem a morte para mulheres que se desvirtuavam da doutrina, e, eram rotuladas como bruxas, mais havia outras injustiças cometidas e atrocidades que eram amplamente utilizadas. Importante destacar que estamos falando de religiosidade e não da Bíblia, e assim as interpretações humanas e masculina.

As torturas praticadas na época, ultrapassam a imaginação, mas tinham requintes de crueldade e não se prestavam à verificação da culpa e sim objetivando obter confissões. O delírio é tão brutal que o Malleus reafirma que a mulher era companheira do diabo e que o diabo não teria poder sem ela, o que caracteriza o ódio contra mulher.

O que motivaria tal brutalidade? Senão um espírito contrário à essência do Pai. As barbáries empreendidas nesta época têm um foco, a mulher. Curioso notar que as que em geral eram sacrificadas tinham crenças e práticas opostas à Igreja Católica; eram mulheres que tinham saberes com uso de ervas, medicamentos e outras certamente que praticavam a "bruxaria" (uso religioso dos recursos).

A sabedoria feminina sempre se destacou, e, isso incomodava as clérigos e religiosos, a mulher não podia nem mesmo estudar, eram malvistas se assim fizessem. Na Idade Média, temos um claro exemplo do que era a intolerância religiosa.

Esse é um período da história que não podemos ignorar, para compreendermos como chegamos até aqui. A operação do espírito é a mesma, visando a aniquilação.

Nós mulheres temos um inimigo, que precisa saber que da existência da nossa aliança com Cristo ressurreto, e isso faz toda a diferença.

A pergunta para a qual existe resposta é que como se produziu uma obra tão violenta quanto o Malleus, se o evangelho que se prega a salvação pelo amor. De que maneira houve tantas distorções que afetaram e distorceram tal verdade? A resposta reside na sentença do Éden, proferida lá e que ainda surte seus efeitos, em se tratando das mulheres que continuam sendo mortas e dizimadas mundo afora.

Em que pese não termos mais esse tipo de perseguição, ainda existem muitos países que empreendem perseguições por motivo da fé. Observar essa obra, nos faz perceber o quanto somos bem-aventurados por contarmos com a liberdade de crença.

Todo o ódio descrito na obra *Malleus Maleficarum* demonstra que proporção tomou a perseguição contra as mulheres. Simbolicamente, as mulheres tinham saberes especiais, os chás que foram passados de avós para filhas, tão inocentes na época de hoje; naquele momento da história eram considerados bruxaria, e, portanto, as mulheres que se utilizavam deles deveriam ser mortas, entre outras. Temos ainda a noção de imperfeição que as mulheres carregavam. A junção desses fatores, marcaram a história da humanidade, uma página recheada de crueldade e mortes, extermínio de mulheres, feminicídios praticados pela igreja e chancelados pelo Estado, lembrando que neste período, falamos diretamente do obscurantismo da Idade Média (a idade das trevas).

FIXAÇÃO DO CAPÍTULO

O *Malleus Malleficarum* conta uma das histórias mais terríveis da humanidade como a conhecemos. Os episódios enfrentados pelas mulheres foram carregados de preconceitos diversos. Havia uma conexão nefasta entre sexo, sexualidade e de como as mulheres já eram vistas no período, dignas de morte. Dado o seu grau de imperfeição e que o diabo não teria poder sem a mulher. O que precisamos compreender é que o ódio traduzido por misoginia já vem de longa data e só se justifica por meio da operação do engano, e da orquestração da serpente em razão do domínio que estava posto sobre as mulheres. Ser subjugada era uma consequência natural por ser mulher. Toda opressão desta época foi cunhada pelo poderio da serpente sobre a religiosidade, desprovida de qualquer misericórdia. Não havia na religião nada que pudesse salvar as mulheres de tão terrível julgamento. Havia um preço de morte a ser pago pela sabedoria, nesta época as mulheres eram mercadorias e necessitavam ser tuteladas. O período é marcado por atrocidades cometidas em nome da fé distorcida, carregada de preconceito, visando puramente a aniquilação. Neste período, o domínio era da Igreja Católica que protagonizou tal episódio, marcado pelo que podemos dizer atualmente feminicídios em razão de ser mulher. A explicação para tais eventos está fundamentada no ódio da serpente pela humanidade, sendo necessária uma destruição sistemática de mulheres.

Capítulo III

BIBELKVINNA

As mulheres na igreja protestante

Considerando o papel da mulher na Igreja Católica Romana, quanto a sua participação ativa no apostolado e outras designações na estrutura considerando o ensino e a pregação, não havia possibilidade de participação da mulher. Já na perspectiva da Reforma Protestante, temos um novo olhar e perspectiva efetivamente bíblica na questão, conforme preleciona o Pastor Eliseu Fernandes:

> *A mulher no Protestantismo, ocupa o papel de mãe, de mulher, de esposa de pastor, uma adjutora idônea, conforme o ideal bíblico (Gn 2.18). Mulheres como Catharina von Bora, esposa de Lutero, Katherine Schutz Zell, Maria de Montjoie e outras que desempenharam um papel importante para a consolidação da Reforma:* • *Catharina von Bora (1499-1550): sabia ler e escrever, foi monja, mas abandonando o hábito, tornou-se a esposa de Lutero. Catharina Schutz Zell (1497-1562): foi esposa de Matthäus Zell, escreveu comentários dos Salmos 51-130, também sobre a Oração do Senhor, e ainda do Credo. Além do mais, pregou após a morte do esposo, trabalhou com assistência social aos perseguidos e flagelados. Claudine Levet (1535? -1563): pregadora e esposa de um boticário Aymon Levet, tinha ideias anabatistas, e realizava serviços sociais opara com os necessitados. Era itinerante, já que o papel do ensino e pregação foi entregue aos homens na Reforma em Genebra. Na ausência dos pastores locais, ela pregava e ensinava as Escrituras. Maria Montjoie (? -1552): também chamada de Marie de Monjou, era uma cristã de confissão anabatista, era pregadora itinerante, foi morta por afogamento por não negar a sua fé. Marie Dentirère (1495-1561): uma grande mulher, é o único nome feminino no muro do Monumento Internacional da Reforma Protestante em Genebra, apesar das perseguições por parte das autoridades católicas e do Duque de Saboia, ela manteve o seu caráter firme, além de ser uma grande evangelizadora, ainda escreveu um prefácio de uma pregação de João Calvino sobre a mulher baseado em 1Tm 2.8-12, demonstrando o real papel e valor da mulher na Reforma Protestante.*

Podemos perceber nos escritos do Pastor Eliseu Fernandes que ele destaca "o ideal bíblico" do papel da mulher. Perseguimos esse ideal até os dias atuais e não sem lutas o alcançaremos.

Materializando os efeitos da Reforma Protestante sobre a vida das mulheres, em 1917 temos uma missionária que teve importância elevada na formação da Assembleia de Deus no Brasil, com base em sua biografia produzida por Israel de Araújo sobre a esposa do pioneiro das Assembleias de Deus Gunnar Vingren, Frida Vingren.

Este capítulo traz uma inquietação importante, e nos mostrará a conexão entre o que mundo tem e o que absorvemos dele.

Para criarmos um paralelo, vamos iniciar com a compreensão do que ocorreu com Daniel na Babilônia, ele, escolhe não seguir os padrões da época, e inicia sua ruptura íntima com o sistema, que poderia redundar em morte física ou castigos diversos, mas, como Deus o inspirava e o legitimava logo encontrou aliados dentro do próprio palácio. Importante lembrar que cada vez que rompermos com o sistema seja ele qual for, sempre custará algo a quem quer que seja.

Outrossim, nossa fé estará em constante confronto com as realidades seculares essa é uma grande verdade. Então, considerando isto e outros pontos importantes, seríamos capazes de resistir à cultura da nossa época? A igreja, as lideranças seriam capazes de se mostrar como Cristo? É o que trataremos aqui, considerando o ideal bíblico.

Para começar, vamos ilustrar por meio de pesquisas o início das nossas igrejas e quero me ater à história de uma missionária que atuou na fundação da Assembleia de Deus no Brasil e adianto que a referência a essa denominação, se dá pela biografia que discorre sobre os desafios do exercício do chamado ministerial dela, contudo é preciso frisar que outras denominações seguiram o mesmo modo de agir em relação as mulheres da mesma época de Frida.

Confesso que quando me deparei com sua história, senti um impacto tão grande que percebi o quanto Deus tem interesse nas mulheres e nas nossas histórias.

Quando falamos de igrejas cristãs, é preciso ainda mencionar o escasso avanço em vários segmentos religiosos, como por exemplo a Igreja Católica, somente recentemente foi permitido a uma mulher ocupar o cargo número dois no Vaticano.

Não existem mulheres no diaconato e nem exercendo o ofício de padres na Igreja Católica. Nessa toada, temos a Igreja Universal do Reino de Deus que também não ordena pastoras. Cada qual, com suas particularidades e motivos, que nada tem a ver com a capacidade da mulher, e, ou com a vontade de Deus acerca de mandamento expresso de que mulheres não podem ser pastoras, não há mandamento bíblico quanto a isso.

Voltando a Frida, que é uma mulher desconhecida para a maioria de nós, é o que de mais próximo podemos ter de exemplo no século passado em relação ao ensino, pregação da palavra, tendo um ministério ativo ao lado do seu esposo, e que teve uma atuação marcante no Brasil. FRIDA, para minha grata surpresa! Eu, que tenho uma história longa com movimentos feministas, posso declarar que também como mulher evangélica tenho a minha FRIDA, e, essa lutou por motivos celestiais e estes a traçam e nem a ferrugem podem corroer.

Estou me referindo a FRIDA MARIA STRANDBERG que depois de casada passou a se chamar FRIDA GUINNAR VINGREN. Frida nasceu em 9 de junho de 1891 na Suécia, seu nome teve origem na palavra nórdica "frior" que significa PAZ.

Seus pais eram crentes Luteranos, ela passou a fazer parte de um movimento de renovação da Igreja Luterana e ao longo dos anos ela passou a ter visões e revelações acerca da chamada de Deus para sua obra. Seu esposo GUINNAR VINGREN recebeu uma revelação por volta de 1910 que se casaria com uma moça chamada Strandberg no Brasil (Pará).

Nessa época mulheres cristãs batistas que desejassem servir a Deus em sua obra poderiam ser consagradas evangelistas e frequentarem a Escola Bíblica. Frida, que tinha a chamada missionária em seu coração, fez curso na Associação Evangélica Pátria, estudou enfermagem, chegando a chefiar a seção de Enfermaria de um Hospital Sueco e isso em paralelo ao seu chamado.

Frida declarou contando seu testemunho em uma reunião de oração, em 1917, ano de sua vinda ao Brasil:

> *Ao Senhor aprouve libertar uma alma amarrada e dar asas, por meio das quais eu, com júbilo e gratidão, pude me elevar em direção ao Deus vivo. Após algum tempo ficou claro para mim que o Senhor me chamara para o Brasil e agora Ele abriu caminho para lá. Estou indo para ensinar as maravilhas de Jesus Cristo. Glória a Deus!*

Em 27 de maio de 1917, Frida Maria Strandberg fora ordenada como missionária na Igreja Filadélfia de Stocolmo, como Bibelkvinna (palavra sueca para designar mulheres que eram ensinadoras da palavra de Deus nas igrejas), indo logo em seguida para o Brasil. Frida chega ao Brasil em 1917 com 26 anos. Frida foi redatora-chefe do *Jornal Boa Semente*.

Frida ensinava e pregava a palavra de Deus juntamente com seu marido Gunnar Vingren. Em 27 de setembro de 1929, em uma reunião de obreiros falou sobre o direito da mulher de falar na igreja no dia seguinte recebeu uma reprimenda por meio de carta do missionário Samuel Nyström, pastor da Assembléia de Deus no Pará desde 1923, e o assunto da carta era posição contrária de Nyström sobre o ministério da mulher.

> Vingren chegou a relatar no seu diário o seguinte:[...] que Samuel Nyström não se humilhou e continuou sustentando que a mulher não podia pregar e nem ensinar, só testificar. Disse mais, que provavelmente iria embora do Brasil.

Para defender o trabalho das mulheres nas Assembleias de Deus, Frida traduziu um artigo que fora publicado no jornal *O Som Alegre* em janeiro de 1930:

> É interessante vermos o que a bíblia diz acerca do trabalho da mulher no evangelho. Visto que dois terços das pessoas convertidas no mundo são mulheres, esta questão torna-se importante. Suponhamos, pois, que não existe mandamento contra o trabalho da mulher; estamos diante do triste fato de que satanás procura empatar dois terços das pessoas convertidas no mundo de trabalharem para o Senhor. E, isto é um prejuízo enorme para a *causa do Senhor*.

A quem Frida e Gunnar estavam enfrentando na realidade? Estavam lutando contra o espírito da época, que recebeu a outorga de colocar a mulher em sujeição total, dominada, já não havia extermínios, mas a opressão persistia.

Ela percebia isto, traduzido para o jornal em que contribuía com seus ensinamentos inspirados por Deus. A luta era espiritual desde sempre, a oposição enfrentada pelo casal, demonstra que mesmo no passar dos tempos, a mulher continua sendo avaliada com reservas. Levar isso ao *Jornal Boa Semente* demonstra a preocupação de Frida com a situação. Ler essa tradução, nos dá a dimensão exata do trabalho realizado pelas mulheres na pregação e no ensino do evangelho. E, por quanto tempo o silêncio imperou sobre as mulheres no ocidente, em especial no início das igrejas evangélicas no nosso país.

No período que Frida chega ao Brasil, nós tínhamos a vigência das Ordenações Filipinas que foram antecedidas pelas Ordenações Afonsinas e as Manuelinas. Em que pese a revogação das Ordenações Filipinas mediante o Código Civil de 1916, implementado em 1917, o Código Civil determinava a incapacidade feminina para muitos atos da vida, e a colocava em igualdade com os menores, loucos e indígenas determinando então a relativa incapacidade da mulher.

Apesar de Frida Vingren e Gunnar Vingren terem sido os precursores, os que lançaram a pedra fundamental da Igreja Assembleia de Deus no Pará em 1917 e depois também no Rio de Janeiro a Assembleia de Deus de Madureira, eles enfrentaram pressões internas duríssimas quanto à possibilidade de Frida continuar ensinando e pregando na igreja. Culturalmente falando, o Brasil não era um país favorável às mulheres; e a igreja acabou seguindo o mesmo caminho ao impedir que Frida continuasse desenvolvendo seu ministério, desenvolvido ao lado do seu esposo.

Importante notar que Frida Vingren recebeu o chamado de Deus para atuar. Seu esposo, Gunnar Vingren antes de vir para o Brasil, fora avisado por visão, que se casaria com uma moça sueca e inclusive o nome fora revelado a ele. Eles desenvolveram missões juntos, Frida era missionária ordenada na Suécia para atuar no Brasil.

Ao analisar a biografia de Frida Vingren, sua morte na Suécia e o que enfrentou pelo questionamento do seu ministério, por ensinar, por pregar no Brasil, inclusive sendo o pivô de uma cisma na Igreja Assembleia de Deus, por simplesmente exercer o chamado que Deus lhe deu, nos demonstra como as mulheres foram tratadas e interpretadas.

Após a morte de seu esposo Gunnar Vingren, Frida tentou retornar para o Brasil, mais foi desaconselhada pelo pastor Lewis Petrhus que achava que haveria perigos com o retorno de Frida Vingren ao Brasil. Me arrisco a dizer que era melhor mantê-la na Suécia, pelo bem do status quo e por aquilo que os pastores à época entendiam como mais correto ao ministério feminino.

Haja vista que Frida não ocuparia mais os lugares de outrora, fora destituída do cargo de redatora, não poderia mais ensinar com tanta liberdade ou pregar em cultos ou ensinar. Seu retorno ao Brasil seria necessariamente um estopim para novas celeumas em torno do ministério feminino.

Nós temos a nossa Frida! E, isso é maravilhoso. Uma mulher que anunciou o evangelho, foi usada para tantos outros, que lançou a pedra fundamental da Assembleia de Deus no Brasil, juntamente com seu esposo. Frida, sem saber enfrentou as Ordenações Filipinas aqui no Brasil havia lugares bem definidos para as mulheres conforme já citado, as mulheres eram tidas como relativamente incapazes necessitando assim serem tuteladas (essa era a regra vigente no país). Frida Vingren nos deixou um texto acerca do chamado para as mulheres brasileiras:

> ### Deus mobilizando as suas tropas
> *Despertemo-nos, para atender ao chamado do Rei, alistando-nos nas suas fileiras. As irmãs da "Assembleia de Deus", que igualmente, como os irmãos têm recebido o Espírito Santo, e, portanto, possuem a mesma responsabilidade de levar a mensagem aos pecadores, precisam convencer-se que precisam fazem mais do que tratar dos deveres domésticos. Sim, podem também, quando chamadas pelo Espírito Santo, sair e anunciar o Evangelho. Em todas as partes do mundo, e especialmente no trabalho pentecostal, as irmãs tomam grande parte na evangelização. Na Suécia, país pequeno com cerca de 7 milhões de habitantes, existe um grande número de irmãs evangelistas, que saem por toda parte anunciando o evangelho, entrando em lugares novos e trabalhando exclusivamente no Evangelho. Dirigem cultos, testificam e falam da Palavra do Senhor, onde há uma porta aberta. (Os que estiveram na Convenção em Natal ouviram o Pastor Lewi Pehtrus falar desse assunto sabem que é verdade). Por qual razão, as irmãs brasileiras hão de ficar atrasadas? Será que o campo não chega, ou Deus não quer? Creio que não. Será falta de coragem? Na "parada das tropas" a qual teve lugar aqui no Rio, depois da Revolução, tomou também parte, um batalhão de moças do Estado de Minas Gerais, as quais tinham se alistado para a luta.*

Frida se refere à Suécia (continente europeu) buscando fazer com que as irmãs brasileiras que de fato tivessem sido chamadas pelo Espírito Santo pudessem sair e pregar o evangelho. Entretanto, sendo consideradas relativamente incapazes, como realizar em plenitude a missão? Nessa altura, a visita do Pastor Lewis Petrhus que Frida menciona tinha por objetivo unificar novamente a igreja, haja vista ter havido uma cisão interna na Assembleia de Deus, justamente por não haver entendimento quanto ao papel da mulher dentro da igreja.

Como já mencionado, nessa época as Ordenações Filipinas permitiam que a mulher sofresse violência física por parte dos seus maridos, ou seja, aqui nesse ponto é preciso que você entenda que a legislação da época era permissiva quanto a esse tipo de abuso. Então vejamos, a pedra fundamental da igreja é lançada em um período em que as leis permitiam que as mulheres sofressem castigos por parte de seus maridos.

Frida estava em uma nação que permitia legalmente o sofrimento de mulheres com castigos físicos. A opressão se perpetuava e as mulheres com frequência eram relegadas a segundo plano, precisavam de quem as representasse, e intermediasse seus atos, e quem não fizesse desta forma era considerada rebelde.

Esse é o espírito que Frida Vingren enfrentou no Brasil. Desta forma, de que maneira poderia ser pregado o evangelho? Se não somente por homens. Nossa bibelkvinna foi silenciada. A dominação masculina, cunhada pela inimizade entre a mulher e a serpente, foram dando forma a maneira que as mulheres deviam ser tratadas, o lugar que lhes era reservado. A cultura da época estabeleceu-se dentro das igrejas em relação às mulheres, haja vista serem tolhidas e tuteladas.

Uma quantidade expressiva de estudos demonstra como o ministério feminino foi silenciado ao longo do tempo. Tal constatação nos faz pensar que a liberdade em Cristo, que possuímos, fora negada às mulheres que nos antecederam. Culturalmente, as opressões vivenciadas guardam correlação com o entendimento que havia na época a respeito da mulher e não por mandamento divino.

Sendo assim, o imaginário social sobre o papel da mulher foi sendo definido pelas leis da época que faziam parte da realidade de homens e mulheres, independentemente do que cressem, era a lei. Desta forma é possível inferir que uma mulher falar em público, ensinar a um homem, mesmo que fosse para pregação do evangelho, era estranho e em alguns casos inaceitável. Frida Vingren e muitas outras anônimas experimentaram isso, mesmo tendo o chamado do Espírito Santo e sendo vocacionadas ao ministério. Passaram por severas restrições, como parte da execução da sentença no Éden, a serpente estava mais ativa do que nunca, era necessário impedir a livre expressão das mulheres dentro da igreja e isso foi feito por meio da cultura local já absorta pelos efeitos da sentença no Éden, é de lá que a mulher vem trazendo seu desprestígio. A poderosa Palavra de Deus, veio resgatando em diversos episódios o papel da mulher como instrumento de Deus usado diversas vezes em seus propósitos.

Para confirmar esta obra e a abordagem aqui pretendida, iniciar compreendendo que o aspecto sociológico (cultural) influenciou chamadas e ministérios, como no caso do Frida Vingren, por longa data, a igreja veio reproduzindo tal comportamento, que estimulou e confirmou a cultura de opressão sobre as mulheres religiosas ou não.

Por esse motivo vemos Cristo em sua jornada, colocando as mulheres em destaque. Coisas impensáveis foram realizadas, imaginem Maria Madalena no túmulo de Jesus após a crucificação, foi dada a ela a missão de contar aos 12 que ele havia ressuscitado, ela sofre resistência ao fazer o anúncio, mais era impossível conter a revelação.

Observar isso, é ter indicativos fortes e a missão plena e restauradora de Cristo, envolvendo as mulheres que criam na sua obra, mulheres separadas, ungidas e plenas para o exercício do ministério e chamadas, sejam elas quais forem, para fazer a obra e fazer a diferença no evangelho. A história foi sendo banhada pelo arcabouço histórico e sociológico, o descrédito da mulher veio cunhado pelo diabo colocando-a e se esforçando para que as mulheres permanecessem neste lugar de sujeição e aprisionadas a uma subalternidade, e a uma dívida que nunca poderá ser paga; e, aqui me refiro a culpa no Éden. Tão poderosa sentença que foi transmitida em todo sistema religioso pelo mundo afora, não há sequer uma cultura que não tenha colocado as mulheres em sujeição. O inverso disto é um desejo indiscriminado por poder, e aqui vemos as correntes feministas que acreditam firmemente que todos os homens são maus, e não há nada mais pervertido que isso.

Deus cria homem e mulher, destinados a interdependência. Para a correspondência exata da dimensão de completude, um sem o outro não seria possível e nem viável, anatomia, psicologia, tudo foi criado de forma perfeita.

Hoje, vivenciamos a confusão generalizada, a ciência sendo vilipendiada pela ideologia inflada pelo humanismo, entramos na era da relativização, a verdade não interessa e sim os instintos e as vontades sejam eles quais forem, precisam ser vividos e quanto ao modo de vida inspirado em Deus, se torna ultrapassado, criminalizado e rejeitado veementemente.

Não podemos enquanto igreja representar o reforço aos estereótipos culturais. Quando a igreja não consegue ter uma blindagem contra o mundo, rechaçando seus ensinamentos e modo de vida, não poderemos desempenhar a função dada pelo Senhor de representá-lo na Terra.

Frida Vingren representa exatamente isso. Uma missionária que foi impedida de atuar por causa da inimizade da serpente no Éden, esse espírito conseguiu dentro da igreja usando sua liderança para impedir que ela cumprisse fielmente seu chamado.

No ano de aniversário de 100 anos da Assembleia de Deus no Brasil comemorado em 2024, o pastor Abner Ferreira, em junho de 2024, iniciou a reparação histórica do papel de Frida Vingren enquanto missionária e como uma mulher que foi extremamente usada por Deus para a igreja, por ocorrência de sua implantação. Abaixo passo a reproduzir a fala do pastor que ficou registrada como: "Assembleia de Deus São Cristóvão-RJ reconhece Frida Vingren como sua primeira pastora", oitenta e quatro anos após a sua morte. Vejamos abaixo a transcrição de sua preleção[1]:

> *Quero contar uma síntese histórica dessa mulher Frida Maria Strandberg, mais conhecida na história como Frida Vingren, esposa de Gunnar Vingren. Ela nasceu na Suécia de uma família Luterana, no dia 09 de dezembro de 1891, ela se formou como enfermeira na Suécia, se tornou chefe da enfermagem de um hospital ali em Estocolmo capital da Suécia, passou a ser membro da igreja Filadélfia, que foi a igreja que mandou os primeiros missionários para cá. Batizou-se nas águas em 1917 e nessa data foi batizada com o Espírito Santo e já em 1917, ela manifestou uma chamada missionária e se disponibilizou para vir para o campo missionário e veio para o Brasil, chegou aqui no Brasil em Janeiro de 1918 em outubro do mesmo ano eles se casaram. Gunnar Vingren e Frida Vingren, tiveram 06 filhos, depois de 15 anos servindo ao Senhor ali em Belém do Pará, eles resolveram vir para o Rio de Janeiro, nesse período, eles conheceram e pregaram o evangelho para o jovem Paulo Leivas Macalão, ela dirigiu os cultos da Assembleia de Deus em São Cristóvão, seu esposo estava viajando, ela também dirigia cultos ao ar livre, ela ministrava ensinamento da palavra dava doutrina, na igreja aqui na ausência do seu marido, ela estava na frente da obra social das visitas, das orações, da escola bíblica dominical, sendo a única mulher comentarista de revista de escola bíblica dominical, ela também se dedicou a evangelizar nos presídios, lá ela cantava, pregava, tocava. Frida Vingren foi colaboradora e escritora dos principais jornais cristão na época, Boa Semente e o Som Celeste que são os jornais que antecederam o que hoje é o Jornal O Mensageiro da Paz, um pouco mais tarde ela foi afastada do jornal que ela trabalhava com dinamismo, o Boa*

---

[1] Disponível em: https://youtu.be/0MA_Tz-cdDQ?si=pzriYsKo5PZq6IMF

Semente e o Som Alegre foram fundado por Frida Vingren, ela tocava órgão, tocava violão, foi compositora de 23 hinos da Harpa Cristã, o hino 28, o hino 59, o hino 85, o hino 97, o hino 121, o hino 126 Bem aventurado o que confia no Senhor como fez Abraão, hino 158, hino 177, hino 196 Flor Gloriosa, já achei uma flor gloriosa, hino 246 O descanso em Jesus, hino 277 Jesus meu redentor, hino 316 Em busca de Sião, hino 320 Seguir a Cristo, hino 361 O peregrino e a Glória, hino 379 Salvo da Graça, hino 390 Um coração bondoso, hino 391 Jesus no monte da ascensão, hino 394 Em sua mão, hino 393 O salvador me achou, hino 445 Resgatado com o sangue de Cristo, hino 472 Em meu lugar, hino 515 Se Cristo, hino 516. Infelizmente alguns pastores, tanto suécos quanto brasileiros, não gostavam muito da maneira dinâmica e espontânea, estamos falando de 1930, e aí ela começa a ser DURAMENTE PERSEGUIDA no Brasil, o tempo passa e em 1930 chega a Convenção Geral das Assembleias de Deus e ali é delegado, decidido melhor dizendo o que uma MULHER PODIA E NÃO PODIA FAZER NA OBRA DE DEUS. Enfrentou resistência, devido ao seu papel de LIDERANÇA, ela sempre defendeu o PAPEL ATIVO DAS MULHERES na igreja, seus escritos influenciaram gerações de cristãos e até hoje influencia. Foi uma defensora da educação religiosa para as crianças, DEFENDEU OS DIREITOS DAS MULHERES na igreja. Foi uma Voz ativa contra as injustiças. Dois anos depois em 1932 já com 15 anos servindo a Deus no Brasil resolve novamente voltar para a Suécia, a PERSEGUIÇÃO ESTAVA INSUPORTÁVEL, um pouco antes da partida uma de suas filhas morreu, veio a óbito, com um quadro de infecção e foi enterrada aqui no Brasil no cemitério do Caju, o pastor Jeremias está me falando aqui. Chegando na Suécia Gunnar Vingren muito doente não demora muito tempo e morre e Frida Vingren fica viúva, e Frida resolve voltar ao Brasil para dar continuidade na obra missionária, mas ela foi simplesmente impedida de voltar ao Brasil. Um distinto pastor que inclusive levou a pauta contra ela acusando ela de adultério, se deu o trabalho de atravessar o oceano e lá fazer esta denúncia na Suécia, o tal adultério que nunca foi comprovado. ERA SÓ MAIS UMA FACETA DA PERSEGUIÇÃO IMPLACÁVEL. Então Frida Vingren, mesmo assim juntou o dinheiro que era pouco, e inconformada com as injustiças, junto com seus filhos pegaram um trem em direção a Portugal e depois pegaram um navio e voltar para o Brasil para dar continuidade na história no legado do seu marido, quando ela chega em Portugal prendem ela, mandam ela para uma delegacia, voltam com ela, internam ela num hospício, ela entra num processo de tristeza e depressão e ali presa, ela *perde 40 quilos, quando ela morreu nos braços da sua filha aos 49 anos de idade, ela tinha apenas 43 quilos. Tudo porque ela INCOMODAVA, a história de Frida Vingren termina assim. __ Mais não termina assim. Pastor Jeremias conversando comigo, __ Pastor Abner agora na hora do Centenário era hora de, não restaurar a história, nós não temos como consagrar quem já morreu, mais ela já foi consagrada por Deus, ela é muito mais do que pastora, no exercício da presidência dessa igreja debaixo da direção e da orientação do Espírito Santo na inspiração do Pastor Jeremias Couto, nós vamos reconhecer o PASTORADO DA MISSIONÁRIA FRIDA VINGREN, ela saiu daqui angustiada, mais quando chegarmos lá no céu Jeremias vai dizer nós tivemos tempo de colocar a senhora na galeria dos pastores que passaram pela gloriosa Assembleia de Deus em São Cristóvão.*

Frida Vingren foi consagrada pastora de forma póstuma. Um marco na Assembleia de Deus no Rio de Janeiro (São Cristóvão). Isso só nos faz perceber a revelação do Senhor e do quanto somos frágeis em relação às influências culturais, reforçando que hostes, potestades, dominadores são espíritos que continuarão tentando se impor em toda jornada da igreja, na Terra na vida de toda a humanidade, e, aqui neste recorte específico às mulheres.

Impactante, ver o poder de Deus. Os anos se passaram e essa reparação histórica, onde a perseguição contra mulher ocorreu dentro da igreja, mostra o quanto todas as mulheres foram afetadas. A própria Frida havia escrito sobre isto. Muitas foram silenciadas, em outras denominações. Não há nenhuma intenção de não revelar que nós como Igreja Cristã Protestante, inauguramos um momento tão distanciados do Senhor. O viés espiritual, sociológico (cultural) da perseguição alcançou muitas Fridas. A situação brasileira, culturalmente falando, não favorecia as mulheres em absolutamente em nada, por óbvio Frida enfrentou o sistema de leis vigentes à época (Ordenações Filipinas) e a chamada incapacidade relativa da mulher que era sujeitada ao seu marido, sendo a ele conferido poderes diversos sobre alguém que segundo a época era completamente dependente do marido.

A luta se desenrolava com um inimigo que segue influenciando nações em relação a todas as mulheres no mundo, nós como igreja precisamos nos posicionar quanto a isto, contra toda opressão, todo mal, toda violência. Encerro esse capítulo, grata a Deus por ela! Obrigado ABA.

Capítulo IV

UM INIMIGO É QUEM FEZ ISSO

> *O reino do céu é semelhante a um homem que semeou a boa semente no seu campo. Mas, enquanto dormiam os homens, veio o seu inimigo, e semeou o joio no meio do trigo, e seguiu o seu caminho. Mas quando o caule cresceu e produziu fruto, apareceu também o joio. Assim os servos da casa vieram, e disseram a ele: Senhor, tu não semeaste boa semente no teu campo? De onde então vem esse joio? E ele disse-lhes: Um inimigo é quem fez isso[...].*

Se por um lado fomos advertidos sobre quem pregaria de forma egoísta, não seria absurdo pensar que temos aqueles que creriam também em ângulo egoísta. As mulheres saem com uma sentença do Éden, e, a sujeição indiscriminada acerca do seu desejo estava nesse pacote, a mulher foi criada com uma capacidade incrível, a ela foi dada uma excelente missão e para isso ela já estava dotada de uma influência poderosa sobre Adão para ajudá-lo na missão proposta pelo Pai. Quando o pecado entra no mundo, essa influência dá lugar a sujeição, ela já não poderia exercer influência, ela deveria ser comandada, ser subjugada aos desejos do seu marido. O espírito deste tempo sobre as mulheres é esse, e a maneira de se livrar desta sentença é aceitar a Cristo que é nosso segundo Adão.

> *Assim como por um homem (Adão) entrou o pecado no mundo e, pelo pecado, a morte, que passou a todos os homens, também por um homem (Jesus, o Filho de Deus) veio a graça para nossa justificação, para que tenhamos a vida eterna, feliz, por Cristo e em Cristo.* (Romanos 5: 15, 20; I João 1: 7)

Temos o mundo caído e sem Deus, as sociedades dentro deste sistema e as opressões oriundas disto, regendo cada lei, cada ato, cada norma de convivência em sociedade, a bandeira da inimizade estava levantada contra a mulher e o diabo se aproveitou e se aproveita muito disso. Quando aceitamos a Cristo, o jugo perde seu poder e passamos ao estado original de plenitude, ou seja, a mulher salva por Jesus Cristo não está mais debaixo do jugo da opressão, ela foi perdoada e pode seguir para exercer a influência, auxílio e o chamado de Deus para sua missão.

As mulheres na Bíblia, inseridas em seus contextos diversos quando analisadas, percebemos o quão empoderadas foram dotadas de poder de escolha, nascidas para exercer influência, capacitadas para gerir e gerar. As que receberam chamados específicos são lembradas de forma inequívoca. Elas nos deixam lições formidáveis e expressivas, observá-las de perto é um manancial que traduz o jeito de Deus e seu projeto para nós. Nascemos para liberdade.

Apesar de toda capacidade dada por Deus à mulher, há uma espécie de desconexão, se por um lado totalmente capazes, por outro tolhidas, impedidas, preteridas, subjugadas; observem nesse ponto, não estamos falando de opressão bíblica, e, sim de opressão do homem que na sua interpretação e aplicação do evangelho, dissemina suas impressões e noções sobre as regras impostas às mulheres, o trigo é misturado e cresce com o joio, e é o inimigo que faz isto.

No texto em que Frida Vingren conclama as irmãs brasileiras, que eram oprimidas pelo contexto político social da época, e, Frida veria isso ao longo dos dias, pois apesar de ter sido a cofundadora do trabalho missionário das Assembleias de Deus no Brasil nada se fala dessa mulher com um chamado tão maravilhoso de Deus.

É preciso acompanhar a história bíblica, em conexão com o restante do mundo antigo e moderno. Se analisarmos de forma isolada e/ou preconceituosa, o equívoco fará parte de nossa jornada, grosso modo podemos perceber que a noção de subalternidade é definitivamente fruto de total desconhecimento da missão da mulher criada por Deus.

Não há ninguém que esteja livre da semeadura do inimigo, seja tentando semear sentimentos, impressões, leis, normas, costumes que são contrários à palavra de Deus. A investida é a mesma, e a nós cabe estarmos alertas para saber o que vem de Deus e o que não vem.

Há uma ojeriza em falar de submissão, a quem se arvora sobre o tema, buscando imprimir sua interpretação, sua leitura, mas será essa a leitura correta? O perigo disso está em anunciar ao mundo o que entende e vê sobre as sagradas escrituras, não há uma preocupação sincera e deste modo, tal interpretação particular dá margem a todo tipo de abuso, violência, violações entre outros. E, a aversão sobre o tema, encontra guarida do desconhecimento, é aí que o preconceito se aninha.

Não é correto imaginar que as mulheres cristãs são oprimidas, sem voz, submissas a quaisquer desrespeitos ou violências, mas é o que o mundo caído ensina a todos. Não muito longe disto, nosso modo de viver fará com que nossos filhos se aproximem ou se afastem de nosso estilo.

Muitas moças e rapazes se desviam ao entrarem na faculdade pois não conseguem vislumbrar os perigos do engano, e, tem estereótipos deformados por suas experiências ou por pura distorção da Palavra do Senhor sobre o tema, o joio se manifesta em conceitos distorcidos (ideologias e outros), que parecem reais, verdadeiros, tem aparência de verdade, mas é mentira. Por exemplo, se falamos que a inquisição matou mulheres em nome da fé, aos apressados pode se passar despercebido que sem inquirir que fé? E, em nome de quem, de Cristo? Mas, que Cristo? Os movimentos feministas estão repletos de ateias de mulheres que rejeitam o Cristo apresentado na inquisição, e, outras que rejeitam o Cristo das igrejas que silenciam sobre a opressão das mulheres que sofrem a violência doméstica. Sem a menor noção do verdadeiro embate que primeiro se desencadeia no mundo espiritual.

Por mais espinhoso que seja o tema, é preciso encará-lo com a lente da verdade. Não é possível, e, é incompatível jugo e evangelho de Cristo. Ele veio para nos colocar em liberdade e isso envolve a vida em nossos lares. Não é possível dissociar o desejo de Cristo de pôr fim nas amarras das nossas vidas cotidianas, com esposos, esposas, filhos, filhas, obreiras, pastores e pastoras.

A todo tempo somos lidos e vistos como espetáculo para o mundo caído, ora, se nossas atitudes não se destacarem pela bondade e pelo poder da palavra, seremos tidos como sal sem sabor, seremos pisados, rejeitados e humilhados.

Aos poucos o arcabouço da opressão e que dá margem a todo tipo de abuso foi sendo sedimentado ao longo da história da mulher.

FIXAÇÃO DO CAPÍTULO

Os nossos olhos espirituais precisam estar abertos a esse tipo de semeadura. O diabo de longa data vem operando as maiores injustiças entre os homens. Distanciando as mulheres do seu real papel e valor. O capítulo visa alertar sobre a influência cultural talhada e impregnada pela operação espiritual visando o oposto do que Deus almeja. Toda distorção tem uma fonte, tem um motivo. O homem e a mulher são os alvos centrais do inferno, que em todo tempo se ocupa de infligir os mais diversos sofrimentos. A ideia de imperfeição e descrédito é um dos objetivos, a falência nas relações, na família, na obra de evangelização, na nova vida e um novo coração. Por simples constatação utilizando a analogia do sal, o sal só serve se tiver sabor, perdendo o sabor fica sem utilidade e seu fim é o descarte. Como o sal, temos a missão de dar vida, sabor e mudar o alimento, conferindo ao mesmo também proteção, pois o sal também tem essa função. Quando não observamos o inimigo, nos permitimos a sua influência que nos esvazia de nós expropria de nossa missão. Um olhar atento para a história das mulheres na Bíblia, encontraremos tesouros, lições preciosas de liderança, coragem, empenho, milagres, adoração, encontros com anjos de Deus para o recebimento de mensagens específicas, e aqui me refiro à mulher de Manoá, mãe de Sansão, o Anjo do Senhor aparece para ela, depois para ela de novo e por fim e por ela para seu marido. Não há nada que nos desqualifique em toda a Bíblia.

Capítulo V

RELIGIOSIDADE

Numa sociedade dominada por homens religiosos, surge Jesus; homem estranho, diferente, poderoso e que impõe um desconforto passível de morte, afinal o status quo não deveria ser desafiado, a opressão era um modo adotado, apesar dos maiorais religiosos acreditarem que tinham intimidade suficiente com as escrituras, todo conhecimento não foi suficiente para discernir que Ele era o Messias já anunciado, mais uma vez, a cegueira, a religiosidade semeadas no reino de Deus.

E, aí vem a pergunta, se naquela época havia homens religiosos, sacerdotes que se impunham ante o recebimento das ofertas, sendo os representantes diretos do povo, que levavam a Deus as notícias, os pedidos, e, traziam de Deus a resposta para o povo, inclusive intermediavam a expiação dos pecados, é possível inferir que: tal comunicação estava truncada, a essência e o desejo do Pai não era transmitido minimamente de forma truncada, e, assim se vivia um rito não de expiação, mais de propagação da opressão.

Imaginem se um dia nossas histórias fossem escritas e contadas, hoje só temos a noção de que é muito possível distorcer as escrituras, porque Jesus nos deixou isso escrito, ele faz a radiografia de todos e enfrenta o sistema com seus ensinamentos, leis injustas, opressões diversas são encaradas de forma definitiva por Ele. Nossas histórias estão se desenrolando, e, em cada momento a história que estamos deixando revelará quem fomos e o que somos por meio de nosso agir, nossas bases estão firmadas na liberdade de Cristo, ou agimos conforme o espírito desse tempo? Esse espírito caminha bem com a meia verdade, caminha até com a palavra distorcida. Agora definitivamente Jesus jamais caminhará com ele.

Podemos entender que ainda que total razão não me assista, é possível conjecturar que esse era um dos motivos pelos quais, Jesus vem, os sacerdotes já não funcionavam, já não cumpriam com lisura suas funções. De que forma Jesus trata a mulher pega em flagrante adultério? Não há ali permissividade para o pecado. Ele mostra que pecados são pecados, que ali tinha um monte de gente cheia de pecado querendo condenar o pecado do outro. Mas por que a mulher? No centro das atenções, o Senhor estava nos revelando seu amor e sua redenção por nós, e mais que isso, somos tão dignas da graça, da misericórdia e do perdão que só vem d'Ele.

A opressão sobre as mulheres com a qual tratamos tem a ver com a cultura geográfica, de cada país. Os estudos revelam que desde o nascimento, a Assembleia de Deus Norte-americana ordenava pastora.

No Brasil, no entanto, essa prática nunca foi aceita, nos primeiros anos da igreja e como exemplo a Assembleia de Deus, e a razão disso já apontada aqui tem conexão com as questões sociais da época, e tais questões impactaram o ministério feminino (sua trajetória), os primeiros líderes a exemplo de Samuel Nyström conforme relatado na biografia de Frida Vingren, que se opôs ao ministério de Frida e seu esposo por defender seu chamado, o que chegou a originar um cisma na igreja que nasce no Pará em 1917, a escolha da liderança quis preservar um tipo de realidade cultural em relação a mulher, um tipo de liderança masculina determinado em outras esferas da sociedade.

Ao que nos assemelharemos? Permitir que a realidade cultural afete terminantemente a vida dos nossos semelhantes, ainda que a cultura seja contrária à Palavra, ou em nada corrobore com ela? Contudo, profundamente arraigada, a cultura vem em 1917 se sobrepondo à vida das mulheres, seus chamados foram profundamente afetados. As fortalezas precisam ser destruídas, e elas se materializam na forma de conceitos, teses, afirmações humanas que esvaziam o valor daquelas que foram criadas por Deus.

E, no tocante às mulheres, a linha genealógica de Jesus não é nada efetivamente "normal" quanto aos padrões exigidos, haja vista a presença de Rute a Moabita nesse meio. Nada tradicional não é mesmo?! Impossível acreditar que essa vinda de Jesus e os meios escolhidos pelo Pai Eterno nada tenha para nos ensinar. Se Rute estivesse em uma Convenção Nacional de qualquer igreja e ali estivesse para decidir de onde desceria o Messias, você poderia me ajudar a dizer qual seria a resposta dos convencionais? E, se estivéssemos diante de uma seleção para os juízes de Israel, será que Débora seria eleita juíza? Será que Jael mataria Sísera, deixando anunciado que a honra não seria de Baraque? Seguimos nessa toada, será que Ester, a órfã, estaria na lista daquelas que seriam selecionadas para impedir o extermínio dos judeus; E, será que seria designado um anjo para ir até Hagar no deserto para impedir a morte de Ismael? Será que após peticionarem a

Moisés acerca de uma grande injustiça que seria cometida contra as filhas de Zelofeade, os sacerdotes teriam opinado favoravelmente a mudança da lei na época para permitir que elas herdassem?

Adiante falaremos um pouco mais disto. Por óbvio, os padrões do Senhor elevadíssimos não excluíam as mulheres, antes, o desejo era nos alcançar, nos elevar, permitir que fôssemos destacadas, começando com nossas fragilidades, permitindo que chegássemos ao pleno conhecimento da verdade, nos dando oportunidade de nos prostrarmos aos seus pés e escolhermos viver do seu lado.

Se não conseguirmos entender e identificar o inimigo e suas investidas, ficaremos perdidos na luta. A igreja é aquela que precisa ter a imagem de Cristo a ser exibida a todos, e isso envolve o afastamento das posturas religiosas onde a pregação do evangelho, e o ensino, estão permeados pelo preconceito, pela religiosidade de quem acredita que as mulheres devem ser dominadas, subjugadas, surradas, humilhadas, sendo estas culpadas pela violência que sofrem, passam por nós sem o devido auxílio e proteção.

As mulheres que devem ser colocadas em seus devidos lugares sendo tratadas com distanciamento, tendo seu discurso questionado, sendo instadas a perdoarem os agressores em nome de uma fé religiosa e fundada no preconceito.

Nenhuma mulher é insuscetível da graça de Deus, e nem deve ser lembrada perpetuamente da marca do pecado de Eva e suas consequências, quem faz isso e muito bem é o diabo que nos acusa de dia e de noite, com o advento do segundo Adão não fosse capaz redimir nossa natureza caída. Desta forma, debilitadas e consideradas como parcialmente incapazes seguimos muito tempo em meio à cultura caída do mundo caído sendo tolhidas e sujeitadas a opressões diversas.

Somos filhas e como tal precisamos ser tratadas. A opressão bíblica no que tange à participação da mulheres nos espaços tradicionalmente reservados aos homens ocorre porque, os estereótipos culturais estão presentes na história de cada povo, e essa mesma história está impregnada pela queda do homem no Éden, se perdermos de vista esta noção, o inimigo real a ser combatido continuará intacto e nós continuaremos golpeando o ar, sem de fato entender que em muitos momentos, somos levados pelos aprendizados culturais e estigmatizantes sobre as mulheres.

E precisamos encarar esse fato sobre a sociedade ao lidarmos com um mundo caído, diante das perseguições diárias para que o evangelho perca o poder. A religiosidade segue impedindo que se veja com clareza a vontade do Pai para cada um de nós.

Essa mesma religiosidade ao longo do tempo aplicada diariamente foi criando afastamentos, abrindo feridas emocionais em mulheres, afetadas pelas várias formas de violência que nos códigos do império eram impossíveis de serem capituladas e não tinham definição e nem precisavam ter; neste período havia normalização da inferioridade da mulher, lembremos que elas eram vistas como incapazes.

A religiosidade esvazia a missão do casamento, o sentido de que não é bom que o homem viva só, essa declaração solapa a questão cultural e até antropológica de superioridade do homem. Pois um ser superior poderia sim viver sozinho. Mas Deus sabia o que estava dizendo. A complementariedade entre homem e mulher estava esculpida.

Nesse sentido, e por tantos maus exemplos, as moças não desejam o casamento, por noções distorcidas leem o evangelho de Cristo, não é só a oposição ao feminismo que nos faz diferentes, e, sim conhecer a história e como ela se desenrolou até aqui. O combate puro e simples, nos coloca em pé de igualdade com um movimento que nada tem para nos ensinar. Mas, quem as levou até lá? O ódio aos homens constitui-se como a bala de prata do feminismo, mas à frente falaremos disto. O fato é que não vem do homem a estratégia de dominação, o homem é o instrumento usado para que satanás cumpra seu papel de inimigo inclusive das mulheres.

Comunicar a nossa fé, por meio de lares sadios, e sarados, por intermédio de lideranças masculinas sãs, que honram suas esposas, que investem nelas, que se regozijam com seu desenvolvimento, que não se ressentem com o seu papel dentro da igreja, mulheres que podem liderar dentro e fora dos lares na porção que lhes foi confiada, que horam seus esposos e regozijam-se com seus ministérios, que pregam, que ensinam que são colíderes de suas casas, que ficam em casa que cuidam dos filhos, dos esposos; e ainda que tenham seus trabalhos fora do lar, resguardam sua missão de auxiliadora, cooperam e são amadas e não se ressentem do que lhes foi confiado. Esse é o referencial da graça entregue a nós por Cristo. Essas mulheres e homens serão imitados como referenciais e desejados.

O contrário também é verdadeiro, mulheres e homens que, pela religiosidade, vivenciam uma vida de mutilações emocionais, transparecendo aos filhos, vidas que se congregam por causa das crianças, por causa dos líderes, dos pastores, para não ser escândalo na igreja. Dentro dos lares, campos de batalha são instituídos. O que esperar de uma geração que vivencia isto? Acharemos nós que essas moças desejarão o casamento, os jovens desejarão a liderança, o pastorado? Precisamos pensar.

Essa constatação atribui à igreja um papel fundamental. Não como catalisador do que o mundo deseja para nós, mas como aquela que denuncia o mal e o expulsa no poder que há em Jesus Cristo crucificado.

O sofrimento das mulheres tem se propagado em virtude de erros culturais e muitas vezes por errôneas interpretações bíblicas. O fato é que tais erros, conjugados ou não, as colocam e as mantêm em papéis aquém do que fora descrito biblicamente.

FIXAÇÃO DO CAPÍTULO

A contextualização utilizada pelo Apóstolo Paulo nos traz uma excelente lição. Naquele episódio e ciente dos riscos que corria, ele prontamente atribui ao "Deus desconhecido" a glória, falando da adoração devida a ele, que seria uma adoração genuína e verdadeira. Na religiosidade temos um modo de vida de aparente santidade, aparente obediência. E esse modo de vida é o mais rápido para o distanciamento da vontade de Deus. O Apóstolo Paulo era Fariseu de Fariseus, o que teria ele com as imagens no panteão? Que referência utilizada, e o que ensinava? A fé precisa ser genuína para ser acolhida, mesmo a fé no engano é lida por Deus que sonda os corações, por isso não devemos nos preocupar excessivamente com os outros, se não conosco mesmo. A palavra de Deus foi manipulada gerando interpretações diversas da vontade do Pai para as mulheres, os papéis que foram designados às mulheres muitas vezes e quase em sua totalidade na sociedade ocidental estariam aquém do desejo do criador para nós. Até hoje existem celeumas religiosas acerca da capacidade da mulher, discussões sobre o pastorado (se podem ou não serem pastoras), aceitação cultural de maus-tratos como forma de submissão. O tempo se modifica, mais os espíritos perturbadores que têm uma missão específica em relação a tal aprisionamento a saber a religiosidade, continua operando, e, cabe a nós discernirmos e estarmos em permanente vigilância e prontos para o combate.

Capítulo VI

LEIS DOS HOMENS E LEIS DIVINAS

Um panorama histórico do nosso país precisa ser considerado. Como colônia de Portugal erámos regidos ordenações, antes das Filipinas, tivemos as Manoelinas e Afonsinas, eram as leis que regiam o modo de convivência em sociedade. Para tal precisamos traçar uma linha do tempo para visualizarmos o que ocorrera desde o início, utilizarei aqui duas datas importantes a de 1500 a.C. e 1917 a chegada de Frida Vingren no Brasil como Missionária. O contexto sociojurídico da época.

Em 1500 a.C. temos a história narrada em Números 25, sobre as filhas de Zelofeade. Até ali, temos outras mulheres importantes na Bíblia, no tocante à organização do trabalho e divisão de papéis. Um pouco antes de período, em sociedades agrícolas temos Raquel, Rebeca, Rute, Zípora, a mulher de Provérbios que trabalhavam. É importante frisar esse aspecto do trabalho, haja vista que em 1916, tanto estudar quanto trabalhar dependiam de autorização do marido, que estava vinculada a noção de incapacidade relativa da mulher.

Neste período podemos constatar um claro retrocesso em relação à Bíblia Sagrada, o modo de organização produtiva da sociedade dos tempos bíblicos contava com as mulheres ativamente, para além do lar.

Ou seja, as mulheres do período bíblico gozavam de muito mais autonomia em relação às mulheres de 1830, 1916, 1917 d.C.

No tocante às filhas de Zelofeade, temos uma verdadeira mudança de paradigma fundada na justiça que vem de Deus, vejamos a nota explicativa sobre o caso ocorrido em Números 27: 1 a 11.

> *Na linhagem patriarcal do censo só eram registrados descendentes homens. De acordo com a Lei do Levirato, no caso de um homem morrer sem deixar herdeiro homem, um parente deveria resgatar a terra para mantê-la dentro da jurisprudência no início da história de Israel: O caso específico, o líder fez um apelo à autoridade legislativa de Deus e obteve uma decisão que estabeleceu um antecedente para casos futuros, acompanhada de princípios derivados deste caso.* (Bíblia King James 1611 edição revisada junho 2018)

Em 1500 a.C. surge na Bíblia uma referência sobre a situação de cinco moças, situação impossível até mesmo para o sacerdote à época, então Moisés. As moças chegam próximo à porta da Tenda do Encontro, e falam com Moisés

> Nosso pai morreu no deserto. Ele não estava entre os seguidores de Corá, que se ajuntaram contra o Senhor, mas morreu por causa do seu próprio pecado e não deixou filhos. Por que o nome de nosso pai deveria desaparecer de seu clã por não ter tido um filho? Dê-nos propriedade entre os parentes de nosso pai. (Números 27: 1-4)

Após ouvi-las Moisés, leva a Deus a questão pois seria Ele o único capaz de resolver a situação. A sensibilidade de Moisés em buscar orientação acerca de uma questão tão difícil para aquelas moças, sob eminência de ficarem sem casa e jogadas à própria sorte. Nessa história vemos a expedição do primeiro formal de partilha dos tempos bíblicos. Vejamos:

> E Moisés levou a causar delas perante o Senhor.

> E falou o Senhor a Moisés, dizendo: As filhas de Zelofeade falam o que é justo; certamente lhes darás possessão de herança entre os irmãos de seu pai; e a herança de seu pai farás passar a elas. E falarás aos filhos de Israel, dizendo: Quando alguém morrer e não tiver filho, então fareis passar a sua herança à sua filha. E, se não tiver filha, então a sua herança dareis a seus irmãos. Porém, se não tiver irmãos, então dareis a sua herança aos irmãos de seu pai. Se também seu pai não tiver irmãos, então dareis a sua herança a seu parente, àquele que lhe for o mais chegado da sua família, para que a possua; isto aos filhos de Israel será por estatuto de direito, como o Senhor ordenou a Moisés. (Números 27: 5-11)

A forma espetacular com que foram tratadas põe fim na questão de quão oprimidas seriam as mulheres nos tempos bíblicos. Podemos aqui perceber que a Bíblia Sagrada é mais atual que o Código Civil de 1916, as filhas de Zelofeade não foram consideradas relativamente incapazes. Antes, foi reconhecido o direito delas de herdarem junto com seus irmãos. *Contrariamente à Bíblia Sagrada no contexto de herança determinados por Deus no episódio narrado acima.*

Em 1916, as mulheres eram consideradas relativamente incapazes, enquanto casadas somente com autorização dos maridos poderiam aceitar herança e trabalhar. Somente em situações em que havia previsão legal, as mulheres podiam administrar bens do casal e só podiam exercer seu poder, na falta ou impedimento do marido. Não era possível ajuizar ações sem autorização do marido, assim como requerer pensão alimentícia, que eram concedidas apenas em casos de pobreza e inocência.

O espírito da época em que nossa Frida chega ao Brasil era o que inspirou o Código Civil de 1916. Além de consideradas relativamente incapazes, em período anterior a esse, era permitido ao homem infringir castigos às mulheres, a noção de propriedade, de coisa, e de alguém que não tinha autodeterminação era o pensamento dominante entre os homens da época, que tinham absoluta certeza da superioridade que lhes era conferida pela legislação da época, de poder absoluto sobre a mulher.

Impossível não associar a exclusão das mulheres por muito tempo de diversas atividades no ministério em virtude da noção cultural e legal conferida a elas. Seres relativamente incapazes e dependentes de assistência e tutela do homem. Por óbvio, esse espírito que estava sobre o mundo caído, atravessou as portas da igreja por meio de corações humanos e foi ditando as regras sobre as mulheres.

Então era anormal uma mulher à frente de um trabalho evangelístico por exemplo, culturalmente não era o padrão desejado para quem era considerada relativamente incapaz, sendo considerada inferior ao homem, culturalmente como poderia ter autoridade para escrever, ensinar, pregar? Estávamos relegadas a subalternidade até mesmo nos círculos das igrejas do século XIX.

Para ilustrar com mais precisão, me permita a conjectura e comparação, me refiro a necessidade que possuímos de paradigmas de atuação. Vejamos o que ocorreu com Pedro e Cornélio que não era judeu, o exemplo a seguir tem a ver com aceitação do outro como alvo da misericórdia de Deus e aceitação tem a ver com a posição que Cornélio então dali para frente teria.

> *Havia na cidade de Cesareia um homem de nome Cornélio, o qual era comandante do regimento chamado 'italiano'. Ele era um homem muito piedoso e era um não-judeu que adorava a Deus, assim como todos os membros da sua família. Ajudava muito aos pobres e estava sempre orando a Deus. Um dia, mais ou menos às três horas da tarde, Cornélio teve uma visão e viu claramente um anjo de Deus chegando e lhe dizendo: Cornélio! Ele olhou para o anjo e, com muito medo, disse: O que é, Senhor? E o anjo lhe disse: As suas orações e a ajuda que você tem dado aos pobres subiram até a presença de Deus e ele se lembrou de*

> *você. Envie homens até a cidade de Jope para que eles tragam de volta um homem de nome Simão, que é conhecido como Pedro. Ele está hospedado com Simão, o curtidor de couro, cuja casa fica perto do mar.* (Atos 10: 1-8)

O que se desenrola a seguir é impressionante. Deus toma Pedro e faz ele entender o propósito que Deus tinha com Cornélio que não era judeu. Uma mudança de padrão é anunciada, e empreendida, e, depois tem que ser explicada para os demais, o próprio Pedro precisa entender o que Deus estava querendo fazer. Uma mudança paradigmática ocorre. Deus intervém milagrosamente, pois Ele sabia que de outra forma não seria possível.

Para o entendimento de que as mulheres não eram incapazes e nem precisavam ser tuteladas para exercerem seus ministérios, e, nem deveriam ser tolhidas de fazê-lo; e diferente do que ocorrera com Pedro, ao longo do ministério de Jesus e em toda Bíblia Sagrada vemos o protagonismo das mulheres em vários momentos, elas sendo inspiradas e separadas para influenciar e mudar o curso de suas histórias de forma vigorosa.

A própria genealogia de Jesus nos demonstra cabalmente esse movimento de cuidado, de redenção, de graça e de liberdade. Pensando detidamente nesse episódio para justificar o ingresso de Cornélio na categoria de quem é aceito por Deus, a Bíblia contém relatos e informações precisas acerca das mulheres e seus chamados específicos, não era uma questão étnica ou racial/religiosa envolvida como foi com Pedro e Cornélio não judeu, o que quero dizer é que não havia paradigma anterior a chegada de Cornélio! O desprezo de Pedro por Cornélio, não poderia se sustentar diante da revelação do propósito de Deus.

No caso das mulheres já existiam e existem muitos paradigmas acerca de como Deus as trata e as conduz. A questão das mulheres surge como luzeiros em toda a Bíblia, só sendo possível ignorar em virtude da cegueira espiritual semeada entre os homens advinda do poder atribuído à serpente que segue com a inimizade às mulheres, e, depois acirrando a dominação masculina que inspirada por satanás se desdobra em sofrimento e distorções impostas às mulheres; acerca das mulheres sempre esteve muito claro o que Deus quis dizer com cada uma delas, em cada registro histórico contém verdades eternas de como deviam ser acreditadas e tratadas.

O peso cultural e legal, vigentes em cada período da história e o preconceito que revela o total desconhecimento da história e dos diversos episódios onde Deus demonstra seu perdão, sua misericórdia e como usou cada mulher que tem sua história descrita ali. Vejamos a história de Raabe, não poderia ter sido um homem a colocar a fita escarlata? A esconder os espiões? A negociar a salvação da família? A atuação dessas mulheres merece atenção redobrada, no sentido de que Deus estaria comunicando algo ao separá-las para as missões que foram confiadas a cada uma. Não é possível notar incapacidade relativa em nenhuma delas.

Mas não foi assim no nosso país. Nossa evolução ainda é lenta. Muitas igrejas ainda não ordenam pastoras, e quanto ao ensinar e ministrar, evangelizar, estamos avançando.

Outro ponto importante a ser destacado sobre a cultura bíblica é que quando falamos de cultura judaica, precisamos compreender que ela é fruto da revelação de Deus no Antigo Testamento, e não o contrário onde se diz que a Bíblia é fruto da cultura judaica.

FIXAÇÃO DO CAPÍTULO

Se traçarmos uma linha histórica, considerando como marco inicial a criação do mundo, e, ainda o evento da queda do homem e a entrada do pecado no mundo; vamos perceber que a vanguarda de proteção as mulheres vêm do próprio Deus. Cada episódio demonstra o cuidado e proteção dispensados às mulheres. A legislação foi sendo estabelecida com base nas necessidades da vida em sociedade, na perspectiva cristã as mulheres protagonizavam no campo, e até na frente de batalha, edificando cidades, os relatos são diversos. O protagonismo feminino fez parte de toda história bíblica, demonstrando uma realidade que pressupõe harmonia e não competição ou rivalidades. Contudo, as nuances de perseguição e maus-tratos às mulheres permearam toda a história, a noção da incapacidade, a opressão. Cultura bíblica está baseada na revelação de Deus, e desta forma não há opressões impingidas as mulheres, em sua totalidade vemos as mulheres em diversos momentos protagonizando escolhas e atuando decisivamente no destino de Israel. A divisão de papéis onde a desigualdade se materializa vem da sociedade contemporânea no afã de categorizar as diferenças, não são permitidos por Deus nenhuma desvalorização ou estímulos a desigualdades. Antes a proteção às mulheres, às crianças, aos órfãos, às viúvas e outras leis comunitárias vem descritas na Bíblia, que são o arcabouço de proteção da vida em comunidade.

Fonte: Imagens Bíblicas Grátis (imagensbiblicasgratis.org)

Havia tanta liberdade, que em sua atividade exploratória do Éden, ela estava sem "supervisão", não está em discussão a teoria da presença de Adão como um tutor de alguém relativamente incapaz. Adão, tinha seu próprio encargo e não eram poucas suas atribuições. Essa noção da necessidade da presença de Adão para a mulher não fazer bobagem guarda correspondência com o pensamento acerca da incapacidade relativa da mulher, atribuída pelos homens mediante as leis vigentes no país e essa noção veio sendo sedimentada por anos a fio.

Capítulo VII

MULHERES COMPLETAMENTE CAPAZES

Eva criada a partir de Adão com a missão específica de ser uma auxiliadora fiel, tarefa das mais importantes, encargo elevadíssimo e que lhe conferia status e autonomia. Afinal, como ser auxiliadora ajudando nas decisões, influenciando na história de Adão se fosse um ser totalmente subserviente?

Havia tanta liberdade, que em sua atividade exploratória do Éden, ela estava sem "supervisão", não está em discussão a teoria da presença de Adão como um tutor de alguém relativamente incapaz. Adão, tinha seu próprio encargo e não eram poucas suas atribuições. Essa noção da necessidade da presença de Adão para a mulher não fazer bobagem guarda correspondência com o pensamento acerca da incapacidade relativa da mulher, atribuída pelos homens por meio das leis vigentes no país e essa noção veio sendo sedimentada por anos a fio.

O que se pretende aqui é honrar essa memória e o desejo de Deus, acerca de nossa criação. Fomos criadas como seres excepcionais e únicos, dotados de capacidade especial, e, chegamos com uma responsabilidade extraordinária de assessorar a liderança, influenciando os rumos e os destinos, mas haveria um preço. O preço da obediência e a distribuição da punição é igual para ambos, houve na sentença do Éden atribuição de responsabilidades! Sim, isso mesmo.

A mulher e a serpente dialogam. Eva decide que seu argumento era plausível e por isso mesmo muito interessante e digno de ser levado a Adão. Consumando assim a transgressão; Adão pega e come sem questionar e o final sabemos o que ocorre. Nesse trecho há manifestação de vontades, emoções, questionamentos e autonomia para ir até lá e julgar o que faria, inclusive obediência é algo que Deus permite que exerçamos. Sempre haverá oportunidade para obedecer ou desobedecer.

Definitivamente, Eva não era uma coitadinha submissa. Era dotada de capacidade de decidir, foi criada com poder de influência e dotada de autonomia, não há nenhuma debilidade nela, arrisco dizer que seu passeio pelo jardim, era parte do reconhecimento do terreno, em pouco tempo ela ajudaria Adão em todas as tarefas, e em harmonia viveriam juntos, ele liderando e ela auxiliando sua liderança no aspecto mais amplo da palavra, exercer influência é ter poder para alterar destinos ainda que de forma indireta, posicionada na distribuição de responsabilidades.

Deus cria o homem com responsabilidades específicas e o ergue para a missão, e, não queria que ele estivesse sozinho. Eva recebe a sentença pelo preço da desobediência a ordenança de Deus acerca da árvore do bem e do mal.

Tal divisão de papéis, não está adstrita a um comportamento servil. Não! Insisto, havia nela empoderamento que vinha de Deus. Seu primeiro desafio, encarar sozinha a serpente, que conseguiu enganá-la, mas, na distribuição de competências, até mesmo a serpente estava no seu lugar, exercendo seu papel de enganador. Eva, não tinha essa noção, contudo ela sabia e eles sabiam que deveriam obedecer a Deus e de cara falharam nisto. Considerar e respeitar a liderança do homem é reconhecer que desde o princípio ela foi concedida por Deus, o que não nos diminui. Com características diferenciadas, nossa estrutura física e emocional se difere dos homens, pois são nessas diferenças que somos completados, complementados e encorajados a seguirmos juntos, honrando um ao outro.

Renegar o papel da liderança do primeiro Adão e rechaçar a missão de adjutora idônea dada a Eva, é desobedecer a Deus e impedir que seu plano se desenrole de forma plena para cada mulher que deseja servir a Deus com sinceridade.

A cultura e a distorção acerca dessa liderança fizeram com que uma geração de meninas nascesse sob o jugo da servidão, sem afeição pelo chamado de Deus e nenhuma vontade de exercê-lo, pois encarar o chamado era um convite a servidão e pior ser considerada inferior e parcialmente incapaz. Se as mulheres tivessem sido criadas para serem tuteladas como relativamente incapazes, essa história estaria registrada de outro jeito.

Fonte: Imagens Bíblicas Grátis (imagensbiblicasgratis.org)

Sifrá e Puá, não eram o tipo servil, eram dotadas da capacidade de decidir e influenciaram o futuro de maneira excepcional, ouviram a Deus, mas sua postura poderia ser encarada rebeldia em outro momento da história. Elas revelam a coragem, necessária para uma situação extremada como aquela.

SIFRÁ E PUÁ, AS PARTEIRAS

É difícil imaginar que duas mulheres com encargos específicos pudessem agir como agiram. Elas deviam obediência a Faraó e precisavam cumprir o que lhes fora ordenado. O pequeno Moisés estava diante da morte e sequer poderia se defender.

Mas na história bíblica surgem duas mulheres dispostas a romper com o status quo da época, e o que lhes impelia era o propósito de Deus acerca daquele pequeno menino. O Espírito do Senhor conduziu a Sifrá e Puá.

Sifrá e Puá não eram o tipo servil, eram dotadas da capacidade de decidir e influenciaram o futuro de maneira excepcional, ouviram a Deus, mas sua postura poderia ser encarada rebeldia em outro momento da história. Elas revelam a coragem, necessária para uma situação extremada como aquela. O peso da decisão tinha o condão de mudar o curso do povo Hebreu. Não houve a tutela das vontades naquele momento, elas decidiram com a rapidez necessária para que a morte de Moisés não fosse consumada.

Mulheres decidindo é o que vemos na Bíblia, e no A.T. temos revelações progressivas. O fato é que se a história de intervenção de Sifrá e Puá estão diante de nós, é porque algo precisamos extrair daí. Podemos ser usadas nas situações mais diversas e por vezes o destino de muitos estarão em nossas mãos. Foi como Deus viu e atribuiu a elas honrosa missão. Não havia nelas incapacidade, ante sua marca é coragem de manter o menino vivo.

Fonte: Imagens Bíblicas Grátis (imagensbiblicasgratis.org). Abraão e Isaque. O nascimento milagroso de Isaque a Abraão e Sara e como Deus testou a fé de Abraão (Gênesis 21:1-7, 22:1-19)

A história de Sara nos mostra exatamente o modo e o exercício da influência. Seu marido, o patriarca Abraão, seguiu exatamente suas orientações baseadas nas suas impressões e desejo.

SARA

A história de Sara nos mostra exatamente o modo e o exercício da influência. Seu marido o patriarca Abraão, seguiu exatamente suas orientações baseadas nas suas impressões e desejo. Sara não precisava ser tutelada, podia pensar sobre si mesma, sobre sua casa e sobre sua vida.

A sua forma de agir mudou a configuração do Oriente como vemos hoje. Ela traz Agar para o centro da história e coloca Ismael como alvo também da graça de Deus. Após compreendemos em profundidade o agir de Deus e seu plano para humanidade.

A analogia da escrava e da livre, dois povos, dois momentos e duas nações. Sara foi protagonista desta história e exerceu com amplitude a influência sobre seu marido não há nada débil, subserviente, ou de incapacidade em sua postura.

Podemos perceber na história de Sara que Deus escolhe se revelar por meio das mulheres, o curso da história foi alterado sobremaneira, a partir da decisão primeiramente dela e depois de seu marido em ouvi-la e seguir suas orientações.

Por que Deus não interveio na escolha de Abrão? No momento que Sara o influencia a tomar Agar para lhe prover filhos? Porque o cerne da questão não está só na mulher exercer influência sobre seu marido, está na obediência que você está disposto a demonstrar, seja homem ou mulher. Vai muito além da questão dos sexos, ou de subserviência. Deus trata a todos com amor e espera a resposta traduzida em atos que revelem o desejo de temê-lo e honrá-lo.

No coração de Sara, havia a necessidade de solucionar seu problema de uma forma bem humana, apesar de todas as instruções que havia recebido. Bem como Abraão e ainda assim decidem seguir seu plano. Organizados entre si, eles seguem marido e esposa. Responsabilidades iguais, incluindo a escolha em dar uma interpretação diferente a promessa garantida por Deus.

Isso nos mostra o patamar em que a mulher está e esteve ao longo da história, sempre poderemos criar algo a partir de como vemos as coisas, como sentimos e da importância que daremos aquilo que é dito por Deus.

Cientes de que podemos ser usadas para aumentar a fé dos nossos esposos, e também para fazê-los duvidar do que Deus determinou, conforme o caso de Sara e Abraão. Para o bem e para o mal, nossa autonomia poderá influenciar a história da nossa casa, dos nossos filhos, dos nossos amigos, maridos e de todos a nossa volta, dependendo do círculo de influência que estivermos inseridas.

Fonte: Imagens Bíblicas Grátis (imagensbiblicasgratis.org). Destruição de Sodoma e Gomorra. O resgate de Ló quando Sodoma e Gomorra são destruídos (Gênesis 19:1-29)

Ló viveu muito próximo de seu tio Abrãao, que intercede por Ló acerca da destruição que Sodoma e Gomorra sofreriam em virtude do pecado. Apesar do livramento obtido, e da misericórdia que Deus havia demonstrado momentos antes, nada disso trouxe impacto significativo a sua família.

AS FILHAS DE LÓ

Talvez esse trágico episódio ilustre muito bem, como a cultura tem o peso de definir papéis e perspectivas de vida.

Ló viveu muito próximo de seu tio Abrãao que intercede por Ló, acerca da destruição que Sodoma e Gomorra sofreria em virtude do pecado.

Apesar do livramento obtido, e da misericórdia que Deus havia demonstrado momentos antes, nada disso trouxe impacto significativo a sua família.

No que tange, ao poder da influência e dos legados, Ló demonstra que sua moradia na cidade de Sodoma e Gomorra trouxeram a ele o total afastamento de Deus e que a cultura local havia se instalado dentro de sua casa. Não havia temor de Deus.

Seu livramento não foi suficiente para que houvesse uma mudança de mente e que os corações de sua esposa e filhas se voltassem para o Senhor. O pai Ló atestou seu fracasso.

Essas duas mulheres, as filhas de Ló, tomam uma decisão, só o fato de imaginar em seu coração que deveriam enganar o pai, para que assim pudessem ter filhos dele, demonstra a que ponto a degradação moral já havia se instalado em suas mentes. Pelo teor sexual das impurezas cometidas em Sodoma e Gomorra, talvez essa fosse a inclinação natural delas, não ficaram constrangidas com seu plano.

Não há na família e nem um registro que demonstrasse Ló pensando em retornar ao seio familiar, que fosse para buscar conselhos. Essas mulheres geraram dois povos inimigos de Israel, os Amonitas e os Moabitas.

Interpretar esse fato aponta certamente para o cerne da cultura da época, e o quanto ela é capaz de mudar destinos. A desobediência, a manipulação denotam capacidade de pensamento e autodeterminação. Demonstram que não havia temor no coração delas e muito menos a obediência não fazia parte da trajetória delas. Assim como sua mãe, optaram pelo caminho desencorajado, assim como não olhar para traz era ordem para todos ali, a questão não era só geográfica, mas, também nas atitudes e pensamentos, Sodoma e Gomorra deviam ser esquecidas por essa família, por essas mulheres, contudo, optaram pelo caminho inverso abraçando as sensações, desonrando o pai e o mandamento de Deus.

Essa história, nos mostra e nos faz pensar mais uma vez. Por que Deus não interveio no destino de Ló? Na verdade Deus interveio no que era impossível ser realizado naquele momento. Mas a vontade de qualquer um sempre será respeitada porque obediência é ato de amor e não de sujeição cega.

As filhas de Ló escreveram a história. Foi-lhes permitido errar, mas a mesma determinação poderia ter sido usada para compreender que estavam vivas pela misericórdia de Deus em gesto de amor pelo seu tio Abraão. Mais uma vez, se a história delas está registrada em detalhes, é para que aprendamos, o medo e a ausência do temor de Deus deram lugar a pensamentos que virando ações resultaram em anos de desassossego aos filhos de Israel.

Fonte: Imagens Bíblicas Grátis (imagensbiblicasgratis.org).

Raabe consegue com sua ação conquistar o livramento de toda sua casa. Pensar nesse episódio é imaginar o quanto as mulheres eram dotadas de autonomia, inteligência e determinação. Senão vejamos: Raabe, demonstra uma fé incrível.

RAABE, A PROSTITUTA

Raabe consegue com sua ação conquistar o livramento de toda sua casa. Pensar nesse episódio é imaginar o quanto as mulheres eram dotadas de autonomia, inteligência e determinação. Senão vejamos: Raabe demonstra uma fé incrível. Raabe entra na história do povo hebreu em uma hora dificílima. Ela consegue negociar com os espias a sua salvação e de toda sua casa. Ela escolhe obedecer a Deus e a desobedecer ao Rei daquela terra, pondo em risco sua própria integridade. O impossível toma forma e Raabe é lembrada na galeria da fé. Ela segue as instruções que os espias lhes deram, e na sua obediência é lembrada.

Como é possível imaginar que Deus usa as mulheres com reserva? O que vemos em Raabe é exatamente o oposto disso. Deus a permite avançar com seu plano humano, completamente essencial a manutenção do propósito de Deus para que o povo avançasse. Uma mulher prostituta, uma mulher desconhecida e que jamais seria escolhida por qualquer religioso, Deus a quis.

Fonte: Imagens Bíblicas Grátis (imagensbiblicasgratis.org).

Não havia nada que fosse impedimento das mulheres atuarem de acordo com o chamado e a vontade de Deus. Da atuação de Débora extraímos um número infinito de lições preciosas.

DÉBORA, JUÍZA

Aqui vemos um dos episódios mais interessantes e que revelam a forma de Deus agir com as mulheres, única mulher entre os juízes de Israel. Não havia nada que fosse impedimento das mulheres atuarem de acordo com o chamado e a vontade de Deus. Da atuação de Débora extraímos um número infinito de lições preciosas. A primeira delas é que Baraque era capitão de um exército, que por algum motivo não confia naquilo que Deus estava dizendo por meio dela. Que registro! Sim, ele duvida. Ela prontamente repete as palavras e o mandato do Senhor, ordenando que Baraque fosse, pois o Senhor já havia dado a vitória ao seu povo. Ele poderia comandar o exército sem medo pois a vitória estava garantida. Débora é desafiada a ir à guerra, o que não era comum, acredito ser esse o único episódio bíblico de atuação presencial de uma mulher na guerra junto com um comandante, que era o caso de Baraque.

Baraque diz que só iria se ela fosse. E ela diz: eu irei, mas a honra não será tua, pois Deus daria a honra a uma mulher. Que coragem e que fé. E assim foi. O cântico de Débora está devidamente registrado, ela vai e a batalha é vencida. E quem mata o General do exército oponente é Jael, que encrava uma estaca na cabeça de Sísera. Esse registro, nos mostra com clareza como Deus age, elege e vence. A vitória sempre virá do Senhor, e nesse caso clássico não dependia nem de Baraque e nem de Débora. A vitória já estava consumada! Deus já havia determinado, não há uma luta de sexos.

O que vemos é a afirmação de que Baraque não se submeteu ao que a juíza Débora havia recebido do Senhor. Os motivos pelos quais ele agiu dessa forma não sei ao certo, talvez fosse falta de fé mesmo. Mas a conclusão é que Deus usa as mulheres e continuará usando segundo a sua vontade, em posições de destaque ou não, continuaremos sendo instrumentos nas mãos do nosso Deus, independente de quem creia em nós ou não. É isso que Débora nos ensina. E, o registro desse fato não está aleatoriamente fixado na Bíblia Sagrada, quis Deus deixar registrado sua vontade sendo expressa por meio de Débora. Uma mulher entre homens marcou seu tempo liderando um exército ao lado de um recalcitrante comandante de um exército, que duvidou de sua palavra. A mulher liderou, outra mulher matou a Sísera. Tudo ficou como memorial para entendimento do povo de como se dá o agir do Senhor.

De longuíssima data vemos em toda história mulheres comissionadas, negociando, trabalhando, empreendendo para os propósitos do Senhor. Não citei Ester, Abigail entre outras que marcaram seu tempo. Contudo, o peso cultural e legal como já dito constituem-se como verdadeiros entraves espirituais à plenitude do exercício do chamado de mulheres preciosas e valorosas nos tempos atuais.

A noção de incapacidade relativa da mulher está em total descompasso com o que Deus desejou e projetou para nós. A Bíblia está totalmente atualizada no tema, e, não perde nada para nenhum movimento. A noção de coexistência, de coordenação, de completude, de influência, de poder de ação e o resgate dessa posição virá à medida que Cristo de fato reinar nos corações e por hora é preciso corrigir a rota preconceituosa de quem deveria libertar, e não o faz.

Finalizo este capítulo com essa reflexão. Em tempos muito anteriores aos nossos, as mulheres eram usadas com poder para atender os propósitos do eterno, onde perdemos essa noção? E, de que forma poderemos resgatar isso? Quantas de nós sofreram descréditos dos seus mais diversos chamados, foram desestimuladas pois culturalmente pesava sobre nós a chamada incapacidade relativa, necessidade da palavra de um homem para nos legitimar.

Será que há vozes silenciadas por aí pelo espírito da opressão, da maldade, da violência; vozes de mulheres verdadeiramente vocacionadas e cheias do Espírito Santo, cheias de Deus que silenciadas, não pudera expressar seus chamados na forma que Deus as concedeu.

FIXAÇÃO DO CAPÍTULO

Cada uma dessas histórias demonstra que não estamos diante de mulheres incapazes, e, aqui ainda faltaram muitas outras que protagonizaram histórias decisivas no seu tempo. Por exemplo podemos citar Abigail, Rebeca, Agar, Rute, Tamar e muitas outras que demonstraram seu potencial e como foram usadas por Deus de forma decisiva; já no novo testamento temos Maria, Isabel, Dorcas, Maria Madalena, Marta, Maria todas ocupando papéis importantíssimos na história bíblica. A divisão de papéis é salutar quando vivida na dimensão bíblica, não há espaços para ressentimentos ou competições elas não existem! As mulheres estavam no campo, estavam em todos os lugares e os homens ocupavam igualmente funções relevantes e definidas por Deus. Uma situação curiosa é a de Débora esposa de Lapidote, única juíza mencionada na história e com uma história maravilhosa, ela além da revelação da vitória, e de certa forma desacreditada pelo Comandante Baraque, é desafiada a participar da guerra. O único registro bíblico de uma mulher participando de uma campanha militar! Sim, a Bíblia conta isso e neste mesmo episódio temos outra mulher chamada Jael, que mata a Sísera. Deus não deu a Baraque essa honra. A questão aqui é a fé. A fé foi dada a todos, homens e mulheres igualmente. Deus nunca viu ou determinou que as mulheres eram incapazes, essa definição vem do diabo a antiga serpente que encontrou corações disponíveis para crer em suas mentiras.

Capítulo VIII

INCAPACIDADE RELATIVA DA MULHER E A OPRESSÃO NO CASAMENTO

De onde vem a opressão no casamento? Como essa noção equivocada foi sendo absorvida e aprendida gradualmente. Um inimigo silencioso que vai invadindo todos os espaços. Quando buscamos os registros históricos sobre o tema, vemos que a noção de seres incapazes dá vazão a todo tipo de abuso que vem se graduando e se perpetuando na história da mulher por todos os continentes e independe da cor, do tipo de crença, todas as mulheres em exceção estão à sujeitas a essa noção.

Atualmente, e com a evolução dos direitos humanos das mulheres vimos a legislação se reestruturar e dar novos contornos à situação das mulheres no mundo. O imaginário masculino, em muitos casos ainda entende e vê a mulher como propriedade, e que ela deve se sujeitar a todos os mandos e desmandos, caprichos e todo e qualquer tipo de abusividade. Vamos entender um pouco desse processo, nas linhas que se seguem:

As Ordenações Filipinas que inspiraram o ordenamento jurídico brasileiro, por mais de três séculos, de 1603 a 1916, vigoraram no Brasil as Ordenações Filipinas no Livro V Título XXVI §1, legislação conservadora e inspirada no poder patriarcal da Idade Média. Possibilitava-se ao homem, a aplicação de castigos corporais à mulher.

Voltando à nossa Frida Vingren, que chega no Brasil em 1917, em que a vigência da legislação pátria era extremamente conservadora em relação às mulheres. Então, certamente não seria possível implementar mudanças que mexessem diretamente com essa estrutura. Por mais libertário que fosse o evangelho de Cristo, era incomum uma mulher liderando, por isso nossa querida Frida enfrentou dentro da igreja oposições quanto ao seu chamado para ensinar, escrever, pregar e liderar.

No período da República no Brasil, a legislação continuava reproduzindo a ideia de que o homem era superior à mulher. O Código Civil de 1916 dava às mulheres casadas o status de "incapazes". Elas só podiam assinar contratos ou trabalhar fora de casa se tivessem a autorização expressa do marido.

Então, imaginem uma mulher com o grau de independência de Frida, que conseguia cuidar da casa, dos filhos, do marido e ainda liderava ensinos bíblicos e escrevia nos jornais internos da época, a exemplo do *Boa Semente* e depois outros conforme a biografia de Frida. Definitivamente não tínhamos um bom território para essa abordagem, a pregação do evangelho não deixou de ocorrer, mas Frida e seu esposo tiveram entraves dentro da própria igreja que questionava o chamado de Frida e assim opiniões se dividiram.

Os antropólogos sinalizam que o controle do homem sobre a mulher ainda vigora em uma espécie de memória social. Essa memória social faz com que os homens ainda julguem as mulheres como inferiores. São anos de legislação, com direitos sendo reescritos para que pudessem dar às mulheres a devida dignidade. O fato é que em virtude disso, passamos por diversas legislações, entre elas não podíamos votar e nem ser votada, não podíamos herdar, não podíamos nem mesmo buscar a justiça sem autorização do marido. As mulheres estavam sujeitas a um tratamento calcado na sua característica de incapacidade. Nada mais absurdo.

Ao encararmos o tema, podemos perceber de onde vem a noção de subalternidade da mulher na igreja, até mesmo o matrimônio era a expressão maior da opressão, solteira não havia valor e se casada seu valor era medido e tutelado pelo seu marido, que era uma espécie de senhor. Essa memória social, foi responsável por diversos problemas e um deles a violência contra a mulher.

Em 1999, bater em uma mulher era considerado crime de menor potencial ofensivo, e, até que o Estado Brasileiro modificasse as diretrizes levou tempo. A afirmação "em briga de marido e mulher, ninguém mete a colher" vem de um tempo em que o estado não entendia que deveria se meter nos espaços privados, a exemplo do que ocorria dentro das casas. Nós estávamos em transição, e, apesar dela os homens continuavam tendo poder sobre as mulheres de forma indistinta.

Havia permissão para matar em casos de adultério, a mulher era penalizada com a morte, entre outros. O uso de álcool e drogas constituem-se como estopins e não seriam o motivo principal que legitimam os homens a agredirem as suas parceiras, a maltratarem elas. Bem verdade que quando alcoolizado ou drogado, ele não agride seu companheiro no bar, ele agride a mulher em casa e os filhos. Há um componente social fortemente arraigado nesta situação. Estamos diante de um lastro jurídico e cultural de violência contra a mulher.

O Código Napoleônico decretou a irresponsabilidade jurídica da mulher, igualando as mulheres a loucos e menores. Esse código, vigente em 1804, influenciou na forma de vida da mulher ocidental, dando base à ideia de que a mulher é propriedade do marido e que sua função essencial e primeira é somente gerar filhos. Referindo-se à mulher casada como existente só para a família, recaindo sobre ela diversos impedimentos, justificando assim sua dependência e inferioridade, incidindo sobre sua vida privada e negando à mulher sua cidadania política.

O título XXXVI do livro V das *Ordenações do Reino* permitia ao marido castigar fisicamente a mulher (além do criado, discípulo, filho ou escravo), desde que não utilizasse armas. O direito de castigar a mulher previsto nas Ordenações foi abolido depois de mais de 20 anos pelo Código Criminal Brasileiro de 1830.

Apesar das mudanças ocorridas no Código Civil de 1917, onde se tratava da incapacidade relativa da mulher casada, somente foi alterada em 1962 com o Estatuto da Mulher Casada, contudo a mesma mentalidade é preservada. O lastro cultural permanece em torno da capacidade da mulher.

A aprovação do código confere ao marido o poder supremo, e a mulher continuou como incapaz e carente de proteção (no sentido) de desvalor, uma espécie de proteção advinda da incapacidade.

No momento da criação do Código Civil Brasileiro, os biólogos foram chamados a se manifestarem acerca do tamanho do cérebro das mulheres, que já tinha sido discutido por Aristóteles, determinando a inferioridade mental das mulheres. A supremacia do marido que vigorava nos códigos, baseava-se numa suposta inferioridade física que só valia para as mulheres casadas.

Acerca da inferioridade da mulher:

> *Inferioridade da mulher: a deficiência mental e fisiológica da mulher, trata da constatação de que as faculdades intelectuais do homem e da mulher são muito diferentes, seriam as evidências científicas que fundamentam suas deficiências. Em primeiro lugar há uma deficiência anatômica na mulher, um retardo, diz o autor, no desenvolvimento da circunvolução do lóbulo frontal e temporal, semelhante, aliás a encontrada nos homens pouco desenvolvidos como os negros* (O livro de Moebius (1853-1907), médico e psiquiatra alemão).

A mulher era um ser inacabado e imperfeito, naturalmente inferior ao homem e incapaz para vida social e política. Não estamos diante de um pensamento individualizado, e sim de uma razão masculina, uma lógica antropológica de uma cultura que elege a inferioridade da mulher, pensamento religioso que atribuía a inferioridade da mulher pelo fato dela ter sido extraída de um osso torto. Por fim e não menos importante do ponto de vista do pensamento estruturante acerca da incapacidade da mulher, segundo Aristóteles: "A relação entre homem e mulher consiste no fato de que, por natureza, um é superior, a outra inferior, um governante, outra governada", diante disso "a relação entre homem e mulher é de permanente desigualdade."

Ocorria que uma mulher maior de idade, capaz, ser excluída da vida jurídica, ser colocada entre os menores e loucos, assim que se juntasse ao rol das mulheres casadas, o que se configura como uma grande contradição. Com o casamento a mulher passava por um rebaixamento, dependente do marido. Mas, todas queriam se casar, porque se ficassem solteiras não teriam valor perante a sociedade.

Estar casada oferecia à mulher um maior status social, o argumento horroroso da incapacidade intelectual da mulher, foi utilizado por muito tempo, para demonstrar que por natureza a mulher era desprovida de senso crítico e de razão.

Quanto aos crimes em defesa da honra legitimados por esses códigos, eram perpetrados e também justificados. O princípio cristão "não matarás", não se aplicava aos homens, que poderiam matar em nome da honra. Essa tese jurídica foi derrubada em 2021 pelo projeto 2.325/2021. Enquanto vigorou fez com que diversos criminosos ficassem em liberdade.

Em 3 de Junho de 1961 a ONU editou um documento, com a seguinte recomendação: *o casamento não deve privar a mulher da sua capacidade civil, incluindo a capacidade de contratar, de estar em juízo e de assumir as funções de tutora.*

Na Constituição de 1824, as mulheres foram excluídas dos seus direitos políticos, junto com os negros, índios, pobres, assalariados e negros libertos. Para votar e ser votado o indivíduo deveria ter um mínimo de renda. Na Constituição de 1891 as mulheres reivindicam o direito ao voto e ele só é concedido em 1934, a mulher casada exerce como direito próprio o de qualificar-se e inscrever-se eleitora, independentemente de autorização marital. O preconceito que havia no Código Civil foi um grande entrave à cidadania das mulheres.

As recomendações adotadas pela Organização das Nações Unidas, em relação ao problema da situação da mulher na família, foram recomendadas para todos os países. Logo em seguida no Brasil foi criado o Estatuto da Mulher Casada em 1962.

A partir da Constituição de 1934 o Código Civil que mantinha os preceitos que consideravam a incapacidade da mulher, tornaram-se inconstitucionais. Glória a Deus.

Já em 1988, com a Constituição Cidadã e é chamada assim por não permitir nenhum tipo de discriminação, todos são iguais perante a lei.

A resposta para toda opressão vivida passou por um acúmulo de "constatações" filosóficas, antropológicas e biológicas para determinar que a mulher, em especial a casada, era considerada incapaz. Isto posto, muitas fugiam do encargo, e as que se submetiam eram tratadas como inferiores.

FIXAÇÃO DO CAPÍTULO

À medida que a sociedade evoluiu, foi possível perceber a influência espiritual sobre a legislação no que tange à mulher. Por muitos anos a incapacidade ficou impregnada na mulher, com um selo distintivo. Isso se materializou nas mais variadas formas de abusos, onde todo sistema social foi impactado. As mulheres não podiam estudar, trabalhar sem permissão, tinham menos valor se fossem solteiras, não podiam herdar e para além disso, poderiam ser agredidas sem cerimônia ou sem nenhuma punição. Por longo tempo bater em uma mulher era considerado crime de menor potencial ofensivo, bem como matar por legítima defesa da honra era considerada uma desculpa para não haver condenação. Por muito tempo esse sistema ficou impregnado na sociedade. O Brasil por exemplo, não via possibilidade de se envolver em violências ocorridas no interior das residências e por isso a expressão "em briga de marido e mulher ninguém mete a colher" ficou fixada no ideário popular, tal declaração é antes de tudo política porque demarca o limite de atuação estatal, e, perpassa pelas convenções sociais legitimadas pelo escopo jurídico da época, pois tem relação direta com o sentimento de posse, a mulher como propriedade daquele homem agressor, e, sendo propriedade dele ele faz o que quer com ela. A noção de subalternidade da mulher casada (incapaz, com cérebro menor etc.) foram os arquétipos de satanás que se utiliza de pensamentos e culturas para seus ardis; bem como o desvalor da solteira, fez com que muitas se casassem com agressores e violadores em potencial legitimados pelo escopo jurídico da época, incluindo religiosos (protestantes ou não).

Capítulo IX

A "BALA DE PRATA" DO FEMINISMO

Eis a razão e o arcabouço do feminismo. O espírito do engano sofistica-se colocando as mulheres contra os homens, quando na verdade o inimigo a ser combatido era outro.

Impossível não imaginar o que era a obra de evangelização neste período, e, de como todas as restrições impostas às mulheres acabaram fazendo parte da igreja. Os destinos delas, sua forma de agir nas igrejas e os lugares a elas reservados, inclusive os designados fisicamente. Os comportamentos sociais da época fizeram parte das igrejas locais, considerando a atuação das mulheres no ministério (missionárias, evangelistas, diaconisas, pastoras) junto com o espírito de opressão da época, foram também silenciadas.

Com um pouco de história podemos perceber que ainda permeia o imaginário popular, acerca do casamento. A noção de seres inferiores foi uma realidade encarada por mulheres que nasceram antes de nós. A legislação conferia esse status às mulheres brasileiras.

Dessa realidade nascem as distorções gravíssimas acerca da mulher, em especial a mulher casada. À medida que o movimento feminista avança, ele o faz em cima de distorções acerca do ser mulher.

O chamado de Cristo a todas as mulheres foi e é para a liberdade e para plenitude e não para servidão. Não para serem seres de segunda categoria, desprovidas de pensamento crítico e incapazes de raciocinar. Esse era o pensamento dominante de outrora, de um tempo tenebroso que julgava e matava as mulheres de forma livre, convencionadas pelas leis vigentes.

O casamento foi instituído por Deus e seu projeto para o homem e a mulher. O homem redimido por Deus não pode ser perpetuador de desigualdades ou violências. Esse é o selo que nos distingue dos demais, dos que não creem, dos que vivem sem esperança.

Quando os movimentos feministas se insurgem contra a opressão, os fazem sem saber ao certo contra quem lutam e golpeiam o ar incessantemente, cooptam os que desconhecem os estratagemas do diabo, quanto a isso o Senhor nos orientou acerca dos ardis de satanás que não deveríamos ignorá-los. A inimizade posta entre a mulher e a serpente vem cunhando a história distorcendo a missão da mulher, seu chamado elevado, a colocando em constante tensão e servidão. Por outro lado e no extremo, os movimentos feministas se apresentam como solução para essa opressão, e, o que vemos é mais opressão, desta vez o feminismo prega a guerra da mulher contra o homem, que passa, segundo as teorias feministas, serem os pivôs! Espécies que devem ser odiadas.

Mas como enfrentar a bala de prata do feminismo se, por muito tempo, o silêncio fez parte de nossas histórias, em nada nos diferenciamos por longas datas da opressão vivenciada por mulheres que não conheciam a Cristo, no entanto conheciam o peso da legislação acerca da subserviência imposta, cunhada pelo selo da inferioridade em relação aos homens. As igrejas foram silenciadas, seja por se sujeitarem às leis vigentes e pelos códigos legais que impunham a servidão as mulheres. Nós fomos amordaçados e assim muitas mulheres foram sujeitadas às pressões culturais e legais mesmo estando dentro da igreja.

Observem, não estamos a falar de mandamentos bíblicos, estamos a falar do mundo no aspecto cultural e da sua influência sobre a igreja.

Para tal, primeiro se deve abominar o casamento, sendo ele propagador do domínio e servidão da mulher. O homem precisa ser invalidado, sua liderança reduzida a pó, e, se insurgir contra todo e qualquer domínio. Desconstruí-los, sem saber que o inimigo a ser combatido é outro, e, a cegueira neste assunto traz desdobramentos, por um lado se acredita na opressão de mulheres evangélicas, e, de certa forma ao acompanharmos a história percebemos que a argumentação é válida. Contudo, não há de prosperar nenhuma opressão no nosso meio. Na atualidade vemos líderes evangélicos proeminentes corrigindo essa lacuna, e, a pergunta e a resposta que corroboram com a visão da opressão espiritual vivida pela mulher, é, que a Bíblia de 1917 é a mesma de hoje. Não podemos apelar para modernidade, não. O que ocorreu é que os padrões culturais seculares ruíram e deram lugar à Palavra de Deus.

Outro ponto importante são as teorias pagãs acerca da criação do mundo, de forma mítica se estabelece uma conexão que em tese justificaria a criação do mundo. Para as teóricas feministas, e entre elas Marilyn French, dividem da seguinte forma a criação do mundo, para compreensão de seus adeptos, uma transição de uma cultura matricêntrica para o patriarcado. Em primeiro lugar viria o mito grego, onde o mundo é criado por uma deusa mãe sem o auxílio de ninguém *"primeiro era a mãe, o verbo vem depois"*; em segundo lugar o mundo é criado por um Deus andrógino ou por um casal criador o que remete ao Hinduísmo (Yin e Yang) em referência à mitologia chinesa; em terceiro lugar o mundo teria sido criado por duas deusas mulheres que são usurpadas por um Deus macho que faz referência ao mito Sumeriano. Já após o segundo milênio não há referências de mulheres como criadoras do mundo e sim um Deus macho que cria o mundo a partir de si mesmo, ao que se denomina o mito cristão. Essa é a teoria para todas as mazelas vindas do homem que se impõe sobre a mulher e justiça assim sua aniquilação para que o mundo volte a ser governado por uma mulher. Tais teorias sustentam as matrizes do movimento feminista. Para que fique bem claro aqui, Deus é Deus, não podemos defini-lo como macho ou fêmea.

Satanás apresenta formas de pensamento que não levam a lugar nenhum. O alvo é a destruição da criação de Deus, pervertendo seus propósitos, e ao falar de duas saídas para lugar nenhum nos referimos primeiro a sedução que levar a anarquia, colocando a mulher em tensão com sua existência, primeiro ela foi desprovida de capacidade, de inteligência, a ela foi negligenciado cuidado e reconhecimento, ausência de valor, as tarefas as quais foram destinadas a elas estavam adstritas a casa e ao cuidado do marido muitas das vezes opressor, os cérebros femininos em determinada época foram considerados inferiores, assim como o dos escravos.

Já na segunda saída, temos a compreensão equivocada de que todos os males do mundo vêm do homem e seu domínio exercido pelas mulheres. Sendo necessário desconstruir essa compreensão, a revolta quanto a quaisquer coisas que sugerissem dominação, um retrocesso para qualquer mulher. Esse último argumento bem sofisticado, afinal quem em sã consciência deseja se sentir inferior e ser colocada como inferior nas mais diversas situações da vida, em especial na vida conjugal? Assim, a mulher tem duas faces da mesma moeda, o mesmo inimigo com roupagem diferente. A luta para conquista de mentalidades, para masculinizar as mulheres, para competir com os homens em pé de igualdade, para serem reconhecidas como capazes, é pílula dourada.

Na verdade, a estratégia da bala de prata é atingir a criação de Deus de forma mortal, fazê-la se distanciar do propósito eterno, fazer o ódio dos homens reinar e assim, estabelecer a divisão perfeita, irreconciliáveis com o bem, sem nenhum tipo de aliança entre homens e mulheres, a luta pelo antagonismo e distanciamento. Uma geração de mulheres que agora é usada contra si mesma, contra Deus, contra os homens, e, alguns já pensam na desconstrução da masculinidade e da toxidade proveniente dela. Nada mais absurdo. Na lógica de problematização da linguagem se inseriu a novidade do termo gênero, trocando em miúdos e para facilitar, gênero, patriarcado, heteronormatividade entre outros, são uma forma de atingir em cheio o propósito de Deus para o homem e mulher.

Por um lado, a sedução por meio da capacidade e do orgulho inflando as mulheres contra os homens, até mesmo as lideranças sadias são questionadas. De outro, a dominação cultural mediante a perpetuação do jugo sobre as mulheres que as destituem do papel maravilhoso destinado por Deus para cada uma de nós. E, nesse viés temos líderes religiosos cometendo atrocidades, violentando suas mulheres, vilipêndios em nome da fé, exigindo das mesmas subserviências com erro, aceitação de maus-tratos em nome da religiosidade. Obreiros fraudulentos, que omissos, não se posicionam contra o fenômeno com medo de que muitas mulheres surjam para denunciar seus algozes em nome do status e posição que ocupam.

A boa notícia é que o homem e a mulher de Deus cooperam entre si. Ele lidera e ela colidera, ele sabe que não é bom estar só. Ela sabe que ele precisa liderar, precisa cumprir sua missão e bem. Ele confia nela, descansa na sua coliderança e tem coisas que ele não precisa se preocupar. Ela sabe que tão importante quanto a liderança do seu marido, é a influência que exerce sobre ela.

Ele confia nas impressões dela, busca o auxílio proposto por Deus, não se fecha se insurgindo contra a sabedoria. Ela aquieta a alma em orações, cobre-o certa de que ele alcançará de Deus o favor que virá sobre toda sua casa. Ele é ensinável, reconhece que há coisas que Deus poderá mostrar primeiro a ela. Ela confia na sua liderança, e quando discorda, em amor busca conversar e mostrar o que Deus revelou. Ele ouve e ora, pondera, havendo paz, não há por que resistir a um bom conselho vindo de Deus.

Nessa mesma compreensão precisamos entender a intercessão entre o feminismo e marxismo, no feminismo se ataca o homem como símbolo de opressão contra a mulher, já no marxismo se ataca a família tradicional, pois pela concentração de poder a propriedade não pode estar na família. Simone de Beauvior era correligionária do marxismo, suas obras atendiam os objetivos do movimento quanto em intercessão, faziam com que a mulher atingisse um nível de liberdade em que ter uma família já não faria mais parte de seus planos. Não foi sem motivo, ou por pura empatia com as mulheres sofridas que ela deixou sua frase mais repetida, "Não se nasce mulher, se torna mulher", a quem acredite que isso tem a ver somente com as mulheres, mas, se estudarmos um pouco mais a história, é nítida a intenção por trás de toda sua ideologia e ideais comunistas, ou seja a anarquia pretendida, atendia tanto ao movimento feminista, quanto ao marxismo com o desejo de acabar com a família.

Temos outras como Betty Friedman que também se opôs ao ser mulher, inculcando em suas mentes que as mulheres eram diminuídas se ficassem dentro de casa cuidando de seus filhos, e, essa noção distorcida foi tomando corpo e até hoje vemos que de forma desmedida as mulheres se lançam nas suas carreiras, em detrimento da casa e ter filhos como se isso estivesse fora de moda. Fomos criadas com um propósito maravilhoso, e, para isso temos que entender que tudo em nós foi criado de forma organizada, muitas mulheres estão recorrendo a tratamentos hormonais para engravidarem pois já não tem a idade compatível para produzirem óvulos sadios, e, mais essa distorção feminista vem fazendo vítimas dentro das igrejas por exemplo. A ideia central é rejeitar a Deus e seu plano para toda humanidade.

Nesse ponto, a ideia de ser diminuída pelo fato de realizar o trabalho doméstico (reprodutivo), adstrito ao lar era prova cabal de inferioridade. O que se configura uma grandiosa falácia, não é trabalhando fora que a mulher adquire honra ou status, essa noção distorcida se enraizou e até hoje quando se cria filhas dizendo: você não pode depender de marido, por isso vá estudar! Ideia puramente feminista. A análise entre homem e mulher é interdependência, se você está criando uma filha para ser totalmente independente, é porque também não confia nisso. Desse modo, é o equilíbrio que precisa ser encontrado, as mulheres trabalham para ser auxílio, para construírem junto, cooperarem. Então, o correto seria dizer para nossas filhas que elas devem trabalhar para cooperarem com seus esposos pelos objetivos comuns que terão, e que também estará tudo bem se não o fizerem, crendo que a dinâmica familiar estará bem gerida se ela for do lar, priorizando seus filhos e sua casa, sendo esta noção veementemente rejeitada pelas feministas.

O ardil mais antigo utilizado foi a sugestão, a distorção, a serpente colocou em prática seu plano, o engano. A serpente pôs seus ovos, eles eclodiram e suas crias estão por aí, fazendo o mesmo. Os resultados do engano vão surgindo, e, cada vez mais rastros pelo chão vão deixando.

Não estamos diante de uma questão de homem x mulher, estamos numa questão que envolve nossas almas x satanás. A empreitada para colocar a palavra de Deus em descrédito continua viva. Meninas, moças e até rapazes estão sendo envolvidos por esses sofismas, o engano é a arma mais antiga e ainda preferida a ser utilizada.

Compreender o que estamos vivenciando é estar um passo à frente da sedução dos movimentos feministas, e ter a clareza do que ocorreu com a história da mulher. Nos posicionarmos contra todo tipo de opressão e violência contra a mulher é expressar o mais puro cristianismo, é expressar a compaixão que a mulher vitimada pela violência silenciada, com medo, com vergonha, que pela religiosidade muitas vezes suporta a opressão.

Nada é sem sentido. A luta está posta diante de nós. O feminismo é inofensivo contra os ardis de satanás, na verdade é só mais um estratagema para nos distrair do que verdadeiramente importa. Se ele conseguir colocar em nossas cabeças a visão distorcida e apodrecida de subalternidade, inferioridade, sujeição indiscriminada por meio da liderança do homem sobre a mulher conforme o mandamento bíblico; certamente o diabo terá alcançado seu prêmio mais elevado, a saber o engano e sedução das nossas mentes.

O que vimos até aqui foi a construção de um sistema legal opressor, que destituiu as mulheres de seu papel e as colocou em sujeição, rebaixando-as. Isso não tem a ver com o patriarcado ou sistema patriarcal, isso tem a ver com satanás, ele é o arquiteto das maiores engenharias sociais que visam à destruição do homem e da mulher.

Se cada mulher, moça ou menina, assim como o homem, rapaz ou menino ler esse livro, e, perceber o desejo do inferno em nos colocar uns contra os outros, com teorias, leis, com distorções sobre a essência da mulher, do casamento, estaremos um passo à frente do nosso adversário.

FIXAÇÃO DO CAPÍTULO

A grande estratégia para a resolução de todos os conflitos foi direcionada ao ser homem. Sendo assim o algoz de todo tipo de opressão contra a mulher. Contudo, a estratégia mais sofisticada se refere a um plano de destruição do ser homem. O termo masculinidade tóxica permeia os debates acerca do tema. A liberação feminina e a doutrinação feminina colocam a mulher em um permanente estado de competição. Competição pelo direito de existir. Quando Deus cria o homem e a mulher cria com papéis distintos e ao mesmo tempo complementares. O sentido perfeito para uma existência harmônica, diferente o suficiente para se completarem; fisiologicamente, emocionalmente e tantos aspectos fundamentais e ignorados na maioria das pautas ideológicas apaixonadas e inflamadas pelo diabo, que se ocupam de desconstruir não só a masculinidade, mas a própria feminilidade. Os traços que deveriam ser tratados com base nas particularidades do homem e da mulher, são desacreditados e desestimulados. A desconstrução que tratamos é da criação de Deus que somos nós. Quando se coloca o homem no centro da discussão, se maximiza o ódio da serpente materializando a inimizade contra a mulher, o sentido da complementariedade se perde e o palco da disputa se estabelece e com ele todos os distúrbios relacionados à convivência pacífica e harmoniosa idealizada por Deus. O papel da ideologia é relativizar a verdade e em especial a verdade bíblica.

Capítulo X

FEMINISMO E A DESTRUIÇÃO DA MULHER, DO HOMEM E DA FAMÍLIA

Iniciamos esta jornada de conhecimento para que não haja dúvidas acerca do que deseja o movimento feminista. A compreensão de sua história nos propiciará a conexão para entendermos de que forma a antiga serpente vem se colocando como a adversária implacável da mulher, a inimizade crescente e ardente sendo desenvolvida por meio de engenharias sociais, construções sociais, filosóficas. A roupagem intelectualizada e dinamizada se insere na sociedade de maneira que muitos caem no engano. A história basicamente se repete, com certo grau de sofisticação, com termos diferentes, contudo a inimizade cresce, e a sentença do Éden vai ficando mais visível.

O movimento feminista articulado denominado como primeira onda se deu em 1848. Nessa época no mundo houve alguns marcos. Na França ocorreu a Primavera dos Povos, na Inglaterra o Manifesto Comunista e nos Estados Unidos a Conferência de Seneca Falls discussão sobre os direitos da mulher.

Um dos equívocos alardeados como verdade é que muitas sufragistas (mulheres que queriam o voto feminino) também desejavam não ter as incumbências civis que decorriam do direito de votar, como por exemplo, ir à guerra, pagarem impostos como os homens. A discussão real girava em torno da questão decorrente das obrigações advindas do direito de votar, então na verdade o fato discutido tinha outras questões ligadas ao exercício do voto, e, esse fato é frequentemente omitido, até porque essa revelação nos faz pensar que o movimento feminista não teve o protagonismo nessa situação.

Quanto ao trabalho feminino, é um erro pensar que as mulheres eram oprimidas, sem possibilidade alguma nesse sentido, em decorrência de que a sociedade era rural; desta forma todas tinham funções específicas e essenciais no local onde estavam inseridas. O que de fato influenciou a ida da mulher ao mercado de trabalho não foram as feministas e sim a

Primeira Guerra Mundial de 1914 a 1918, dito isto é preciso compreender que não devemos às feministas a possibilidade de trabalhar fora, devemos à guerra. Outro ponto, deveras importante, é a cultura escravagista que no Brasil durou em média 388 anos, a mulher negra sempre trabalhou de forma desumana, a muito a ser reescrito na história do movimento feminista, a erros históricos que representam lacunas importantes e que demonstram a fragilidade de suas teses.

Quando a Revolução Industrial se instala, toda a dinâmica social se modifica e inclusive a familiar. E, daí por diante o feminismo trata de ressignificar isso, e, dissemina que a família se constitui como uma célula de opressão da mulher. O fato de a mulher se relacionar com o homem, ela faria isso pois estaria sendo oprimida.

Essas ideias são disseminadas como verdadeiras, e, nesse ponto da história ocorre uma conexão, que vai perdurar por muito tempo. O marxismo de Engels e o feminismo dialogam permanentemente, porque se a família é a célula de opressão da mulher, a burguesia e o proletariado sofrem opressão nos moldes de produção. O trabalhador, operário, proletariado são oprimidos no mercado de trabalho e a mulher é oprimida no casamento. A partir disto temos um feminismo marxista, que tem a intenção de destruir a lógica capitalista e a estrutura da família conservadora, família monogâmica e da família cristã.

A Rússia funcionou como uma grande propagadora das propostas feministas. Começando com Alexandra Kollontai (1872-1952) que declarou: *Sem igualdade entre mulheres e homens, não há comunismo. Vão trabalhar, camaradas trabalhadoras. Libertem-se.*

Distanciar as mães de seus filhos, ela entendia que o casamento monogâmico estava oprimindo a mulher. *Seu lugar, trabalhadoras e camponesas, é sob a bandeira revolucionária vermelha da vitória mundial do comunismo.*

Alexandra Kollontai tinha amizade com Lennin eles eram muito próximos, sendo a única mulher a ocupar um posto na hierarquia comunista.

Em 1917, os comunistas assumem o poder, e as principais ideias disseminadas por Alexandra Kollontai eram: facilitação do divórcio, legalização do aborto, tudo que propiciasse um tipo de vida promíscua.

Quando Stalin assume o poder na Rússia, ele revoga todas as leis que haviam sido inspiradas por Alexandra. Por alguma razão, ele percebeu que a sociedade ficou desestabilizada, por causa daquela libertinagem sexual desenfreada.

Ao chegar na segunda onda em 1940, temos Simone de Beauvior, autora do livro *Segundo Sexo* publicado em 1949, entrando para o cânone feminista. Aqui se iniciou a segunda onda de liberação sexual. Em sua compreensão a mulher era oprimida em seu papel social. A frase "Não se nasce mulher, torna-se mulher" ficou cunhada no movimento feminista e é utilizada até hoje.

O que ela pretendia era deixar claro que a mulher era tida como um indivíduo de segunda categoria. Seria urgente que a mulher negasse seu compromisso, negando o casamento e que buscasse a libertação sexual como forma de vida.

> *Uma das coisas mais urgentes certamente é a recusa do trabalho doméstico, tal como é hoje, tal como é imposto a mulher hoje. E as tarefas da maternidade, uma vez que hoje tendem a fazer da mulher uma escrava. Eu penso que o combate deve ser contra as escravas da maternidade, contra a escravidão doméstica. Isso é o primeiro, eu acredito. E eu acredito que é um combate para o qual podemos mobilizar uma grande quantidade de mulheres, porque muitas mulheres sofrem dessas coisas.*

Simone de Beauvior era filósofa de esquerda, radicalmente marxista, sua pretensão era a superação dos limites impostos pela natureza humana. Via com desprezo a condição de esposa e mãe, e se esforçou para que todas as mulheres se vissem subalternizadas. A opressão da mulher era mantida por existir homem e mulher. Simone de Beaviour não acreditava na existência da humanidade, de homem e mulher.

Ainda nesta mesma onda, outra mulher se destacou no movimento feminista, já na década de 1960. Betty Friedan (1921-2006), no mesmo pensamento de sua contemporânea Simone de Beauvior, contestava um tipo de mulher que ela denominava como essencial, o foco era combater a própria essência da mulher, que para ela significava uma "mística feminina". Noções como ser auxiliadora idônea eram impossíveis de serem conciliadas com esse pensamento, a mulher devia lutar pelo protagonismo, para ela as mulheres não eram vistas como pessoas. A guerra agora era contra a noção da essência da mulher, não estava mais no centro a oposição contra os homens e contra a família.

> *Meu livro "A mística Feminina", de 1963, rompeu a imagem das mulheres que era absolutamente a única imagem das mulheres naqueles anos após a Segunda Guerra Mundial, mulheres definidas somente em sua relação sexual com os homens, somente*

> como esposas, mães, objetos sexuais, donas de casa, servas das necessidades físicas do marido e dos filhos, da casa. Nunca como uma pessoa, definindo-a a partir de suas próprias ações na sociedade. (Betty Friedan, 1963. Citação em entrevista veiculada no streaming Brasil Paralelo "A face Oculta do Feminismo")

Tudo que as mulheres faziam, para ela era parte de uma construção cultural. Betty Friedman tinha certeza de que havia uma construção por trás do ser mulher.

> [...] não importa quanto os comerciais de televisão ou a sabedoria popular digam para ela: você está fazendo algo abençoado vivendo para seu marido e para seu filho. ... Ela não está participando na sociedade adulta humana e ela sabe disso.

Para Betty, a carreira, a profissão é a fonte máxima da realização. Aqui é interessante notar que quando muitas mulheres colocam suas carreiras acima da família, tendem a estar alinhadas ao pensamento de Betty. Atribuindo um significado à profissão, um status e uma condição de sucesso e fonte de realização. Uma clara distorção que leva qualquer casamento à falência.

> Nós ultrapassamos a mística feminina dos anos 1960. Nós não vemos mais a mulher só como dona de casa, só como mãe, só em termos da sua relação sexual com o homem. Nós a vemos como uma pessoa. No entanto, há novas místicas em certo sentido. A mística de ter tudo. Que é um mito, não é verdade. Não é verdadeira para a maioria das mulheres, a não ser que continuemos o trabalho que eu chamo de segunda etapa, de reestruturar os trabalhos, os treinamentos profissionais, as horas de trabalho, as condições de trabalho e mais consciência sobre um novo papel para homens e também para as mulheres, divisão igualitária do cuidado das crianças. E novas inovações e novos programas de cuidado infantil.

A questão implícita aqui é a libertação feminina. A divisão igualitária seria o mote para a igualdade entre os sexos e nessa década surge a pílula num contexto de liberação sexual, e, não necessariamente de planejamento familiar. O que se desejava era uma vida sexualmente livre sem encarar a gravidez, desta noção vem a concepção do aborto.

> A capacidade de escolher ter um filho, se vamos ter um filho e trazer apenas uma criança para o mundo, isso é essencial para a vida. Eu lutei pela escolha de ter filhos, fui eu quem disse pela

> *primeira vez no movimento de mulher, devemos confrontar. A personalidade das mulheres exige que tenhamos acesso médico, seguro e legal, a todas as formas de controle de natalidade, até e inclusive nesta fase de desenvolvimento tecnológico, acesso médico seguro e legal ao aborto.*
>
> *Eu acho que nós temos poder político para reestruturar as instituições. Dizer que você vai destruir a sociedade é insignificante para qualquer revolução. O que você vai fazer é reestruturá-la. E, se vamos ter real igualdade para mulheres e participação das mulheres na sociedade, então haverá uma reestruturação radical da família, e até mesmo da arquitetura. E finalmente, se você completar todas as implicações da igualdade para mulheres, haverá uma nova tecnologia, uma nova política e uma nova arte. Mas isso é radical. Isso não é reformismo, isso é uma mudança radical.*

Surge também neste contexto feminista Valery Solana (1936-1988) intitulada como a mulher mais feminista do mundo, por ter escrito a obra *Manifesto SCAM* que significa Sociedade de Cortar Homes. Além de outras coisas, ela pregava que deveria haver um destrabalho e incentivava quebras de equipamentos, com objetivo de causar prejuízo aos patrões.

> *A vida nessa sociedade, é, quando muito, um terrível aborrecimento. Já que nenhum aspecto da sociedade é relevante para as mulheres. O que sobra para as mulheres cívicas, responsáveis e ativas é derrotar o governo e eliminar o sistema monetário. Instituir a automatização total, e destruir o sexo masculino.*

Além de idealizar uma sociedade só de mulheres, também tinha convicção de que a masculinidade era uma deficiência.

> *Não há razão humana para o dinheiro ou para que alguém trabalhe. Todos os trabalhos não criativos (quase todos os trabalhos atuais) poderiam ser automatizados e em uma sociedade onde não exista o dinheiro, todos poderiam ter tudo que quiserem de tudo que há de melhor. Mas há razão não humanas, masculinas, para manter o sistema dinheiro-trabalho. (Valery Solana, citação em entrevista veiculada no streaming Brasil Paralelo "A face Oculta do Feminismo")*

Surge também sua contemporânea Shulamith Firestone (1945-2012) que era membro de um grupo feminista radical de New Yorke. Suas convicções giravam em torno de que as mulheres não deveriam carregar o fardo de uma gravidez.

> *Gravidez machuca. Sabe, não é agradável. Você fica deformada. Sabe, seu corpo fica todo bagunçado... Acho que as pessoas não disseram isso antes, mas...Sabe, a gravidez é uma barbaridade! Acho que se você tem a opção, sabe, de reprodução artificial, vai fazer uma diferença tremenda nos tipos de instituições que nós temos. (Shulamith Firestone, citação em entrevista veiculada no streaming Brasil Paralelo "A face Oculta do Feminismo")*

Autora do livro *Dialética do Sexo*, ela tinha certeza de que existia uma opressão da natureza, reforçada pelo homem.

> *Até que fosse atingido um certo nível de evolução e que a tecnologia chegasse à sofisticação atual, questionar condições biológicas básicas era loucura(...) Entretanto, pela primeira vez em alguns países. As pré-condições para a revolução feminista existem – na verdade. A situação começa exigir essa revolução" (Dialética do Sexo)*

> *E se as distinções culturais entre homem/mulher e adulto/criança forem destruídas. Nós não precisaremos mais da repressão sexual que mantém as classes díspares, sendo pela primeira vez possível um LIBERDADE SEXUAL NATURAL. (Shulamith Firestone, citação em entrevista veiculada no streaming Brasil Paralelo "A face Oculta do Feminismo")*

A liberdade sexual natural de Shulamith se referia a sexo entre homens, mulheres, dando margem a qualquer manifestação sexual, entre quaisquer faixas etárias liberdade total para expressão sexual.

> *Em um mundo da arte você pode fazer qualquer coisa. Você pode fazer o mundo exatamente do jeito que você quiser. No que diz respeito a Deus, eu gostaria de ser deus. Eu não gosto, você sabe. Eu não me preocupo com alguém lá fora. (Shulamith Firestone, citação em entrevista veiculada no streaming Brasil Paralelo "A face Oculta do Feminismo")*

Já na terceira onda que ocorre na década de 1980, as pensadoras são Kimberlé Grenshaw e bell hooks (autora do livro *O feminismo é para todo mundo*). Tais pensadoras feministas criaram o conceito de interseccionalidade, que deu origem ao que conhecemos como diversidade.

> *Eu queria ter uma linguagem que nos lembraria continuamente dos sistemas entrelaçados de dominação que definem nossa realidade. E não ter apenas uma coisa, como gênero é o problema importante, raça é um problema importante. Mas para mim, o uso desse jargão particular era um jeito resumido de*

> dizer: todas essas coisas, na verdade, estão funcionando simultaneamente o tempo todo em nossa vida. (bell hooks, citação em entrevista veiculada no streaming Brasil Paralelo "A face Oculta do Feminismo")

> Quando eu digo interseccionalidade, estou sendo bem literal. Eu estou me referindo à ideia de que o racismo, o sexismo, o classismo, a homofobia, o preconceito contra os idosos, são como fissuras profundas e nossa sociedade. Se você pensar neles como rodovias indo do norte para o sul, do leste para oeste. E o tráfego é a discriminação, são as coisas que passam por elas. É um lugar perigoso para viver, para estar, perto de uma rodovia, ou perto de uma interseção onde há muito tráfego. Algumas pessoas vivem em intersecções. (Kimberlé Grenshaw, citação em entrevista veiculada no streaming Brasil Paralelo "A face Oculta do Feminismo")

Suas definições abrem espaço para representação de outros grupos que não só mulheres, a partir daí temos o feminismo negro, a movimentação seria por afinidade trazendo outros segmentos para serem representados pelo feminismo. A questão da interseccionalidade e da diversidade abriu espaço para diálogos que transitam na solidariedade e na afinidade, o avanço da discussão da transgeneridade, entre outros, passaram a fazer parte da agenda feminista na terceira onda. E, aqui com um detalhe, essa aceitação irrestrita põe em risco a própria mulher, biologicamente falando, que passa a disputar espaços com homens biológicos como já amplamente divulgado nas mídias televisas e sociais onde em modalidades esportivas, homens biológicos tiveram atuação medíocre enquanto homens e quando se declararam transgêneros e foram para modalidade feminina, tiveram desempenho acima de todas as melhores atletas daquele segmento.

Em 1944, temos outra teórica feminista chamada Donna Haraway que escreveu o *Manifesto Cyborg*, esse manifesto não leva em consideração a hipótese de uma família monogâmica tradicional, antes revela o conflito entre homem, máquina e animal e ataca o parentesco como elo de desigualdade. Por fim, a noção de que a política de identidade deveria ser substituída pela política de afinidade, onde a teoria de gênero circularia confortavelmente.

Nessa mesma visão temos ainda Judith Butler (1956) autora do livro *Problemas de Gênero (Feminismo e Subversão da Identidade)*. Nesta teoria que trata do existencialismo, você pode ser o que quiser.

> Você nasce e tem um gênero designado a você. Você recebe um certo tratamento. Expectativas sociais são impostas sobre você. E aí você se dá conta de que esses... Esses nomes... esses rótulos... não funcionam para você. Então, você luta contra eles internamente. Você sofre por causa dele. Você se dá conta de quem é, e encontra uma linguagem para si.
>
> Se o gênero são os significados culturais assumidos pelo corpo sexuado. Não se pode dizer que ele decorra de um sexo desta ou daquela maneira. Levada ao seu limite lógico. A distinção sexo/gênero sugere uma descontinuidade radical entre corpos sexuados e gêneros culturalmente construídos. (Problemas de Gênero: Feminismo e Subversão da Identidade).
>
> É verdade que Simone de Beauvior e a teoria feminista disseram desde o começo: Biologia não é o destino. O seu destino social não deriva da sua biologia.
>
> Nem sempre precisamos criar uma nova linguagem. Às vezes, sim precisamos. Mas outras vezes nós precisamos afirmar linguagens mais antigas, ou reutilizá-las de uma nova maneira. Transformá-las em termos problemáticos, permitir que adquiram novos significados em nossas vidas. (Judith Butler, citação em entrevista veiculada no streaming Brasil Paralelo "A face Oculta do Feminismo")

Ao definir a problemática em torno da linguagem, vimos que a palavra gênero, que antes era utilizada para categoria de gênero gramatical nas formas masculina ou feminina, marcação gramatical criada para permitir a formação de palavra, passa a ter um significado problematizado, pensado por Judith Butler como forma de gênero formado por normas, atitudes e papéis que são diretamente ligados ao que as pessoas enxergam como ser homem ou ser mulher.

O escalonamento de primeira, segunda e terceira onda do feminismo, vem trazendo a desconstrução, primeiro da mulher diluindo sua essência, levando-a a questionamentos de sua condição feminina, conduzindo as mulheres por uma estrada de rivalidade, de competição e de total insatisfação consigo mesma, e, com o homem. O estado permanente de insatisfação e a busca por anarquizar os relacionamentos, se alinhando com o marxismo, só nos mostra que sua definição é aniquilação do projeto original de Deus. A revolução sexual que trouxe consigo a liberação sexual fez com as mulheres se expusessem e o número de crianças que não possuem o nome do pai no registro de nascimento cresceu, o que deu lugar à ideia romântica das mães solos, uma forma do feminismo de abrandar os efeitos nefastos da ausência do pai na criação dos filhos.

Nada mudou e a bala de prata é a pretensão de se estabelecer nas mentes e mulheres que o problema da sociedade é o homem, é a cultura da divisão de papéis, e por consequência a liderança masculina. Então, a sedução se opera em mentes sem sabedoria alguma para discernir que a problemática é muito mais profunda. E a origem disso vem do Éden, pois a serpente continua sendo nossa inimiga feroz, e por isso vem inspirando diversas mulheres ao longo da história para pôr em prática seu plano de levar muitas almas ao inferno, e, as mulheres são um alvo e se seduzidas também se tornam veículos em potencial da propagação da opressão e da desvirtuação do propósito de Deus para o homem e para mulher. Ainda nessa toada e no contexto da afinidade, a confusão se amplia de tal forma que os ideólogos de gênero avançam nas suas teorias. Estamos tratando de uma estória, de um pensamento, de uma teoria puramente humana, lembrando que esta obra está fundamentada na fé, na Bíblia como a inerrante palavra de Deus.

Quando falamos de afinidade, literalmente esse pensamento se abre para todas as demandas dos grupos identitários (incluindo assim, gênero, raça, sexo), se interpretarmos as pensadoras femininas da terceira onda, elas vão dizer exatamente isso, e amplificam de tal forma a defesa das minorias que se passa ao alargamento da defesa de qualquer que se ache excluído e a interseccionalidade estará consolidada, passamos a um estado de aceitação irrestrita, elástica, humanista, sem regras.

Por isso, pensadoras que defendem a ideologia de gênero encontram acolhida do movimento feminista, que por sua vez admitindo a ineficácia da biologia e desprezando o determinismo biológico, passam a levantar bandeiras que defendem a tripartição (sexo biológico, identidade de gênero e orientação sexual), no SEXO BIOLÓGICO o que é considerado é o aspecto físico e está relacionado à anatomia, já a IDENTIDADE DE GÊNERO se configura pela forma que a pessoa se vê enquanto homem, mulher, ou ambos tem conexão direta não com a biologia, e sim com a cultura segundo os ideólogos de gênero, na ORIENTAÇÃO SEXUAL se expressa a indicação por quem você sente atração: seja física, romântica e/ou emocional. Ou seja, tais definições inauguram uma nova forma de ver o mundo, contrária à palavra de Deus, trazendo mais confusão a um mundo extremamente conturbado e guiado pela vontade humana.

Não há interesse na intolerância, há interesse na verdade bíblica que nos orienta acerca de cada tema, incluindo o sexual. Ainda, somos livres para divergir biblicamente, respeitando aos que pensam e creem de forma diferente.

O que acontece é que o aparelhamento estatal vem dando novos contornos as discussões sobre o tema, de forma impositiva, desprezando assim nossa liberdade de crença e de coexistência. Não há uma vontade deliberada em fazer com que as pessoas possam crer a força na Bíblia, o Brasil é um país laico o que significa dizer que ele não tem religião definida. Todavia, esse fato não nos destitui das nossas crenças fundadas em nossas convicções morais e religiosas. Diante disso, é preciso considerar esse aspecto de fé, sob o risco de vilipendiar a intimidade de crença e mais, de poder falar livremente sobre ela, sem receio de ser criminalizado por crer seja no que for, e, no caso desta obra crer na Bíblia.

O determinismo biológico é rejeitado pelos ideólogos de gênero, e, não é possível aceitá-lo de acordo com a ideologia de gênero, afinal pela teoria sua biologia em nada influencia sua orientação sexual ou a identidade de gênero, e, atualmente há grande incentivo estatal para que isso ocorra.

Biblicamente falando não há margem para essa teoria, e, para além disto e aí reside o perigo, há um movimento pela criminalização de quem não aceita a ideologia de gênero como verdadeira, essa confusão e problematização fora pensada por Judith Butler.

Há, o desejo de silenciar os que pensam diferente e que creem de forma diferente. A história recente demonstra isso. Para tal, hoje o ordenamento jurídico em decisões da suprema corte determina que atos contra homofobia e transfobia sejam enquadrados como injúria racial, e, nesse ponto fica muito clara a influência da terceira onda do feminismo tratando da interseccionalidade e da troca da política de identidade pela de afinidade, na afinidade não importa sua biologia, a conexão é instantânea pela luta em si. No caso da injúria racial, a criminalização é mais severa, não há prescrição e nem aceita fiança.

Se de um lado temos o aproveitamento dos grupos minoritários e as políticas identitárias a todo vapor, de acordo com as pensadoras feministas da terceira onda, a engenharia social está por trás de tudo o que está ocorrendo. A exemplo da época de Juízes, no momento que a tribo de Benjamim que por muito pouco não fora exterminada por causa do assassinato da mulher do Levita (Juízes 19:25). O autor frisa: *Cada um fazia o que achava certo, aos seus próprios olhos* (Juízes 21: 25). Neste ponto o homem entregue a si mesmo e sem Deus anda de mãos dadas com a rebeldia em afronta permanente com seu criador.

Por fim a problematização da linguagem que propõe Judith Butler tem um propósito bastante definido. Não tem a ver com aceitação e sim com a não aceitação do propósito de Deus para o homem, iniciando pela não aceitação de seu sexo biológico, abrindo uma janela para que a legislação seja toda elaborada e aplicada em conformidade com a ideologia de gênero.

A ideologia de gênero aplicada ao feminismo trabalha pela aceitação em nome da afinidade na luta, seu objetivo elevado é que todos lutem por uma vida sem violência, esse é o apelo perfeito para os desapercebidos, por óbvio e o desejo de Deus é uma vida livre da violência, não é destruindo uns aos outros que estaremos em paz.

Inicia-se lutando por direitos das mulheres, empunhando bandeiras por direitos a trabalho, igualdade salariais, a vida sem violência, após se percebe paulatinamente, outros motivos e interseções (gerando ambiguidades), solapando a fé em Deus. Esvaziando o sentido de ser homem ou mulher, culpando a cultura e a cultura bíblica, a cultura da fé é questionada.

O cerne de toda discussão e disseminação de tais conceitos demonstra que tais pensadoras e pensadores não criam em Deus. De fato, seus questionamentos focam diretamente na mulher, questionando profundamente sua existência e buscando alterar o curso da existência a partir de uma noção do ser mulher. A secularização do ser mulher demonstra que todas as ondas feministas estão ligadas entre si, cada vez mais presentes na vida de cada mulher, as incautas se encantam muitas vezes com uma pílula dourada, camuflada, mas que esconde um veneno mortal.

Uma análise da história das principais pensadoras irá descortinar os verdadeiros ideais, o rompimento a qualquer custo dos padrões judaico cristãos. A divisão de papéis, a chamada para convivência próspera e frutífera, o conceito de submissão bíblica, o papel do pai, do cabeça do lar, tudo isso é combatido veladamente em todo escopo e cânones feministas.

Deus determinou bençãos sobre a vida do homem que teme ao Senhor. *A tua mulher será como a videira frutífera aos lados da tua casa; os teus filhos como plantas de oliveira à roda da tua mesa.* (Salmos 128: 3)

Essa noção sobre a mulher é o que se deseja roubar. Uma mulher frutífera é uma mulher potente e abençoada. Deus idealiza a família com uma precisão inigualável, como parte de um ecossistema que precisa de equilíbrio, o desejo de desvirtuá-lo, desmontá-lo, entortá-lo é antigo, e começou no Éden.

As estatísticas demonstram que as mulheres estão sofrendo de doenças típicas do estresse elevado, como o enfarto, burnout; ao mesmo tempo que querem levantar a bandeira das mães solo, se ressentem pelo peso e a dificuldade de criar uma criança sozinha, em episódio recente no Big Brother Brasil 2024, uma das participantes demonstra a exaustão mental e física da mãe solo, insinuando inclusive que "há dias que o desejo é de matar os filhos e ser presa", talvez metaforicamente não sei, mas o fato é que as feministas se confundem ao se posicionar a favor do glamouroso título de "mãe solo", sem dúvida não conseguem dar conta, por sua vez as crianças crescem e se tornam adolescentes que tendem a refletir as sobrecargas emocionais e as doenças decorrentes das própria mães, que impactam a si mesmos, nessa toada há adolescentes que se mutilam, outros que cometem o suicídio, mas um outro, tanto que querem saber quem é seu pai biológico. Em todos o vazio existencial está presente e não pode ser explicado sem Jesus.

Há empresas que estão estimulando o congelamento dos óvulos, para que as mulheres passem mais tempo no trabalho, e, a consequência disso é a esterilidade, mulheres com idade ovular avançada que já não conseguem ser mãe por meios naturais, tais condutas são glamourizadas. Para minimizar a culpa, se insere a seguinte falácia de que você não precisa ser mãe, os rótulos e a desconstrução do ser mulher deve ser a regra para ser feliz! Afinal, seus corpos suas regras. Essa é só a ponta do iceberg.

Nada disso é aleatório, estamos dentro de um sistema de engenharia social projetado para anarquia e para o caos, uma revolução cultural, que nada tem de inocente. As novelas, as músicas, a moda, os costumes são impactados por tais ideologias e até mesmo a ciência têm sido afetada por tais movimentos.

Por fim, o documentário "Paradoxo da Igualdade" no YouTube de uma TV norueguesa foi fundo na questão, o jornalista Harald Haia aprofunda o tema com uma sinceridade profunda sem paixões, demonstra bem e ilustra a ideologia de gênero, e a forma política de apregoar a desconstrução do que eles chamam de determinismo biológico, nada mais é do que aquilo que Deus criou e definiu para nós, nosso destino que é ser macho ou fêmea, não sendo possível nenhuma variação segundo a nossa fé nas escrituras sagradas (a Bíblia). Por fim, há uma preocupação do movimento feminista com mulheres como eu, por exemplo, que eles chamam de *TradWife* esposas tradicionais, os reflexos que causamos na sociedade. As *TradWifes* são mulheres que cuidam da casa, educam os filhos, dão à luz várias vezes, em contradição ao *social freezing* (congelamento de óvulos) onde as mulheres são incentivadas a darem à luz mais tarde e por consequência a um número menor de filhos; que é submissa ao homem.

O que vemos na realidade é mais uma estratégia social para que a aceitação das ideias feministas seja amplamente abraçada e indiscriminadamente aceita.

Não vendemos um ideal conservador e nem de opressão, em sociedades livres e democráticas é possível viver do jeito que se deseja, e inclusive ser respeitada por isso. O engano está em acreditar que mulheres, que por convicção religiosa, decidem viver pela fé e isso inclui as regras bíblicas de convivência nos diversos espaços sociais e dinâmicas diversas, tendo o respeito como base para isso. Ou seja, o fato de crer que devo ser submissa não dá nenhuma outorga para os maus-tratos de qualquer homem que seja, incluindo os que professam a fé, seja protestante ou de qualquer outro segmento.

Não podemos como evangélicas, ser desqualificadas de nossa opção por um modo de vida. Ao contrário do que pregam as feministas, muitas de nós as *TradWifes* temos vida acadêmica e profissional e também temos esposos que dividem conosco os afazeres domésticos, cuidados com os filhos sempre que tem tempo.

Não propagamos nenhuma imposição à submissão ao homem, nos submetemos por mandamento divino, expressão de amor à palavra e com isso não há outorga para maus-tratos. Não romantizamos nenhum tipo de desigualdade, antes priorizamos a compreensão, o companheirismo, e valores altruístas e bíblicos na convivência a dois. O estereótipo a ser combatido na verdade é da imposição do feminismo que se arroga como o único defensor das mulheres, sendo que Deus já o fazia muito antes defendendo meninas e mulheres, como no caso das filhas de Zelofeade, já mencionado aqui, assim como Raabe, Débora e outras. Não devemos nada ao feminismo.

A nossa postura deve ser respeitada como a de qualquer outra mulher, mesmo que esta venha a divergir de nós. A fé não pode ser imposta, mas pode ser imitada.

Até certo ponto no que tange à subalternidade imposta, cinicamente escancarada da mulher, imposta pelo sistema, pelas leis, pela cultura. Na percepção e lido por ondas, o feminismo sistematiza a luta, mais não a explica e nem a soluciona. Deus em sua infinita misericórdia, demonstra de que forma deve ser vista e tratada a mulher. Partindo dessa premissa, para nós não há nenhum alinhamento com opressão.

O desejo pelo protagonismo deve ser reorganizado, pois como está posto, o que se verifica é o desequilíbrio e a reafirmação de uma sociedade desigual, com relações desiguais espiritualmente, emocionalmente, socialmente. O feminismo puxa a mulher para uma luta permanente, esvaziando-a do seu chamado e marginalizando ele, e fantasmagoricamente criando inimigos imaginários que devem ser combatidos a qualquer custo, e não admite nenhum tipo de questionamento, somos levadas indistintamente a teorias diversas, a interseccionalidade, nas quais qualquer menor divergência pode ser encarada de forma hostil. Escolher viver por fé é um absurdo.

Nesta ótica o protagonismo a ser almejado é o bíblico, haja vista o cerne da cooperação, da interdependência entre marido e esposa. O protagonismo feminino se efetiva quando exercemos com maestria o auxílio, pois este é o nosso chamado. E, isso não é coisa de menor valor. Isso é plenitude. Se conseguirmos entender a comparação da mulher com a igreja, perceberemos que a igreja AUXILIA o cabeça que é Cristo de forma magistral, e por ela Ele se afirma. Ela por meio Dele dá a vida, mantém a vida, nutre a vida. A unidade idealizada por Deus, seu epicentro é a transformação do ser humano internamente (um novo nascimento) para compreender as coisas de Deus.

Cada casamento entregue ao Senhor, cada casa são embaixadas de Cristo, e, seguiremos o representando até o grande dia chegar. Toda resistência vem do atrito e do desconforto de se submeter ao Pai, sentimento acalentado pelo diabo, instrumentalizado pela velha serpente e executado por Eva. Seguimos em permanente confronto com o diabo e não com o homem. Contudo, sabem quem peleja por nós. Sejamos firmes na nossa vocação e eleição, assim não tropeçaremos e as benção nos seguirão.

Resumo das Ideias Feministas

PRIMEIRA ONDA 1948	Direito ao voto, trabalho, alinhamento com o marxismo sendo a família a célula de opressão da mulher.
SEGUNDA ONDA 1940	Simone de Beauvior, liberação sexual da mulher, negação ao trabalho doméstico, dizendo que a mulher era vista como cidadã de segunda categoria e por isso deveria romper com todos os padrões. As mulheres, para Simone de Beauvior, eram escravas domésticas.

SEGUNDA ONDA 1940	Betty Friedan na mesma linha de sua contemporânea Simone de Beauvior acreditava e ensinada que a fonte de toda realização era o trabalho da mulher, e que cuidar da casa e dos filhos seria uma atividade que a diminuía, e por consequência ela não estaria participando ativamente da sociedade adulta. A partir de Bety, começa-se a questionar a maternidade, considerando o aborto como viável, haja vista que toda a liberação feminina não seria compatível com a maternidade.
SEGUNDA ONDA 1940	Valery Solana, autora do *SCAM* (Sociedade de Cortar Homens), foi considerada a mulher mais feminista do mundo, acreditava e ensinava sobre um mundo sem homens. Acreditava que a masculinidade era uma deficiência.
SEGUNDA ONDA 1940	Shulamith Firestone autora do livro *Dialética do Sexo*, seus conceitos giravam em torno da gravidez, se esforçou por ensinar que a gravidez doía. Por isso, acreditava numa opressão da natureza e no domínio do homem sobre a mulher e ensinava sobre uma liberdade sexual irrestrita (entre homens, mulheres, crianças).
TERCEIRA ONDA 1980	Kimberlé Grenshaw e bell hooks introduzem a ideia de que o feminismo é para todo mundo, aqui começamos a ideia da INTERSECCIONALIDADE, os movimentos identitários (negros, trans, mulheres, idosos) dialogam numa mesma perspectiva de acabar com o preconceito, aqui se inicia o movimento por afinidade.
IDENTIDADE X AFINIDADE	Donna Haraway escreveu o Manifesto Cyborg, noção de que a política de identidade deveria ser substituída pela política de afinidade, onde a teoria de gênero circularia confortavelmente.
IDENTIDADE X AFINIDADE	Judith Butler (1956), autora do livro *Problemas de Gênero (Feminismo e Subversão da Identidade)*. Nessa teoria que trata do existencialismo, você pode ser o que quiser.

Fonte: elaborado pela autora

Chegamos ao final deste capítulo, é importante frisar que nada é por acaso. Há uma engenharia social em curso sendo replicada por muitas mulheres que de fato desconhecem os motivos e os riscos para as famílias, quando essas teorias encontram nos corações formas de se desenvolverem.

O que de forma inequívoca vislumbramos é que desde muito tempo o diabo a antiga serpente vem trabalhando diuturnamente para seduzir as mulheres a comprarem seus pensamentos com a finalidade de destruir a criação de Deus. Vimos aqui que mulheres foram diabolicamente inspiradas para esse fim, e aqui deixo bem claro que se não nos acautelarmos, também igualmente poderemos ser sugestionadas e inspiradas pelo diabo, a antiga serpente, não foram só as feministas que foram inspiradas! Antes dela Eva, e depois dela toda a humanidade está sujeita a essa influência, que é combatida com a mente de Cristo, usando a armadura de Deus em (Efésios 6). Suas ideias, ainda estão entre nós e são fáceis de serem vistas, toda a cultura, moda, etc., se rendem às suas teorias e ditam as regras com base em seus ensinamentos. Disso, precisamos nos acautelar, nossa luta nunca será contra pessoas; mas sem dúvida nenhuma contra o inimigo de nossas almas.

De longa data a mulher é o alvo da inimizade posta no Éden, não sem motivos as mulheres são usadas para o desenvolvimento dos objetivos perversos do inferno, Eva confirma exatamente o *modus operandi* da serpente (o engano). Não sabemos e não há registros se essas mulheres tiveram contato com a verdade libertadora da palavra de Deus, onde o plano perfeito para humanidade fora traçado. Não o sabemos. Mas o que temos é uma realidade devastadora, as boas iniciativas, vão dando lugar ao plano perverso que desvirtua a mulher do seu chamado.

Qual a conexão com a violência doméstica e intrafamiliar? A conduta humana entregue a si mesma é inerentemente incorrigível, recalcitrante contra as coisas do Espírito; desta forma, é possível perceber que a degeneração que vem do pecado transformou todos os relacionamentos, e a sujeição da mulher vem como a cereja do bolo, o relacionamento idealizado por Deus foi alterado de perfeito para "seu desejo será para teu marido" quase que um despojamento de suas próprias vontades, e que dá origem a desvirtuamentos emocionais, mulheres totalmente dependentes emocionalmente de parceiros violentos denunciam essa face da sentença do Éden, somente um encontro com Cristo pode desfazer o poder da serpente nesta área.

Essa é a fórmula da degeneração dos relacionamentos com base numa sentença infrafirmada no Éden, e com ela uma outorga para que a inimizade estivesse sempre presente no percalço da mulher. Essa equação responde aos horrores perpetrados fazendo muitas mulheres, por exemplo, vítimas de feminicídio ou aprisionadas em vidas miseráveis, atoladas em maus-tratos, assassinadas, desprezadas, humilhadas, perdidas emocionalmente, sem referências espirituais capazes de explicar o que não se vê; a eleição de um inimigo era mais do que necessária para que a operação do engano continuasse, e assim o homem toma o centro da situação, o patriarca (o homem adulto que lidera sua casa), a criatura de Deus; deve ser combatida, os padrões devem ser questionados, a família bíblica, não é a família "tradicional", a família bíblica é saudável e segue a Bíblia como seu padrão, é essa família que está sendo destituída da sua função. Já a família tradicional abriga no seu seio muitas vezes o antagônico modo de vida, respeita as tradições e é hipócrita nos seus recônditos. A Bíblia é atemporal, seus ensinamentos são eternos e benditos, a palavra de Deus é pura e refrigera a alma, famílias bíblicas são restauradoras.

O pano de fundo da violência doméstica e seu combate é muitas vezes usado para difusão das outras ideologias entrelaçadas no movimento feminista, lembrem-se estamos na terceira onda (interseccionalidade)! Precisamos efetuar a separação disto, e, não termos medo de combater a violência doméstica e ao mesmo tempo não compactuarmos com os movimentos feministas que afrontam nossa fé. Para isso, esta obra foi escrita.

Ao problematizar a linguagem, e, dando espaço ao gênero nos abrimos para abordagens desprovidas de evidências científicas, como no caso do sexo biológico, que antes era o paradigma da sexualidade. Atualmente não. De acordo com os ideólogos do gênero, as construções atuais devem privilegiar os sentimentos e os pensamentos sem qualquer conexão biológica.

Essa divisão ideológica é o pilar da interseccionalidade, e das políticas públicas identitárias onde as minorias têm seu lugar definido, o pensamento diferente se constitui como uma forma de preconceito. Aqui também reside a resistência à heteronormatividade, aquilo que Deus criou e determinou a partir da biologia: homem e mulher devem ser desconstruídos dando lugar a novas interpretações, daí vão surgindo novos direitos, e, até mesmo uma possível criminalização pelo pensamento divergente de tal teoria. Com vistas a esse novo pensamento, a heterossexualidade até certo ponto deve ser combatida como correta, sendo só mais uma entre tantas expressões sexuais e isso deve ser disseminado ao máximo. Por óbvio, e, a esta altura o cerne da discussão é Deus e sua criação, Ele está sendo questionado antes de qualquer evidência científica.

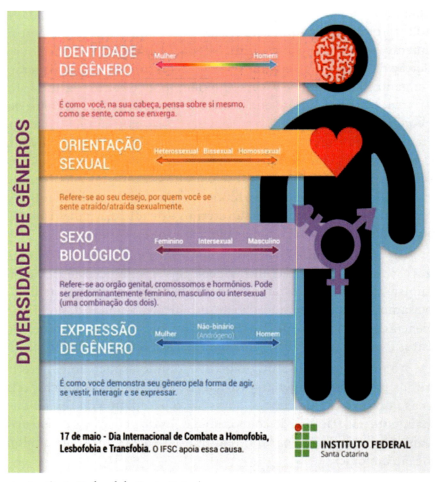

Fonte: Instituto Federal de Santa Catarina

A ideologia de gênero é o pilar central dos debates dos estudos de gênero desde as décadas de 1960 e 1970, que teorizam a diferença entre o sexo biológico e o gênero. Para os estudiosos de gênero, ser homem ou mulher não depende apenas das genitálias ou dos cromossomos, mas são decisivos os padrões culturais e comportamentais, e assim tais padrões são incorporados na vida em sociedade. Contudo, as conclusões sobre o gênero não obtiveram validação das ciências exatas e biológicas. O conceito de gênero foi adotado pela primeira vez, em documento intergovernamental na Conferência de População do Cairo, na Assembleia Geral da ONU de 1994.

Em que pese as doutrinas humanas, advindas dos pensadores que buscam legitimar seus pensamentos, transformando-os em problemas, com frequência se chocam com o criador, as criaturas são instadas a uma espécie de pensamento que não conduz à sabedoria, mas levam à loucura. A heteronormatividade surge em 1991, o termo hetero vem do grego que significa diferente e de norma que significa esquadro. A problemática da nova ordem social é levar ao questionamento colocando e heterossexualidade como "um modelo", nada mais inverídico.

A desconstrução da heteronormatividade é a desconstrução da vontade de Deus para o homem. Deus não mente e seus desígnios são perfeitos, e Ele criou macho e fêmea, antes da Grécia, dos pensadores e teóricos do gênero. Ao avaliarmos este aspecto, percebemos que a discussão é meramente humana, bem como a problematização. Por óbvio, o diabo tem usado essa disposição mental para empreender seus planos sobre a humanidade.

O que não se pode perder de vista é que a fé em Cristo, precisa ser espontânea e amorosa. Não há ninguém que seja obrigado a crer em Cristo Jesus. E, coexistir com ideólogos de gênero e com aqueles que não creem na obra de criação não constitui um problema para a igreja, que avança na obra de evangelização. Atualmente, o que temos é uma pressão para aceitação da ideologia de gênero indiscriminadamente, ao que nos opomos veementemente, pois fomos chamados à liberdade em Cristo e não crer na ideologia de gênero é um direito, como também é um direito não crer em Cristo.

Por fim, encerrando este capítulo quando Cristo, entra nas nossas vidas essa autorização dada à serpente no Éden é revogada, Cristo anula a maldição, e a inimizade perde a força, seu poder de ação fica adstrito a vontade de Deus, que não permite que o maligno nos toque. E, as mulheres podem seguir com a liberdade necessária para serem potentes, brilhantes, frutíferas, mães, amadas, servas, negociantes, administradoras do seu lar, profissionais entre outros, contudo sem jamais perder a essência e o perfume do seu criador, assumindo o arquétipo da mulher sábia, auxiliadora não só do lar, mas do plano do criador nosso Deus todo poderoso, ela é coadjuvante no equilíbrio da missão dada a Adão. Todo Adão necessita de uma Eva à altura das habilidades conferidas por Deus, para que ele mesmo possa concluir sua missão.

O engano está posto diante de nós. Nos cabe como igreja estarmos atentos e uma vez cientes das ideologias contrárias à vontade de nosso

Pai, precisamos compreender que assim como há mulheres e homens inspirados pelo Senhor, há também mulheres e homens diabolicamente inspirados; e no reino da problematização da linguagem para onde nos inclinaremos, para a Filosofia ou para a palavra do Senhor? Fica a pergunta e uma reflexão.

"– Para onde cai a árvore?
– Cai para frente...?
– A árvore cai para onde ela se inclina.
– Cuidado para onde você se inclina"

A MULHER E AS FASES DO SEU DESAFIO

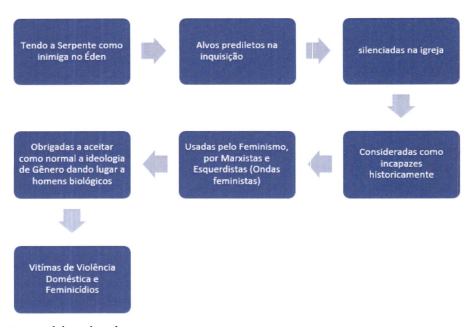

Fonte: elaborada pela autora

A trajetória das mulheres de longa data vem marcada pela inimizade da serpente (sentença no Éden). O mundo espiritual vem marcando a jornada das mulheres desde então. Não há nada aleatório, há uma guerra deflagrada sobre a humanidade.

FIXAÇÃO DO CAPÍTULO

Este capítulo demonstra o quanto as estratégias de questionamento veem sendo implementadas ao longo da existência humana. Isso não é bem assim, foi cunhado no Éden pela serpente que conseguiu induzir Eva ao erro de acreditar que poderia comer da árvore do conhecimento do bem e do mal. O Não é bem assim, está nas expressões das teóricas feministas; ser auxiliadora idônea não é uma função digna, a dignidade está na elevação da mulher e no rebaixamento do homem, considerando-o como dispensável para a existência. As artes, a justiça, a sociedade inteira estão imbuídas nesse ímpeto, de mover o homem de seu papel tirando dele o domínio e as capacidades dadas por Deus, é dele o papel de domínio da terra, de desbravar os territórios, de conquista e proteção. À mulher coube nada menos importante que a parceria nesta empreitada, ele sem ela não se consolida e ela sem ele é incompleta. Esse é o sentido real da complementariedade, ambos formam um. O sentido é coexistência e existência. As estratégias do inferno envolvem o medo do homem, o desprezo pelo homem, e o questionamento profundo da existência e questionamento não parametrizado, sem paradigma de fé, sem Deus é o que interessa àqueles que zombam da fé em Deus.

Capítulo XI

VIOLÊNCIA DOMÉSTICA CONTRA A MULHER E A IGREJA

Por mais antagônicos que sejam, essa é uma interseção que ocorre e que precisa ser encarada do ponto de vista religioso também. As pesquisas recentes demonstram que o lugar mais inseguro para uma mulher é dentro do seu lar, em que pese a violência urbana. A violência doméstica é exercida na esfera privada, dentro da residência da vítima.

A partir daqui e já orientados quanto a história de desenvolvimento da mulher em sociedade, a era que promovia o silencio e era permissiva com os abusos perpetrados por homens, deu lugar a esse tempo atual, onde somos estimuladas a denunciar as violências que porventura venhamos a sofrer, a dimensão sociológica se volta para a sociedade patriarcal (onde os homens ditam as regras), o apontamento atesta a falibilidade deste sistema, não é possível confiar ao homem essa delegação, um arcabouço de regras baseadas em violações permanentes ao longo das épocas, sendo essa a explicação de um modo de vida que privilegiava os homens em detrimentos das mulheres, dadas as peculiaridades de inferioridade e imperfeição (aspectos malvados, espirituais e determinados pelo diabo), o enganador e inimigo.

O que ocorre, e isso deve ficar muito claro, que a busca pela religião reflete um desejo da mulher em ver seu companheiro transformado, o homem que um dia jurou amá-la e respeitá-la, mas que agora comete violência contra ela, e não só a física, mas a emocional (psicológica) e outros tipos como a moral (afetando a honra) a patrimonial (que guarda relação com os bens e recursos que a mulher porventura tenha, ou até mesmo impondo privações desnecessárias com a finalidade de usar o patrimônio como instrumento de poder, e isso envolve a quebra de utensílios, roupas, destruição de documentos) e a sexual.

Essa busca por transformação ocorre por meio do diálogo com Deus, na oração. A problematização desse fato se dá quando essa mulher busca pedir ajuda, e, a diferenciação sobre o que seja uma crise conjugal sem maiores consequências ou violência propriamente dita.

Em geral o aconselhamento religioso direciona esta mulher para reflexões acerca do sacrifício de Jesus, criando assim uma certa conformação com a situação de violência. O papel desempenhado no aconselhamento terá dois caminhos importantes, a saber: o primeiro, reforçar a teoria feminista sobre o patriarcado, a dominação do homem sobre aquela mulher fragilizada, e isso ocorre no momento em que sua queixa é descredibilizada, minorada e desqualificada diante das ações do marido e ou companheiro agressor.

O segundo caminho é a escuta qualificada que terá o papel preponderante de entender sem julgamentos e traçar a intervenção necessária para o caso concreto; que pode ser o encaminhamento aos serviços competentes que integram a rede de enfrentamento à violência contra a mulher; uma mulher passando pela violência doméstica poderá desenvolver distúrbios emocionais que podem causar diversos males, entre eles: estresse, dor de cabeça, dor nas costas, dor no estômago, distúrbios do sono, distúrbios alimentares, cansaço. Ansiedade (aceleração dos batimentos cardíacos), síndrome do pânico, pensamentos suicidas, tentativas de suicídio, drogadição, alcoolismo. Ainda problemas pessoais, problemas no trabalho, encaminhamento ao aconselhamento espiritual, terapia sistêmica de casais (em casos onde não há violência propriamente dita).

Tudo isso é possível identificar em um processo de escuta qualificada. Uma vez identificada a violência, é possível traçar uma intervenção, que considere todos os aspectos relevantes que incidem diretamente no vínculo que provoca a violência, a esse respeito, precisamos compreender que por exemplo a dependência econômica constitui-se como um grande entrave para dissolução do vínculo conjugal. O homem acaba exercendo o poder justamente por aquilo que também foi chamado por Deus para fazer, ele exerce um poder autoritário, submetendo a mulher e sua prole a eventos humilhantes e que deixam a mulher sem perspectiva porque sequer consegue acessar os valores existentes em uma conta corrente do marido. Isso significa que pelo fato de ter se dedicado à igreja, e ter abdicado de sua autonomia financeira, acreditando que o cônjuge levaria a cabo a sua missão, de honrá-la, respeitá-la e protegê-la ela entrega toda sua vida nas mãos do homem, que exerce de modo diverso sua missão.

Um número expressivo de mulheres vivencia exatamente essa situação. Fui procurada por uma mulher de 60 anos, casada por quarenta anos e que há um ano levou uma surra do marido, chegando a quebrar sua cabeça. Evangélica, ela me procura e relata:

> *"Dr.ª preciso me divorciar, tenho vivido com medo, levei uma surra no ano passado, e sou constantemente ameaçada com palavras. Uma vez ele foi me buscar na porta da igreja e eu passei uma tremenda vergonha pois eu não consegui responder a mensagem de WhatsApp que ele havia me mandado, tentei explicar que não tinha observado porque estava no culto. Não tenho nada, sou totalmente dependente dele e não sei o que fazer. Temos dinheiro, mais vivo como uma miserável, eu não tenho acesso a nada. No boletim de ocorrência que registrei, fui toda ensanguentada para o IML e meus cabelos caíram na região do corte profundo que sofri. Quando falo sobre o ocorrido ele reage com fúria, tenho muito medo, eu nunca trabalhei. Preciso de ajuda". (Entrevistada 1)*

A denúncia é uma escolha da mulher, ela pode ser informada acerca dos seus direitos, e como acessá-los. A par da situação as medidas internas de cada instituição devem ser tomadas, inclusive tomando parte no processo de proteção e acolhimento dessa mulher, que a partir da denúncia precisa de um plano pessoal de segurança, já está comprovado que quando as medidas protetivas são deferidas, esse se torna um momento muito delicado para essa mulher e perigoso. O plano pessoal de segurança envolve até mesmo a mudança de residência, de trabalho (as rotinas são alteradas) em casos de haver ameaças concretas e risco de morte.

Quando o relato da mulher vitimada da violência é desconsiderado, e um aspecto importante é que a violência psicológica segue estruturando as demais; e isso envolve a questão institucional, que por vezes força a passividade e obediência diante da opressão, a religião deixa um enorme vácuo, onde deveria ocupar o lugar do acolhimento com base no que foi ensinado por Jesus. O fato de não se falar sobre o assunto não significa que ele não exista, e, não assombre as mulheres evangélicas, há uma lei do silêncio em razão do status, da vergonha, da dependência financeira ou emocional etc. Temos um estudo promovido pela Universidade Presbiteriana Mackenzie no qual foi descoberto que 40% das mulheres que sofriam violência eram evangélicas, pesquisa baseada em organizações não governamentais que atendem mulheres vítimas de violência.

As lideranças evangélicas pactuam com a violência doméstica, por meio do silêncio e da omissão, e, muitas vezes indo na direção oposta da denúncia dos agressores, ocorre o reforço na reprodução e manutenção dessa mesma violência. O fato de diminuir o efeito do fenômeno da violência contra a mulher, as igrejas acabam legitimando sua prática, reforçando a visão patriarcal e estimulando o feminismo a utilizar a sua bala de prata, insistindo na desconstrução do homem e a dominação patriarcal onde o homem tem o poder total e irrestrito sobre a mulher e sobre os filhos e filhas, o que lhe confere o direito de agir como quiser sobre a mulher, uma espécie de outorga para o abuso. Se o abusador não for devidamente confrontado, ele seguirá perpetuando a violência contra a mulher. O papel da igreja deve reforçar os papéis do homem e da mulher, e, anunciar ao mundo o quanto é bom o que Deus fez. A primeira missão da mulher é ser auxiliadora idônea, e, seguiremos assim até Jesus voltar, não há nada de indigno, cumprir cabalmente a missão do Senhor. Para o homem exercer a liderança ele necessita de uma auxiliadora idônea (capaz de ajudar em toda a missão) como um só corpo com ele, não tem nada de subalterno ou humilhante, a complementariedade se consolida nesse exercício.

A mulher vitimada pela violência encontra na igreja um lugar de refúgio, para busca de auxílio as suas necessidades. Contudo, o contexto histórico já registrado até aqui nos mostra que todo o contexto cultural e jurídico colocou a mulher em posição inferior ao homem. Abaixo segue um relato de uma mulher evangélica:

> *Percebi que todos da liderança estavam me olhando de forma diferente, até certo ponto me evitando. Minha separação já estava anunciada e com muito sofrimento. Após um longo tempo e depois em um gabinete pastoral, o pastor me contou que o meu ex-marido tinha ido na igreja e contou para ele e para os líderes que num momento de desespero eu peguei dinheiro com agiota, segundo o pastor, a igreja deu o dinheiro que foi pedido pelo ex-marido para saldar a dívida. Era mentira, o que o meu ex-marido contou. Mas, o pastor não me procurou e não me perguntou sobre o fato, quando perguntei por que* não tinha me chamado, *ele só me disse que pensava na minha família* (Lilia 48 anos, relato da época que congregou em uma Igreja Batista).

No relato acima descrito, não houve defesa, não houve desejo por parte da liderança simpática ao agressor, em ouvir a vítima. Por que tão pouco ou nenhum crédito a palavra da mulher? Tal situação revela que ainda a palavra do homem é levada em consideração e a da mulher nem tanto. E isso vai se repetindo. As vítimas não tendo suas narrativas consideradas, os agressores buscando um meio diante das lideranças de justificarem suas ações injustificáveis.

Em uma outra situação, uma mulher evangélica se envolveu com um homem e a história dela foi a seguinte:

> *"Eu, estava muito tempo sozinha e resolvi dar uma chance a essa pessoa. Conheci ele na internet, pareceu-me uma boa pessoa no começo. Contudo, à medida que o tempo foi passando, ele não tinha certeza do seu divórcio e descobri que estava tentando voltar para a sua ex-mulher. No envolvimento com ele, pequei, e, acabei fazendo sexo antes do casamento. Me arrependi e pedi a ele um momento de afastamento. Usei o cartão dele escondido, porque vendia produtos de beleza e não contei a ele, somente depois. No término, ele ficou enfurecido, e quis me agredir. Pedi, perdão e me comprometi de pagar a dívida feita no cartão dele. Ele, condicionou me perdoar se continuasse com ele. Contudo, eu não quis. A final da conversa, disse que tocaria no que era mais precioso para mim, entendi que estava ameaçando meus filhos. Ele invadiu meu local de trabalho e para minha sorte havia uma amiga comigo, me empurrou tentou pegar meu computador. Fui a delegacia e denunciei, pedi uma medida protetiva. Ao saber que tinha ido a delegacia, ele foi na igreja conversar com o meu pastor à época, e passados alguns dias, o pastor me ligou e disse: que já sabia do relacionamento, do que eu havia feito, que eu estava errada, e, ao final me deu uma ordem que era para ir à delegacia e retirar a queixa, renunciando a medida protetiva que eu havia solicitado. Por fim e por vingança o meu ex me denunciou por furto, e, ao final o inquérito foi arquivado por falta de provas. Até porque eu não furtei nada dele". (Entrevistada 2)"*

O caso acima demonstra mais uma vez que o pastor preferiu acreditar na palavra do agressor, que inconformado foi até a igreja para buscar guarida e encontrou. Segundo ela, não foi chamada para contar a história e sequer foi indagada sobre a violência que sofreu e a ameaça contra seus filhos e que o perdão pelo uso do cartão do agressor, estava condicionada à permanência dela no relacionamento com ele. A palavra da mulher é colocada em xeque e a solidariedade masculina é vigorosa. Ela se viu sozinha e sem opção, a medida protetiva foi deferida e ela se mudou para outra cidade, pois o agressor fez campana próximo a sua antiga residência por longos dias, conforme relato dos seus vizinhos. O inquérito de furto foi arquivado em 2020.

Considerando o viés privado dessa violência, não são poucas mulheres que pedem a Deus para livrá-las desse sofrimento, em geral essas mulheres chegam tão sofridas e com a autoestima destruída, que demoram a perceber a força que possuem.

Um outro relato bastante emblemático chegou para mim. Escolhi preservar os nomes reais para evitar a exposição.

> *"Eu quero me divorciar, o que preciso fazer. Perguntei sobre a documentação e ao final perguntei ainda o porquê se ambos eram evangélicos, se já haviam tentado terapia de casal, conversado com o pastor e etc. Até esse ponto, ela não havia mencionado nenhuma atitude que fosse violência doméstica. Quando fiz a pergunta, foi que ela desabou, começou a chorar dizendo que após diversas crises de depressão que se iniciaram depois do nascimento da segunda filha, pois o marido passou a evitá-la sexualmente, se sentia desvalorizada. Que ela não conseguia conversar com o pastor porque o marido era obreiro e não queria prejudicá-lo no ministério, que em todo tempo ele proferia várias palavras sobre ela, dizendo que não era capaz, que era feia etc. Me contou que fazia tratamento na clínica da família e que a psicóloga falou que ela estava sofrendo violência psicológica, ela temia que ele pudesse ser denunciado, e por isso estava evitando a terapia e que havia ela mesma se dado alta". (Entrevistada 3)*

Esse caso especificamente no relato dela, minha insistência em saber os motivos era porque ela já estava praticamente com uma casa alugada, pois havia reencontrado com um ex-namorado da adolescência, e aquilo me acendeu um alerta que a decisão dela, em relação a esse ex, tinha a ver com a carência emocional e a baixa estima, sua decisão poderia comprometer ainda mais o futuro dela, fiz todas as abordagens e tentei levar ela a uma reflexão de sua vida, que talvez a empreitada de um novo relacionamento naquele momento não surtiria o efeito pretendido. Após um tempo, a reencontrei e continuava casada e parecia feliz.

> *"Eu vi minha mãe sofrer violência, por um grande tempo da sua vida, minha avó que era do círculo de oração, dizia sempre que minha mãe devia aguentar até o fim. Quando finalmente ela se viu livre porque meu pai morreu, ela estava na igreja e havia alguns problemas, havia uma questão social envolvida, ela era nova e era difícil sociabilizar dentro da igreja, lembro que ela sofreu preconceito por sua condição. Não tinha amigas. Quando comecei a namorar, sempre dizia ao meu namorado que não iríamos nos casar, eu tinha uma noção muito ruim do casamento por causa da condição da minha mãe, tudo isso me traumatizou. Hoje sou casada graças a Deus, consegui me libertar do trauma". (Entrevistada 4)*

Um movimento sutil ocorre acerca da responsabilidade da mulher, a ela é atribuída a função de orar por sua casa e esposo, e no caso de violência cabe a ela agir com sabedoria que frequentemente é confundida com tolerância, abnegação, paciência e amor, mesmo estando diante de um parceiro adúltero, violento, desajustado, dado ao vício, entre outros. Em conformidade com o provérbio bíblico: "A mulher sábia edifica sua casa".

Muitas vezes a mulher compreende que está numa luta contra o mal e não é contra o seu cônjuge, e, que depende de Deus a solução para os maus-tratos, contudo, é preciso entender que, as agressões físicas, ou psicológicas, traições, abusos domésticos (que podem ser considerados violações sem tipificação penal: mentir reiteradamente, humilhações, condutas degradantes, etc.) não podem ser justificadas como uma força do mal operando sobre o agressor, assim, o autor da violência nunca é responsabilizado por seu comportamento. Mas tem suas atitudes justificadas por espírito maligno que deseja destruir a família, que de fato em todos os casos estão operando sobre a família, contudo, há o livre arbítrio e esse é o poder de escolha de cada um de nós, desta forma não se justifica tal permissividade para a justificativa de uma vida de abusos reiterados. A respeito do domínio próprio já tinha orientado Cristo, como também resistir ao diabo, caso estivéssemos tratando somente do mal.

Há um componente moral na escolha de cada um e praticar a violência doméstica é uma decisão. Ainda me vem a memória o episódio de Caim, o pecado jazia à porta, mas a ele e só a ele cumpria dominar este mesmo pecado.

A questão a ser encarada quanto ao pecado cometido contra mulher evangélica que sofre a violência é que a permissividade e as concessões conferidas ao homem que pratica a violência, sobre ela recaem as mais diversas responsabilidades e inclusive a da edificação do lar, e do outro lado? Resta a liberdade para continuar abusando da mulher, preservando muitas vezes sua posição como obreiro, pastor ou outra patente dada a ele. Por muito tempo e nos dias atuais ainda vivemos assim, essa é uma triste constatação.

Abaixo segue um relato de uma jovem mulher que além dos prejuízos materiais, teve prejuízos emocionais para manutenção do sigilo, somente alguns trechos do seu relato serão reproduzidos.

Casamo-nos por uma forte pressão religiosa. Na época eu já estabelecida profissionalmente e financeiramente.

Ele, o que sabia separado com um filho, tinha uma livraria que não vinha bem e vendia cursos. Recomeçando em outros negócios, com objetivos altos de ter negócios e muitos investimentos. O que era a verdade: Teve 2 casamentos o primeiro não homologado, com pendências (isto é, perante a igreja me casei com um homem casado ainda. E por uma lei teve a permissão de casar-se novamente com outros regimes de casamento que o juiz de cartório definiu).

No casamento sempre agia como acredito ser o correto com verdade e apoiando quem está em nosso lado. Meu erro, foi me calar e simplesmente permitir que fosse feito o que ele queria. Não o que era o correto, tentei por muitas, muitas e muitas vezes minha voz foi negada. Com risadas, piadas e ofensas. Algumas poucas coisas, como exemplo: Ir visitar meus pais - era caro não podia a maioria das vezes, enterro da minha avó, parar de investir quando não estava dando certo vender carro e ficar com algo mais simples. Tentei por várias vezes separar quando descobria as mentiras e inúmeras dívidas. Mas, a venda da religiosidade cegou a todos que pedi ajuda e sozinha não estava conseguindo. Além, da pressão de dívidas e mais dívidas que ele buscava e inúmeras ligações. E sempre que procurava saber ou falava algo, me ofendia e mentia. E não foi só isto, foram muitas humilhações de prostitutas dentro do carro e forçar a realizar atos sexos ilícitos e imorais. Onde na maioria das vezes o seu destaque era o valor que trazia nas ações comerciais ou vendas que realizava, antes mesmo de chegar em casa já tinha que realizar o depósito.

Até que consegui ter forças para descobrir tudo que passava, pesquisei e me aprofundei em todas as leis para me proteger e minha filha. Voltei para minha família, para recomeçar com muitas marcas e dores. Ninguém em sã consciência imagina que tudo que viveu, casamento vestida de noiva, enxoval. Foram construídos com muitas mentiras.

Até que o dia da primeira audiência escutei as palavras da juíza, que perguntou que homem era este que me casei e se não sabia. E finalizou com a frase:

Ser conivente com algo errado é tão grave quanto quem faz!

...Mas, em tudo sou grata por cada lágrima que me ensinou a ser uma mulher forte, a lutar pelo que acredito, não permitir mais que pessoas se aproveitarem me vendo como um número, a cada dia ser quem sou, e fazer o que é certo, independente das 4 paredes e dos títulos que nos cercam.

Tem muitas coisas escondidas por trás das máscaras da religiosidade, onde se opõe a Bíblia. Onde é fundamental abrir os olhos da razão, as pessoas têm que fazer o que é correto dentro e fora das igrejas. Infelizmente não é o que acontece...fato que tenho

> *visto demais e muitos, gritando em silêncio pedindo socorro. Pois, se escondem nesta máscara da religiosidade. Que a verdade possa sempre prevalecer, e que possamos lutar pelo que é certo. Sendo exemplos! (Entrevistada 5)*

Ao ouvi-la contar a história, ela cuidadosamente me disse: meu pai um líder religioso (pastor) se culpa também, pois o casamento apressado tinha relação com o status na liderança, e, que o casamento seria o correto, quando começou a cuidar da papelada, os proclames vieram com a inscrição do regime de bens, que no caso em questão era: regime de total separação de bens, pois no divórcio anterior do ex-marido ele não havia feito partilha de bens no relacionamento anterior e já haviam denúncias semelhantes da nova esposa, havia confusão patrimonial e denúncias envolvendo estelionato sobre os bens do casamento anterior. Um descuido, uma falta de observação, e o desconhecimento não permitiu que o pastor (pai) pudesse proteger a filha de um desfecho tão terrível. O pai (pastor) apesar de também ter feito pressões para o casamento também fora enganado pelo ex-marido. Ela vive uma batalha judicial para se ver livre de dívidas, pois no começo da relação, vendeu seu apartamento e comprou uma casa para os dois, deu acesso a dinheiro, contas e outros ao ex-marido, que apesar de todos os abusos e de processos judiciais, contraiu novo casamento, tirando fotos nos mesmos locais que fez com a ex-esposa, e, é um líder de célula em Minas Gerais em uma grande igreja no Brasil.

Sobre a igreja há um poder dado por Cristo, a fé em Cristo muda expectativas, modela comportamentos, altera desejos, cura frustrações e também ensina como se relacionar com o mundo.

Por isso mesmo, uma estrutura condizente com a realidade e levando em conta o fenômeno e o parâmetro social, sendo possível instrumentalizar as mulheres, tornando-as capazes de inclusive discernir quando estão diante de uma ou mais violências, para que tenham condição de reação e para saberem que não estão sozinhas e que não devem ser responsabilizadas pelo mau comportamento do companheiro.

Para além disso, a igreja deve se constituir como um ambiente acolhedor, que possua espaços de ensino sobre a violência doméstica e inclusive informando aos homens, a respeito da história, de como esse pensamento e modo de agir nefasto se aproximou de nós.

De certo que a denúncia sempre será escolha da mulher. Quantos aconselhamentos realizamos em que um dos cônjuges deseja a terapia de casal, e o outro se nega veementemente e prefere ser propagador de adoecimento do lar, uma mulher adoecida significa um lar adoecido, filhos adoecidos. Uma vez que haja espaços qualificados para escuta, grupos operativos e chegando aos gabinetes pastorais, a única condicionante viável é buscar auxílio e tratamento terapêutico, o componente da decisão pessoal sempre estará presente, Deus fará sempre o que lhe compete fazer. Mas o que nos compete ele não fará.

Se um líder identifica uma situação de violência, qual deverá ser sua atitude? Um mínimo de entendimento da questão, por exemplo: se um dos cônjuges tiver vivenciado um lar disfuncional e violento? Essa violência foi internalizada e aprendida; e essa percepção incidirá e norteará todo o processo de intervenção, em casos que não está presente o tipo penal definido por lei, em alguns casos não é possível uma intervenção que contemple somente tais aspectos, necessitando assim de auxílio policial, legal. Primeiro, o líder deve despir-se de preconceitos, entender que a complementariedade proposta por Deus é real.

Casamento e convivência marital são feitos por duas pessoas, as atitudes dele e dela vão influenciar na qualidade deste casamento e na saúde do casal. Logo em seguida, a igreja deve ter voluntários, obreiros, pastores preparados para abordagem do tema, com a definição correta dos tipos de violência e as consequências penais de cada um deles, deve haver ainda orientações permanentes por meio de fóruns, conversas entre outros, como forma de prevenir abusos, que quase sempre são evitáveis pois manifestam sinais nas fases iniciais do namoro, basta um olhar treinado e atento.

Precisamos compreender que nem sempre as soluções sobrenaturais poderão impedir um comportamento violento, o componente moral e de vontade do homem existe e deve ser considerado. É o mesmo que pela fé aconselhar que não seja tomado o remédio que o médico receitou, porque consideramos que é possível aliar a fé ao remédio prescrito e no caso da violência doméstica contra a mulher só cabe a intervenção divina e milagrosa para transformar o comportamento adoecido, por meio da oração? Nessa toada é possível estar na igreja e ainda assim estar muito distante de Cristo.

Muitas mulheres são aprisionadas sob o jugo da "pseudo" perfeição, a mulher perfeita é a que ora, que ignora os abusos, relevando-os e aguardando pacientemente o próximo deslize. Quando falamos de abusos, estamos nos referindo a um liame onde não há violência física, mas existe a violência psicológica; o potencial de adoecimento nestas condições é elevado. Uma mulher que tem reiteradamente sua autoestima abalada, em geral por comportamentos, falas desqualificadoras; mulheres que são levadas a duvidar de si mesmas, rotuladas como loucas e assim aprisionadas moralmente por manipulações emocionais diversas, sendo desestimuladas a buscar ajuda, que vivenciam a dependência econômica uma vez que deixaram de estudar, de se qualificar, não possuem previdência social, investindo toda sua vida no cuidado da família e na dedicação aos filhos e ao marido, estando aprisionadas em uma relação doentia, quase sempre adoecidas não sabem o que fazer. A mulher que convive ou já conviveu, durante algum tempo, com a violência perpetrada pelo parceiro, geralmente, tem um comprometimento psicológico, como a dificuldade de mudar sua realidade, uma vez que "a pessoa sob jugo não é mais senhora de seus pensamentos, está literalmente invadida pelo psiquismo do parceiro e não tem mais um espaço mental próprio, necessitando de ajuda externa que a auxilie a criar mecanismos para mudar sua realidade e superar as sequelas deixadas pelo processo de submissão às situações de violência."

Essa mulher será honrada por Deus, que não a chamou para servidão; mas, se o comportamento do abusador quase sempre é protegido, e curiosamente pelo silêncio da vítima. Os abusadores dentro da igreja são os mais nocivos e perigosos, em razão da rede de proteção tácita, uma espécie de "lei do silêncio", uma vez ouvi um líder religioso comentar que não era para que as pessoas (cônjuges) o procurassem em momentos de crise, pois ele não tinha sido procurado no momento anterior quando ambos escolheram se casar, então que se resolvessem sozinhos pois ele não achava justo que no momento da dificuldade e dos pensamentos de separação e conflitos o procurassem! Lamentável a visão extremamente tosca da situação, as pesquisas recentes demonstram que as mulheres procuram cada vez menos a igreja em situações de violência, em razão desses acordos tácitos, não verbais de analisarem e encerrarem a questão de forma tão absurda. A rede de proteção dos abusadores se consolida pela força que exercem nos seus cargos (manipulação religiosa, corporativismo, condescendência com o pecado) e por seu alto poder de manipulação quando fazem parte da liderança da organização religiosa.

Uma liderança pode ser treinada para o reconhecimento das situações de violências e abusos por meio dos grupos operativos. O papel dos grupos operativos é informar acerca dos abusos e violências, explicando como se manifestam, se posicionando como igreja como um farol que brilha de forma permanente. *Quem é esta que aparece como a alva do dia, formosa como a lua, brilhante como o sol, formidável como um exército com bandeiras.* (Cânticos 6: 10)

A igreja é incomparável, em beleza e esplendor. Deus a ama como ama as mulheres. Saímos desesperadamente em sua defesa e, sim, é preciso declarar a todos que nós somos do nosso amado e ele é meu, seu e de todos que decidem perseverar na sã doutrina.

Perdemo-nos no momento em que deixamos de ser sal da terra, e nos confundimos com doutrinas de homens e de demônios, quem com a mente de Cristo ousaria colocar sobre a mulher o selo de incapacidade? Seria menosprezar a juíza Débora, a perspicácia de Jael quando mata Sísera, o encontro do Anjo do Senhor com a mulher de Manoá, entre outras; considerar a mulher incapaz, defeituosa, e, a partir disto investir pesado em sua segregação, com ritos e ensinos contrários à vontade de Deus, quando Ele mesmo nos elege para uma vida de liberdade n'Ele.

Deixamos a igreja vulnerável quando não nos levantamos contra os abusos domésticos e violência doméstica, deixamos nossos filhos vulneráveis, deixamos os homens e mulheres vulneráveis com dogmas humanos perversos, que macularam o matrimônio e a conjugalidade dando a eles sentido diverso do pretendido pelo Pai. Permitimos o afastamento de uma geração inteira que passou a duvidar da autoridade dada por Deus ao homem, haja vista que tal autoridade foi pano de fundo para sedimentação de abusos diversos. A igreja não merece e não merecia isso.

Quantas mulheres destruídas por dentro suportaram os mais diversos abusos, e ao longo dos anos muitos homens foram restaurados porque se permitiram, a exemplo de Belém, Jesus não fez milagres por causa da incredulidade, quantas e quantas lutaram e esmurraram o ar quando a cura só viria de um ato de aceitação do erro, a igreja tem essa missão, mostrar o erro e esperar pacientemente a aceitação e ao mesmo tempo o abandono do erro que promove o afastamento de Deus, como aquele toque a porta, Jesus bate e espera ela se abrir.

A igreja permissiva não é a de Cristo crucificado e ressurreto. A igreja é linda, cheia de esplendor, bondade e fidelidade. Ela é! Quão é ela? formosa. Seu refulgir espanta o mal. Quem ela, não é? Ela não é silenciosa, conivente, omissa, desprovida de misericórdia, religiosa, que ostenta a aparência de santidade, ela é pura e excelente, formidável em sua existência digna de ser anunciada e vista. E nós mulheres somos comparadas a ela.

FIXAÇÃO DO CAPÍTULO

Há uma linha tênue entre violências e abusos domésticos e crises conjugais. Não é possível ser condescendente com a violência, impondo indiscriminadamente a mulher o jugo da obediência irrestrita que independe da situação. Tal postura reforça a dominação patriarcal, que se impunha por meio do domínio violento do homem autoritário. A questão se aprofunda quando o acordo tácito de silêncio se faz ouvir em toda comunidade cristã. Perdendo a oportunidade de se posicionar em relação a posturas não se assemelham em nada com Cristo. É necessário compreender o fenômeno da violência doméstica que ocorre na esfera privada, ocultado dos olhos de muitos. Ser sal e luz do mundo envolve rejeitar com veemência os padrões do mundo e encararmos a sociedade pós-moderna com todas as suas particularidades, e, uma delas é a explosão da violência doméstica intrafamiliar. Como igreja é preciso nos apresentarmos como viáveis e detentores da solução, pois é da igreja de Cristo que parte solução para a humanidade caída. O silêncio tácito impondo às mulheres toda sorte de violações não colabora com a obra de evangelização. A igreja é santa, perfeita, imaculada e deve refletir em tudo a Glória de Deus Pai.

Capítulo XII

O QUE DEUS UNIU NÃO SEPARE O HOMEM!

Ao tratarmos deste tema, é necessário considerar o que Deus quis nos comunicar. Se não buscarmos a interpretação à luz do Espírito Santo, buscando a revelação não da letra, seguiremos mantendo cativas diversas filhas de Abraão.

Na perspectiva de Deus, o casamento é a união de dois para se tornarem um. Nesse sentido, dois diferente se unem em motivações, objetivos, fé e passam a falar a mesma coisa, passam a experimentar a harmonia advinda desse processo de separação da família de origem. Todas as conexões da vida do homem e da mulher passam por um ressignificado à luz da palavra de Deus.

Em Gênesis Deus, após criar a mulher, define a jornada de ambos sobre a terra: *Por essa razão, o homem deixará pai e mãe e se unirá a sua mulher, e eles se tornarão uma só carne.* (Gn. 2: 24)

Uma comunhão de desígnios, haveria a partir daqui uma conexão profunda, reconhecida no mundo espiritual sendo ratificada pelo próprio Deus. Em Mateus 19:6, também vemos a mesma afirmação e uma determinação: *Assim, eles já não são dois, mais sim uma só carne. Portanto, o que Deus uniu não separe o homem.*

A essência do casamento é a unidade, e as consequências desse ajuntamento seria o aprofundamento de experiências gratificantes e compatíveis com o caráter de Cristo e a sua mensagem. Não sendo admitidas distorções que pusessem em risco a mensagem que todo casamento em Cristo deve portar.

A sociedade ocidental há muitos anos e por influência do espírito das trevas que se movimenta no tempo, por meio da cultura, da comunicação, e em toda terra, gerando movimentações e sugerindo estilos de vida vem empreendendo ataques à cultura judaico cristã, toda humanidade está sob ataque; sendo a vontade de Deus expressa em sua palavra, cada dia mais deturpada, o velho estratagema "não é bem assim que ele disse".

E isso significa que a durabilidade de um casamento não tem o valor que Cristo nos ensinou. Primeiro, porque a cultura hedonista se faz presente entre os homens que são mais amantes de si mesmos, dando origem a várias distorções incluindo em uma escala abissal a satisfação sexual. Influenciando o modo de vida entre outros. A sociedade que não compartilha da fé cristã e se distancia de qualquer ensinamento que venha de Deus, tem abolido as configurações de família do contexto cristão, dando lugar a novas configurações legitimadas pelas diversas legislações no mundo.

Compreender isso é entender que por um lado temos a benéfica laicidade do estado, que nos permite crer no que quisermos e nos coloca alertas para pregarmos o evangelho com nossas vidas, mediante os ensinamentos recebidos. Um país sem perseguição religiosa nos dá a possibilidade de pregarmos o evangelho e ensinarmos a muitos acerca da vontade de Deus para humanidade.

Bem verdade é que o hedonismo, o multiculturalismo têm sido portas abertas para deterioração da família cristã. A influência na justiça, na mídia e em outros segmentos importantes da sociedade e com isso a banalização do casamento. Uma vez que o importante é exclusivamente a nossa felicidade individual, já saímos do contexto da unicidade, do ser um com o cônjuge, todos os desejos serão guiados por essa noção de que não é a complementariedade e nem a unicidade que te levarão à felicidade, mas a busca solitária por esse lugar.

Quando falamos do confronto cultural, é preciso imaginar que no campo da comunicação todos os veículos de massa já estão convertidos a essa nova orientação. O estilo bíblico, adâmico, a monogamia já são conceitos ultrapassados. Sem exceção, todo conteúdo produzido em novelas, filmes, programas em geral contam com programações altamente sexualizadas, os textos são escritos com essa finalidade.

Fala-se hoje em dia de trisal, um homem e quatro mulheres, relação aberta, coparentalidade. Na coparentalidade você não precisa ter um relacionamento afetivo, você precisa somente do esperma e do óvulo, a partir de então os perfis de compatibilidade são cruzados e você poderá ter um filho, sem ter tido nenhum sentimento ou contato com o doador, pai ou mãe da criança.

À medida que as novas configurações vão surgindo, temos o culto às mães solo, apesar de diversos estudos comprovarem a essencialidade da presença do pai, a figura masculina para criação da criança. A mãe solo é sobrecarregada com atividades que não deveria carregar sozinha, mas a sociedade hedonista elegeu esse método como válido e colocou em uma gaveta as implicações destas e outras escolhas.

Importante observar que o esvaziamento do homem, a destituição da sua posição de liderança, movimento esse que inicia quando lhe atribuem muito mais do que seria adequado, a usurpação do direito se estratifica quando a mulher é rotulada com a incapacidade. E os movimentos feministas se apegam a essa noção terrível e distorcida que ocasionou distorções e até mortes legitimadas pela legislação e cria o monstro perfeito, o homem é o culpado de tudo, e para que casamento? Que mulher em sã consciência gostaria de casar-se para ser reduzida à incapacidade e à dependência irrestrita do marido que a partir de então tutelaria todos os atos da vida daquela mulher. Considerando também que, sem perceber, educamos nossas filhas para não depender de homem, essa frase demonstra o nível de alcance desta noção feminista que invadiu nosso imaginário; na verdade esse pensamento já leva as meninas a um estado mental rivalizado, pronto para a guerra, e aí surgem as distorções que são levadas para dentro dos lares.

Esse é o pano de fundo para entendermos o divórcio, e o casamento. O divórcio deve ser considerado uma anomalia, um erro de percurso, pecado dependendo do contexto do casal ou de um dos cônjuges que leva o outro a acionar essa alavanca de saída, que tem consequências graves e que é proibida por Deus em caso de banalidades, sendo permitida pela dureza de coração (violências, abusos) do coração procedem toda espécie de maquinações e perversidades e pelo adultério conforme as sagradas escrituras. Pecado é errar o alvo.

Alvo errado, as consequências das escolhas saltarão diante de nós. Nessa toada o propósito do Pai foi desvirtuado e o diabo tratou de instrumentalizar os homens para que pudessem vivenciar o pecado. Temos três inimigos que devemos combater diariamente, a carne, o mundo e o diabo, e o diabo influencia os dois primeiros.

Nossas emoções são bombardeadas pelo estilo de vida que é mostrado nas telas de TV, nos vídeos das diversas redes sociais, a produção de informação explode todos os dias, informação rasa e incapaz de produzir o conhecimento essencial para a vida. As nossas sensações e emoções se não forem tratadas, ou se estiverem à mercê das manipulações científicas aplicadas as telas de TV, destinadas a influenciar propositalmente inclusive o consumo, poderemos cair nas maiores ciladas se nos mantivermos conectados a esses veículos; onde corpos nus desfilam, onde tudo é relativo e nada é absoluto. Território não sujeito a Deus.

O pecado tem força de degradação profunda, quantos casamentos solapados pela pornografia tanto para homens quanto para mulheres. Relacionamentos de fachada, recheados de violência física, abusos emocionais dão contorno à dureza de coração.

À medida que os comportamentos são instados a se movimentarem dentro dessa lógica de liberação, e, neste ponto onde não se privilegia a interação proposta no casamento, a unidade, a unicidade exigem uma dedicação emocional à altura para chegarmos ao estágio de uma só carne.

Finalizo este capítulo alertando que pela busca de valorização, muitas vezes casamentos apressados são realizados; não podemos esquecer o método para boas escolhas, aquele da vovó não falha "bom filho, bom marido", em muitas situações mulheres se lançam em relacionamentos onde mal conhecem os parceiros e logo estão em um compromisso sério como o casamento.

Na minha vivência pessoal e profissional, esta fórmula sempre dá errado; porque os sinais são ignorados com frequência, e a busca pelo status de casada traz significativas batalhas que podem ser evitadas, abaixo deixo um quadro de alertas que podem te ajudar a se livrar de uma fria. Anote as dicas, passe adiante.

1. CONHEÇA O PASSADO do seu parceiro (busque informações, ele não é uma folha em branco, e ninguém é) um bom começo é saber quem ele é na igreja que frequenta.
2. NÃO IGNORE OS SINAIS, um homem agressivo em relacionamentos anteriores também será agressivo com você. Não acredite que todos os problemas eram da ex lembre que casamento é um exercício a dois, isso se aplica a namoro também.
3. RELACIONAMENTOS VIRTUAIS merecem o dobro de atenção, afinal de contas a internet pode esconder detalhes importantes sobre o caráter e de onde a pessoa vem.
4. CONVERSE COM A FAMÍLIA DELE, amigos, colegas, busque entender os motivos pelos quais não deu certo com as outras pessoas.
5. CUIDE DE VOCÊ. NÃO TENHA PRESSA DE SE CASAR POR CAUSA DA PRESSÃO SOCIAL mesmo que tenha filhos. Não esqueça que o seu criador é seu marido. Peça a Deus discernimento e não ignore os sinais. Um homem dominador e ciumento no namoro não mudará no casamento.

6. VERIFIQUE O QUE A FAMÍLIA FALA DELE, converse com a mãe, irmãs e com quem conheça ele há mais tempo que você.
7. SE ELE TIVER FILHOS, OBSERVE O NÍVEL DE RESPONSABILIDADE QUE TEM COM A CRIANÇA, não caia em qualquer história, um homem responsável cuida dos seus para não ser comparado a alguém pior que o infiel. Não acredite que ele cuidará dos filhos que possivelmente terá com você também, se não cuida dos que tem. Compreenda que filhos são para sempre e isso envolve aceitação também da sua parte, os filhos sejam dele ou seus, farão parte da vida de ambos.
8. NÃO O COLOQUE DENTRO DE SUA VIDA E OU CASA RAPIDAMENTE, e não vá para casa dele rapidamente. Pense nas crianças se tiver, as estatísticas de abuso sexual infanto juvenil mostram parceiros, padrastos, pais e mães envolvidos. Avalie todas as situações. Não entregue sua vida sem uma análise do cenário que você vai entrar.
9. PEÇA CONSELHOS DE PAI, MÃE, SEUS LÍDERES ESPIRITUAIS e esteja preparada para respostas "quem de perto não vê, de longe enxerga". Ore a Deus, haja com tranquilidade e em hipótese nenhuma ignore os sinais. Um homem que não trabalha, não estuda, estagnado na vida é um sinal de alerta importante. Igualmente se não tem relacionamento com a família (filhos, pai, mãe e irmãos) com frequência é um indicativo importante e que requer sua total atenção. Honra não tem a ver com merecimento. Portanto, honrar pai e mãe é um bom indicativo de caráter.
10. NÃO CEDA À PRESSÃO RELIGIOSA PARA SE CASAR. A pressa e a paixão te deixarão cega para os detalhes que não podem ser ignorados. Peça sinais a Deus em oração em situações que o cenário não é claro ou que você tenha muitas dúvidas, não avance para o próximo passo.
11. PERCEBA O QUE ELE PENSA SOBRE TRABALHO DA MULHER, sobre estudo e verifique como reage aos seus sonhos profissionais, verifique se estão em compatibilidade de pensamentos. Igualmente, se deseja ter filhos e quantos. Ouça acerca dos sonhos dele nesta área também e verifique se você se vê dentro dessa perspectiva.
12. A PAIXÃO CEGA, E TEM EXPLICAÇÃO CIENTÍFICA PARA ISTO, não se deixe dominar por suas emoções. Não feche os olhos para as evidências. Os sinais de abuso surgem no NAMORO.

Fonte: elaborado pela autora

Quanto aos sinais, eles sempre surgirão. Basta um olhar atento, atendi uma mulher que me narrou que ao iniciar o namoro com um rapaz que era levita na igreja que ela congregava, teve um relacionamento amoroso e ela já tinha uma filha de um relacionamento anterior; ocorre que ela engravidou dele, e quando o pastor da igreja soube, pediu que ela escondesse a gravidez por um período, para que não manchasse a imagem do jovem cantor que seria filho do pastor. Após um tempo os dois se casaram, os abusos e violações forma se mantendo, até que ela conseguiu sair da relação. Apesar de ter solicitado ajuda diversas vezes, não houve na igreja ninguém que a apoiasse, o aconselhamento era sempre no sentido de que ela precisava orar mais, se consagrar mais, que ele mudaria.

O que essa história nos ensina? Primeiro, os sinais não mentem, a postura do rapaz já demonstrava que seu caráter não poderia espelhar o de Cristo. Que a igreja (pastor) não fez o que era correto com ela. Os traumas advindos desta relação poderiam ter sido evitados, se o pecado tivesse sido confrontado e não escondido.

Atualmente, ela tem muitas dificuldades em crer, tem traumas diversos e se sente fragilizada diante da relação conflituosa que mantém com o então ex-marido, que o tempo todo atribuiu a ela a culpa pelo fracasso do relacionamento.

Basta um olhar atento, para perceber que há muito mais ocorrendo. Infelizmente histórias de abusos e violações legitimadas pela omissão que possuem um potencial devastador.

"O que Deus uniu, não separe o homem", não pode ser uma frase de efeito, há muito mais envolvido, uma disposição mental que leva os cônjuges à obediência, rejeitando o mundo e edificando uma ao outro com a palavra de Deus. Por outro lado, quando usada como frase de efeito de forma irrestrita, temos a licenciosidade e a permissividade para abusos e cometimentos de violências praticados num contexto meramente religioso. Muito menos, usar a palavra como grilhões, subjugando as mulheres vitimadas pela violência de obreiros fraudulentos.

Ainda na seara dos meus atendimentos em uma outra ocasião ouvi uma mulher muito abalada e que estava em uma relação conturbada e já vinha traumatizada da relação anterior, parei para ouvi-la e ela me contou o seguinte:

> "[...] que congregava com seu esposo pastor em uma igreja, ele era o segundo pastor na hierarquia. Já havia sido traída uma vez e perdido um bebê, já na segunda gravidez uma nova traição, essa segunda havia começado virtualmente, resolveu levar para o pastor presidente.
> Houve um grande rebolição na igreja, e, para sua surpresa houve irmãs e irmãos que perguntaram por que ela tinha levado a questão ao pastor presidente, que ela não precisava ter exposto o vice pastor que era muito amado e admirado por todos na

> *congregação, que aquilo era coisa de casal; por fim havia mais apoiadores do vice pastor do que dela grávida, chegando ao extremo de ter sido exposta a rejeição da membresia em razão de ter denunciado o pecado do marido ao pastor presidente. Atualmente é uma mulher ferida, entristecida que precisa de cura". (Entrevistada 6)*

O resultado prático desse tipo de "religiosidade" e de falta de empatia com a vítima leva a seríssimas distorções. Essa mulher conheceu uma pessoa e essa tinha sofrido também uma traição (semelhante a história dela), o novo companheiro era casado e a esposa o traiu com um pastor. Para ela, ferida e rejeitada pela igreja era a saída inclusive geográfica, pois tudo que ela queria era sair do bairro onde morava onde vivenciou a violência doméstica e também a violência institucional (no caso de ter sido estigmatizada na igreja). Se lançou no relacionamento com novo companheiro indo morar na casa dele, e vivenciou outras experiências traumáticas numa convivência marital tumultuada que ela julgava que seria libertadora. Hoje, está separada e vivencia uma traumática relação jurídica em razão do regime de convivência com filho menor (fruto desta união).

A dor emocional dela é palpável. Quantas feridas abertas? Quem teria o poder de curar rejeitou, afinal somos nós a igreja. Contudo, no caso dela a igreja preferiu o agressor.

FIXAÇÃO DO CAPÍTULO

A palavra de Deus é perfeita e purifica a alma. Contudo, as distorções advindas da cultura permeiam o desenvolvimento da vida em sociedade. Estamos imersos em conceitos distorcidos. O que prevalece é aquilo que Deus comunica como correto. Não é possível utilizar a palavra que é pura para legitimar toda sorte de abusos e violências. Para não errar o alvo é necessário estar firmado na palavra, e atentos e despertos diante de um mundo cheio de apelos. Considerando ainda que satanás estuda todas as nossas carências e necessidades, espreitando nossos hábitos. Deus ao unir um homem e uma mulher no matrimônio anseia que sejamos a fiel imagem dele neste propósito, sem máculas ou distorções, unidos em fé e amor. Cumprindo fielmente o chamado e a missão confiada aos cônjuges que desejam viver em obediência a Cristo. O casamento que está blindado é aquele sujeito à vontade de Deus, e Deus é amor em essência. Abusos, violências não fazem parte do chamado de Deus. Não é possível camuflar o mau comportamento com a santa Palavra de Deus, que foi designada para um propósito comum de edificação entre o homem e a mulher que temem a Deus. E a igreja é o corpo místico de Cristo, a igreja faz o que o cabeça faz, e o cabeça abomina a hipocrisia.

Capítulo XIII

QUANTO À SUBMISSÃO BÍBLICA

Amplamente atacada, e tremendamente confundida a submissão guarda correlação com a obediência e temor a Cristo.

> *Sujeitem-se uns aos outros, por temor a Cristo. Mulheres, sujeite-se cada uma a seu marido, como ao Senhor. Pois o marido é o cabeça da mulher, como também Cristo é o cabeça da igreja, que é seu corpo, do qual ele é o salvador. Assim como a igreja está sujeita a Cristo, também as mulheres estejam em tudo sujeitas a seus maridos. Maridos, ame cada uma a sua mulher, assim como Cristo amou a igreja e se entregou por ela. Para santificá-la, tendo-a purificado pelo lavar da água mediante a palavra, e para apresentá-la a si mesmo igreja gloriosa sem mancha e nem ruga ou coisa semelhante, mas santa e inculpável. Da mesma forma, os maridos devem amar a cada um à sua mulher como a seu próprio corpo. Quem ama sua mulher, ama a si mesmo. Além do mais, ninguém jamais odiou o seu próprio corpo, ante o alimenta e dele cuida, como também Cristo faz com a igreja. Pois somos membros do seu corpo. Por essa razão, o homem deixará pai e mãe se unirá a sua mulher, e os dois se tornarão uma só carne. Este é um mistério profundo; refiro-me, porém, a Cristo e à igreja. Portanto, cada um de vocês também ame a sua mulher como a você mesmo, e a mulher trate o marido com todo o respeito.* (Efésios 5: 21 a 33)

A orientação expressa na Carta aos Efésios nos orienta de forma profunda sobre a questão da submissão e nada tem a ver com o fato de terem as mulheres consideradas incapazes em 1917. A submissão bíblica guarda correlação com a obediência a Cristo, a igreja perfeitamente obedece a Cristo e a mulher como a igreja se submete ao seu marido, essa submissão não carrega o veneno da subalternidade, antes estamos diante da questão de ser uma só carne, um só corpo. A liderança que deve ser exercida é pura e boa, com a finalidade exclusiva de representar a Cristo e a igreja.

É preciso compreender a figura utilizada, a mensagem traz em si uma responsabilidade diante do mundo caído. Nós mulheres representamos a igreja e nossos maridos representam a Cristo. Não estamos lidando com uma orientação que abre portas para abusos, se isso for interpretado assim, não estaremos diante do direcionamento dado por Deus.

A sujeição tem a ver com a aceitação da liderança do homem, que vem de um ato de obediência livre e consciente de que dessa sujeição virá o amor. Não é uma mera expectativa, é uma ação coordenada, submissão e amor dialogam constantemente e ambos precisam refletir a vontade de Cristo.

O amor de Cristo pela igreja foi sacrificial, desejoso por sua redenção. Ele continua amando sua igreja. Esse é o encargo elevado e nada menos pode ser aceito. O padrão é esse.

Não há vergonha em obedecer, em cooperar. Antes tal obediência é um apontamento a submissão que Cristo almeja de ambos. A simbologia é perfeita, no sentido de que a obediência requerida é a obediência da igreja para com Cristo. A distorção entrou no mundo por meio da serpente no Éden. À medida que os papéis não são desempenhados com a devida atenção, falhamos na missão. Nos ancoramos e lançamos luz no papel da mulher quanto à submissão, mas nos esquecemos de que este papel está ligado ao exercício do amor.

Os animais quando maltratados quase sempre revelam em seu comportamento, medo de aproximação, problemas de interação, ansiedade, comportamento agressivo entre outros, e se resolvermos bater em um animal todos os dias, será natural que ele corra de nós, se esconda, entre outras reações. E por que cremos que nos maus-tratos proferidos à mulher, esta deve ser tão resiliente, a ponto de se submeter a toda e qualquer humilhação em nome da submissão bíblica? Não há nada mais distorcido que isso. A essência e o valor do casamento se perdem na banalização de condutas de corações endurecidos, obstinados em seus próprios conceitos oriundos de leituras muito particulares e sem nenhuma inspiração que venha do céu.

Os homens que se utilizam da palavra para exercerem o autoritarismo demonstram cabalmente o Adão caído. A outorga da opressão vem daí, quando recebe o poder de dominar a mulher caída. Cabe ao homem caído os maus-tratos, as violências, as opressões, os feminicídios e outros.

O homem reconciliado com Deus tem padrões elevadíssimos. São os padrões de Cristo que ele persegue e por isso compreende o valor que a mulher possui e como deve ser tratada. A autoridade que exerce no lar é respeitada, admirada, estimulada. O padrão bíblico de amor é elevadíssimo e estimulado, nada menos do que o amor com que Cristo amou a igreja. Nessa senda, não margens para interpretações diversas as elucubrações humanas, o paradigma deve ser seguido exigindo de cada homem o esforço equivalente, categorizando-o como boas obras (frutos).

Não conquista sem esforço, e não há glória sem lutas. A conquista do reino dos céus envolve diariamente lutas cotidianas contra as próprias vontades e mais que isto, envolve um desejo profundo de ser obediente às palavras deixadas pelo Senhor, de forma que viveríamos por obediência a ela. A sociedade pós-moderna insiste nos vinhos novos em odres velhos, não é possível que ambos se conservem. Quando lançamos mão dos padrões mundanos para os relacionamentos interpessoais e conjugais temos uma mistura que não honra a Deus.

A mulher que nasceu de novo, da água e do espírito, busca exercer seu chamado com honra, ser auxiliadora idônea e submissa não envolve outorga para maus-tratos, permissividade para abusos. Ela é instruída o suficiente e além de guardiã de seu lar, é também guardiã da igreja e sabe que é comparada a ela. Sabe que a honra vem do céu e que o edificador do seu lar antes de seu marido é o Senhor. Sabe que precisa ser exemplo para as demais, reconhece seu papel de edificadora e não se ressente como uma criança disso, não encara como fardo sua missão, antes se alegrar por ter tão honrada missão. Ser esposa do cabeça do lar não envolve subalternidade, reconhece o peso e o perigo de suas inferências, entende que seu auxílio se mal direcionado pode levar a casa à ruína, preza por sua intimidade, é inteligente, ativa, sua vida espiritual e intimidade com Deus são os elementos básicos de seu revestimento e as ferramentas essenciais para o cumprimento de sua missão. Ela é enorme. Menina dos Olhos de Deus. Ela é excelente.

FIXAÇÃO DO CAPÍTULO

A aceitação da liderança do cabeça do lar é altamente espiritual. A tensão que ocorre está no fato de que o diabo, a velha serpente, empreende desde sempre as guerras e todo tipo de perturbação. Imagine uma igreja que não obedeça a Cristo? O mesmo se dá quando um lar está em desarmonia e desentendimento, a unicidade se foi. A humanidade permeada pelas teorias feministas trouxe a competição que persegue a igualdade por meio de leis, decretos, convenções que não conseguem explicar e nem dar fim à problemática da desigualdade e violências contra a mulher; as estratégias humanas não são capazes de traduzir os fenômenos espirituais, e, mesmos os decretos mais justos e inspirados, o máximo que conseguem é reduzir as anomalias. A mulher é comparada à igreja e como ela deve ser amada. As invenções e teorias humanas não explicam a violência, a confusão e a instabilidade entre os relacionamentos. O príncipe deste mundo encarregou-se de perturbar as relações de forma que a única maneira é rejeitar o padrão estabelecido por Deus, justamente aquele que concede a segurança para uma vida plena e abundante idealizada por Cristo entre os cônjuges. A resistência em amar a esposa como Cristo ama a igreja e de se submeter ao marido como cabeça está enraizado na rejeição da palavra de Deus. Ser auxiliadora idônea e ser submissa nunca será sinônimo de aceitação de maus-tratos, abusos ou violências e isso precisa ser dito.

Capítulo XIV

SE TE MALTRATA, ELE PODE SER CHAMADO DE QUALQUER COISA, MENOS DE CRISTÃO

> *Sendo assim, o marido deve amar sua esposa como ama a seu próprio corpo. Quem ama a sua esposa, ama a si mesmo! Pois ninguém jamais odiou o próprio corpo, antes o alimenta e dele cuida, assim como Cristo zela pela igreja, pois somos membros do seu Corpo. (Efésios 5: 28-29)*

Não há meio termo nesta afirmação. Não podemos ser conviventes com a maldade travestida de bondade. Podemos conhecer o caráter de um homem pelo que ele faz e diz, mas também pelo que ele deixa de dizer e fazer. E quando esse homem ataca seu próprio corpo é possível perceber seu caráter. Cristo nos deixou o padrão insculpido nas sagradas escrituras e esse deve ser o objetivo elevado a ser perseguido. Sob essa ótica, devemos produzir testemunhos compatíveis com essa realidade divina.

A definição científica para o ataque do organismo contra o organismo é o que se chama de doenças autoimunes. As doenças autoimunes são um grupo de doenças distintas que têm como origem o fato de que o sistema imunológico passar a produzir anticorpos contra componentes do nosso próprio organismo. Por motivos variados e nem sempre esclarecidos, o nosso corpo começa a confundir suas próprias proteínas com agentes invasores, passando a atacá-las. É exatamente o que ocorre quando não funcionamos de forma adequada. Considerando analogia do corpo, é isso que ocorre, para nossa melhor compreensão.

As doenças autoimunes são difíceis de serem tratadas e há mais de uma centena de espécies delas catalogadas. Tudo a partir de um ataque do corpo contra o próprio corpo. Adoece a mulher, os filhos e próprio marido. É uma condição inescapável.

Por isso é tão complexo tratar o fenômeno da violência contra mulher dentro da igreja, quando homens expõe seu próprio corpo à destruição.

O que se produz quando se expõe uma mulher a violência? A partir daqui trataremos das definições dos tipos de violência doméstica e familiar contra a mulher como definidas na Lei Maria da Penha. A Lei Maria da

Penha é uma das três consideradas como melhores do mundo, contudo é pouco efetiva em nosso país. Consideraremos a analogia científica deste ataque. A consequência é o adoecimento e o difícil tratamento deste mal. É certo que o adoecimento ocorrerá para todos. Não haverá escapatória.

Tratando do ciclo da violência/Espiral da Violência

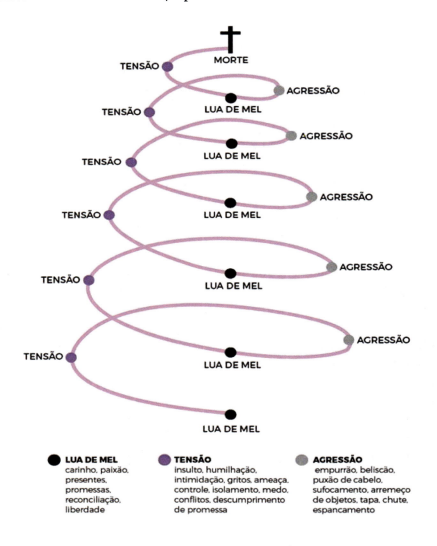

Fonte: Violência Doméstica no Brasil: desafios do isolamento | Politize! – psicóloga Leonore Walker

Falávamos de um ciclo de violência, atualmente tratamos de um espiral de violência que guarda correlação com ou aumento da violência, elevando-se até chegar ao feminicídio. As agressões tem se agravado, e desta forma a melhor representação para compreensão do fenômeno é uma espiral que simboliza esse agravamento gradual. Ou seja, o que hoje pode se iniciar com uma agressão leve, ao longo do tempo poderá simbolizar agravos mais severos, ofensas mais gravosas que poderão resultar em morte. Um erro frequente das mulheres vitimadas pela violência é acreditar que ele mudará e o nível de agressão vai deixar de existir ou diminuir, as estatísticas dizem exatamente ao contrário.

A Lei Maria da Penha surge para dar fim no quadro absurdo de violência doméstica (contexto doméstico e familiar e em uma relação íntima de afeto) em que estavamos mergulhados, sem nenhuma legislação que reconhecesse a necessidade de proteção da mulher, é uma lei que tem como base a proteção dos direitos humanos da mulher, viver uma vida livre da violência. Como vimos nos capítulos anteriores nessa lenta evolução, havia um arcabouço jurídico desde o código napoleônico, onde era possível infringir castigos as mulheres e isso de forma legal. Mesmo com o passar dos anos outras conquistas foram sendo acrescentadas, leis e dispositivos legais que consideram as mais diversas e variadas situações de violência contra a mulher.

Considerando ainda a definição da OMS de 1946, saúde é de um completo bem-estar físico, mental e social e não simplesmente ausência de doença ou enfermidade. Vamos à compreensão dos tipos de violência contra a mulher.

O pacto tácito de silêncio traz a face perversa do ocultamento da violência contra a mulher no contexto cristão. As mulheres com frequência tendem a se sentirem culpadas pelo mau comportamento do outro, e no contexto religioso isso se agrava em razão de que ela tem sobre a si a obrigação da edificação. Mas a que preço isso se opera? A escuta ativa e não julgadora desta mulher, o acolhimento das suas queixas fundadas na violência sofrida e ou abusos sofridos. De forma sistêmica, o tipo de comportamento padrão é o silêncio imposto pelo medo e pela vergonha.

FIXAÇÃO DO CAPÍTULO

Chamada para liberdade, a mulher nasce com um propósito e uma missão. A cada dia, temos um distanciamento gradual dos propósitos de Deus. Nossas obras falam da qualidade da nossa fé. Certa vez ouvi uma frase dizendo: que seríamos a Bíblia lida por muitos, ou seja, nossa vida fala. Quando nos deparamos com relatos diversos de violências e abusos cometidos contra mulheres no contexto cristão, e que diametralmente em sentido oposto não há aproximação de Cristo, e sim o distanciamento. Por muito tempo, nos silenciamos, como se fosse permitido ao homem o cometimento indiscriminado de abusos e violências, e aí aprendemos sobre o caráter de Cristo e o que foi destinado a cada mulher participante pela fé do seu reino. Neste reino não há lugar para hipocrisia que segue ceifando e matando vidas. Nas décadas de 20, 40, 60, 70, 80, 90 o silêncio era o pacto, mulher boa era a que não falava, apanhava e era violada em silêncio (falar era um sacrilégio) ou homem é tudo igual minha filha. A cultura acachapante veio assassinando sonhos, perpetrando abusos diversos contra mulheres e crianças também, pois os filhos são tão afetados quanto suas mães no contexto de violência doméstica e intrafamiliar. Ser cristão é atuar como uma pequena embaixada representando Cristo na terra.

Capítulo XV

O LEGADO DA CULPA

> *E Deus disse: Quem te mostrou que estavas nu? Comeste tu da árvore de que te ordenei que não comesses? Então disse Adão: A mulher que me deste por companheira, ela me deu da árvore, e comi.*
> *(Gênesis 3: 11,12)*

Esse sentimento de culpa vem esculpido na alma de Eva, fez parte do processo da distribuição das responsabilidades e consequências provenientes do pecado. Em quase todo processo de responsabilização o componente culpa permeia as relações conjugais conflituosas, e, pesa sobre a mulher esse legado.

Na minha atividade profissional vemos mulheres se culpando, muitas vezes pelo mau comportamento do companheiro, se culpando por todos os fracassos enfrentados no casamento e ou relações amorosas. Curiosamente, em geral há muita dificuldade em reconhecer que os erros são coletivos, de responsabilidade compartilhada.

Tanto o sentimento de culpa, originado na acusação de ser a "culpada" de tudo e de todos os problemas, tecendo o pano de fundo perfeito, para falas do tipo: "Eu fiz isto, porque você fez aquilo, você me fez fazer isso, você despertou a ira dele e por isso ele fez isto com você".

Essa culpa possui uma conexão espiritual profunda sobre a mulher. Esse pacote de acusação tem início no Éden e perdura nos relacionamentos disfuncionais, Adão e Eva inauguram o primeiro conflito de casal ao pecarem contra Deus. Tais homens que assim procedem, os que escolhem o caminho de jogar a responsabilidade toda para a parceira, se tornam partícipes de Adão, postura que não soluciona o conflito e nem revela a justiça de Deus. A ordem de proibição foi dada a ele, e desta forma era igualmente responsável pelo fracasso de ambos.

Mulheres vitimadas pela violência, que tem por consequência o fracasso da relação e que carregam a culpa do fracasso pelo relacionamento, ficam perdidas, sem referência e estigmatizadas, literalmente culpadas e expostas a recontarem suas histórias inúmeras vezes, incluindo os equipamentos de proteção a mulher vítima de violência, suas histórias são recontadas e recontadas, de forma que sejam críveis e irretocáveis expressão máxima da verdade, sob o risco de serem tidas como exageradas ou mentirosas, histéricas entre outros. Em geral essas mulheres são surpreendidas com a culpa, o medo, a vergonha e precisam de uma só vez lidar com tudo isso.

Recebi um contato de outro país, de uma mulher evangélica e no meio da conversa ela natural do continente africano, imigrante chefe de cozinha, se expressando com muita assertividade, uma serva do Senhor. Ao que lhe perguntei, como poderia auxiliar e em que poderia lhe servir. E ela começou a me contar sua história, evangélica servindo na Assembleia de Deus na África, em processo de divórcio e fixando residência em um país da Europa. Sofria violência doméstica e ouvia de todos e inclusive do seu pastor que o problema era que ela estava orando pouco e que a responsabilidade de manter o lar de pé era dela.

Parei, um minuto como agora, e com lágrimas nos olhos me coloquei a pensar. "Que fardo é esse Jesus?" "Que insistem em colocar nos ombros das filhas de Abraão?" que aos poucos vão se encurvando devido ao peso e a dor de incapacitante, que elas não conseguem por si mesmas e nem pelo sistema religioso se livrarem, que antes, acrescentam a suas vidas mais dor pelo estigma da responsabilidade de sozinhas fazerem dar certo.

Não estamos a falar de uma situação corriqueira de casais, estamos abordando histórias de abusos domésticos severos.

Sua história veio ao encontro da minha e de tantas outras, como aquela que o pastor ordenou que ela retirasse a queixa e por consequência a medida protetiva.

Voltando à nossa querida que fixou residência na Europa, ela conseguiu sair de seu país de origem e ir para uma terra longínqua, onde houvesse paz, sentiu os efeitos da segregação, todos na igreja a reputavam como insana, como louca pois ela queria se ver livre a da violência que sofria do ex-marido, hoje luta para ver homologado seu divórcio e de certa forma com o medo de que ele venha atrás dela.

Quando essa história chegou para mim, primeiro me compadeci profundamente, estamos falando de uma mulher que geograficamente ficou sem referências, que precisou se distanciar para não morrer. Mulheres que silenciosamente mortificadas pela culpa imposta a elas pela violência que as assola, em nome de uma religiosidade que não vem de Cristo. Tais mulheres sentenciadas pelos abusos precisam alterar suas rotinas para não morrerem! Suas lutas envolvem percalços, caminhadas solitárias, em geral são presas fáceis para os predadores de sonhos e perpetradores de abusos e violências, muitas vezes disfarçados.

Uma outra, também que venho acompanhando há um ano, vínhamos, conversando sobre a violência física que havia sofrido, e ela pensava em se separar pois já não suportava conviver com o medo e destruída por dentro. Ao iniciar a entrevista com ela e pedir os documentos correspondentes, ela tinha acabado de registrar um novo registro de ocorrência, desta vez porque ele pegou um martelo para agredi-la, e ela correu para delegacia para se proteger e registrar o fato.

Na semana seguinte a esta reunião, ela me ligou aflita dizendo que ele havia descoberto que ela queria se separar, e que estava recebendo muita pressão. A família perguntava o que ele fez para merecer isso, e, que devia deixar isso para lá, que ele era um excelente profissional acima da média, um ótimo homem. Por fim que ela daria um tempo de pelo menos dois meses para retomar as tratativas iniciais. Ela queria voltar para a igreja, queria voltar as suas atividades profissionais (era atleta) e sempre foi desmotivada e desqualificada pelo marido. Visivelmente abatida, se ressente por todo mal sofrido.

Essas mulheres carregam no seu peito culpa por tudo, tristeza e sofrimento, chegam a crer que foi por causa delas que a situação esteja ocorrendo. Quase sempre desistem porque não se veem em condições de prosseguir, por causa das ameaças e do julgamento alheio, não suportando o fato de terem que conviver com e sentenças prontas. Na ausência de compreensão e apoio, sucumbem.

Uma outra irmã, sentamo-nos para tomar um delicioso sundae, eu a convidei pois estava acompanhando sua situação depois de uma palestra que fiz em uma igreja, ela me procurou e não conseguia falar, simplesmente com olhos cheios de lágrimas eu entendi e me comprometi em atender encaminhando-a para a rede de serviços. Essa é a fórmula, um abraço, uma escuta qualificada e não julgadora, por óbvio que não estaremos tratando de frivolidades, de situações corriqueiras que um aconselhamento de casais resolveria, e, se porventura nos depararmos com uma situação como esta, teremos condições de orientar para auxílio.

Os casos aqui narrados envolvem abusos físicos e emocionais que, reiterados ou não, devem ser rechaçados e impedidos de se repetirem.

Meses após esse primeiro contato, fui acionada por uma líder de mulheres que precisa de auxílio para um caso, e, era sobre a mesma mulher que havia falado comigo, com olhos cheios de lágrimas. Após vários episódios de violência psicológica, ela resolveu se aconselhar com o seu pastor comunicando sua decisão de se separar haja vista que o companheiro não desejava regularizar a situação, ele era casado e vivia com ela como esposa não deseja se divorciar da ex-mulher; em um primeiro momento ela passou a sofrer dentro da comunidade evangélica difamação do ex-companheiro dentro da igreja, ele pressionava emocionalmente as irmãs para que fizessem ela mudar de ideia.

Ela foi apoiada pelo pastor em sua decisão. O problema dessa situação foi quando ela resolveu iniciar um novo relacionamento, o agressor evangélico foi até os traficantes da região, mesmo após meses de separação e resolveu contar para os traficantes que ela havia traído ele e que o rapaz que ela estava se envolvendo, potencialmente faria isso com outras mulheres na comunidade onde residiam.

O caos estava instalado, ela tomada pelo medo e pela culpa de ter iniciado um novo relacionamento, rompeu com a iniciativa mesmo sendo solteira e passou a ser assediada de dia e de noite pelo ex-companheiro que colocou várias pessoas para vigiá-la. Ambos frequentam a mesma igreja, que fica em uma comunidade violenta do Rio de Janeiro.

Aconselhei que se organizasse para que possa fixar residência em outro lugar distante do atual, sendo a única forma de se ver livre do assédio insistente do ex-companheiro, que faz campana pela madrugada na sua porta, lembrando que em comunidades conflagradas pelo tráfico de drogas, não é possível a entrega de uma citação por exemplo de uma medida protetiva, pois oficiais de justiça não entram nestas áreas.

Quando estamos diante de intervenções que exigem o desenvolvimento de um Plano Pessoal de Segurança, é preciso pensar na intervenção de forma que não se aumente o risco da vítima. Continuo acompanhando o caso. E espero que ela possa viver a vida que Deus deseja para ela.

No final deste capítulo, trago a seguinte reflexão: estamos preparados para a multiplicidade dessas intervenções? Mulheres necessitadas de acolhimento e escuta qualificada, que precisam de apoio emocional e não um fardo adicional a sua carga. Precisamos nos capacitar primeiro para sermos os que levam óleo de alegria ao invés de pranto, vestes de louvor ao invés de espírito angustiado, anunciando a elas a bondade e o ano aceitável do Senhor. E, mais que isto, reafirmar o compromisso de Cristo conosco e que a IGREJA é santa, perfeita, maravilhosa, incrível, amada, A IGREJA É DO SENHOR.

Ouvir, compreender e ensinar que os laços do matrimônio não podem ser confundidos com cordas ou correntes que aprisionam. Muitas, estão ocultando a verdade sob o manto da religiosidade, e, expondo a si mesmas ao perigo de esfriarem na fé, se afastarem do Deus vivo, pois como combater o mal diante de alguém que não vive o que prega, ou que prega o que não vive. E, aí reside um dos maiores riscos da nossa geração enquanto igreja, que igreja somos?

Nessa toada, recentemente o judiciário brasileiro editou Resolução CNJ n.º 492/2023, que tornou obrigatórias as diretrizes do Protocolo para Julgamento com Perspectiva de Gênero pelo Poder Judiciário, e para ampliar o acesso à justiça por mulheres e meninas. E, de onde veio essa iniciativa, vem de uma realidade discriminatória e excludente, essas mulheres eram estigmatizadas desde a porta de entrada de acesso à justiça, todo magistrado precisa considerar a condição da mulher. Na minha percepção, o protocolo reforça a necessidade de cuidado, ao julgar precipitadamente e desconsiderando as particularidades dos casos concretos, por exemplo, é muito comum em ações de divórcio envolvendo disputas e questões de violência patrimonial ou não, as petições virem recheadas de ataques à índole da mulher, numa tentativa clara de desqualificá-la perante o judiciário, o que se chama de violência processual, por isso o protocolo tem uma importância significativa neste tema, serve como uma salvaguarda para mulheres extremamente fragilizadas perante o sistema de justiça e de polícia.

A culpa é uma realidade de quem convive com o amplificado das pressões de quem vivencia diariamente os abusos domésticos e ou violência. Para essa o apregoar da liberdade urge.

FIXAÇÃO DO CAPÍTULO

A atribuição de responsabilidade pela disfuncionalidade não deve pesar somente sobre a mulher, no Éden tivemos isso bem delineado. Até hoje, vemos brincadeiras do tipo: quando chegar no céu vou ter uma conversa com Eva! O legado da culpa tem dimensões espirituais que perpassam as épocas e seus efeitos são sentidos às vezes em aconselhamentos, no sistema de justiça, de polícia. O Conselho Nacional de Justiça estabeleceu uma resolução chamada de Protocolo para julgamento com Perspectiva de gênero, resolução n.º 492/2023 – Portaria n.º 27 de fevereiro de 2021. Essa resolução veio para corrigir essa distorção severa quanto à mulher culpada, aquela que sempre erra e que precisa ser tutelada, o próprio sistema de justiça percebeu que os magistrados estavam se excedendo em suas percepções e esquecendo a questão das particularidades da mulher na relação ante seu agressor e os efeitos psicológicos que atingiam diretamente sua autodeterminação, autoestima. Revitimização, o fato de ter de contar a mesma história mais de uma vez, validações do seu discurso, desprezo por suas narrativas. O legado da culpa vem de longa data e traz efeitos perversos sobre as vítimas de violência doméstica e intrafamiliar.

Capítulo XVI

AS DEPENDÊNCIAS: EMOCIONAL E FINANCEIRA

À mulher ele disse: Eu multiplicarei grandemente o teu sofrimento e a tua concepção. Com sofrimento terás filhos, e o teu desejo será para teu marido, e ele governará sobre ti. (Gn.3: 16)

Quando tratamos da DEPENDÊNCIA EMOCIONAL, estamos lidando com algo que se configura como um dos obstáculos para o rompimento do ciclo da violência doméstica. O desejo desta mulher que pecou no Éden era para seu marido, e nós herdamos essa sentença juntamente com EVA. A correlação entre o pecado e suas consequências são sentidas por meio do desenvolvimento das relações afetivas.

As disfuncionalidades tem uma origem bem definida, a Terra sofreu um grande cataclisma e não foi só no aspecto de como a Terra reagiria às investidas do homem, os sentimentos entre homem e mulher foram profundamente alterados. Esse governo foi determinado por sentença oriunda do pecado, não era um governo qualquer ou um domínio qualquer, aqui tratamos de sujeição, seu desejo e suas vontades seriam para o seu marido, e o governo foi dado àquele homem, o indivíduo se submete excessivamente às necessidades e desejos do parceiro, muitas vezes em detrimento de suas próprias necessidades. Dificuldade em estabelecer limites: dificuldade em estabelecer e manter limites saudáveis nos relacionamentos.

É preciso que se compreenda que esta determinação de Deus vem como sentença. As mulheres desencadeiam um sentimento de dependência emocional excessiva e patológica o que coloca a dependência emocional como possível e provável explicação para diversos casos, pois a dependência emocional é a maior causa para que as mulheres suportem agressões. E, isso explica o caso de mulheres economicamente suficientes, escolarizadas, famosas, aparecerem ligadas a relacionamentos abusivos.

No enfrentamento à violência doméstica, há mulheres em prisões sem muro ou amarras, completamente dependentes emocionalmente do parceiro, o que caracteriza a disfuncionalidade de suas emoções que estão dentro de nós como sentença pelo pecado cometido contra Deus.

Não foi para servidão que fomos criadas! Fomos criadas de forma perfeita e dotadas de autonomia e graça, contudo, precisamos lidar de forma adequada com essa face da sentença proferida no Éden.

A grande pergunta a ser feita é de onde vem o vazio? De onde vem a necessidade do outro, e de satisfazê-lo de qualquer forma, em detrimento de seu próprio bem-estar de forma que todo governo de sua vida seja dado ao parceiro, que dita as regras? Indiscriminadamente a qualquer parceiro, é uma sujeição que não pode ser compreendida, e a incompreensão se dá pelo fato de que muitas mulheres não conseguem romper com relacionamentos que demonstram desde o início abusividades.

O vazio do homem só pode ser preenchido por Deus. Há mulheres completamente deficitárias nesta área. Sua identidade intrinsecamente está conectada a uma relação em que os maus-tratos lhe remetem a Eva sentenciada e dependente. Neste cataclisma tudo saiu do lugar, incluindo os relacionamentos que não escaparam do determinado, até os dias de hoje.

Uma das referências de amor de um filho é seu pai, no caso das meninas isso ainda fica mais evidente. Se esse pai não desempenha a tríplice função que lhe fora delegada de promotor, provedor e protetor, ele não conseguirá revelar o caráter de Cristo e por consequência a libertação franqueada por Jesus não será transmitida.

A dependência emocional se conecta diretamente a esse aspecto, e, também com a autoestima, pois vejamos, se o teu desejo será para o outro, e o seu destino é ser dominada o que sobra nesta equação?

O desenvolvimento e a permanência em um relacionamento abusivo podem iniciar na infância, à medida que o pai não cumpre a tríplice função e às vezes também é autor de violência e abusos, o meu caso foi exatamente esse, vivi em um lar violento, o pai agredia com frequência minha mãe, e meus irmãos. Ao chegar na adolescência, meus relacionamentos eram difíceis e em geral com rompimentos frequentes, o componente dor fazia parte de seus relacionamentos afetivos. Havia algo nela que atraia relacionamentos disfuncionais que ocasionavam a ela sofrimentos frequentes. Havia um padrão mental, todos os meus relacionamentos estavam conectados com dor, dificuldades e abandonos frequentes; experiência que já havia experimentado com o meu pai. Tudo só se modificou quando Jesus Cristo me achou, me trazendo uma nova identidade. E, assim pela primeira vez me vi amada de verdade.

Relacionamentos disfuncionais, onde os filhos presenciam violências e abusos, carregam para vida adulta feridas que abrem e fecham, a depender da realidade do relacionamento que estejam. Esses jovens têm uma propensão a suportar sofrimentos, e até mesmo normalizando-os em virtude das vivências da infância.

Podemos encontrar pais e mães que sofreram a violência e a sua dose elevada de desamor na alma, desamor por si mesmo, oriundo da sensação de não ser amado (a) pelos pais, esses tendem a se envolver em relacionamentos que lhes remetem a dores semelhantes, se correspondendo com essa emoção às vezes vivida na infância com muita intensidade. A tradução disso é o envolvimento em relacionamentos que proporcionem as mesmas impressões gravadas no subconsciente, situações de abando repetidas, traumas oriundos disso, retroalimentados pelos traumas e muito bem aproveitados pelo diabo.

A dependência emocional tende a se manifestar quando há uma distorção da própria imagem perante o outro, que é eleito como objeto para solução do vazio e da dor da sentença de direcionamento do desejo e este só pode ser explicado por Deus, e pela sentença proferida no Éden.

Estamos em um momento em que muitas mulheres estão com sua autoestima afetada, interferindo na sua identidade diante de Deus. A suficiência do amor que vem de Deus é capaz de suprir a maior das ausências e deficiências.

Quando somos libertas e preenchidas pelo amor de Jesus em nós, nossos reservatórios emocionais são abastecidos e nossa imagem de filha amada é restaurada, e o desejo pelo outro, pelo amor, afeto e atenção é suprido nos elevando a outro patamar de vida, o que gera cura na alma e alma curada sai para curar e não adoece mais.

Foi exatamente o que ocorreu com a mulher samaritana, os aspectos considerados ali, e entre eles era a falta que havia nela que não seria suprida por nenhum outro, e que também pelos outros não seria suprida, e que só Cristo seria capaz de saciá-la desta sede que todas as mulheres possuem! Jesus corrige a atenção, o foco, e faz ela enxergar que os relacionamentos que teve e tinha não eram capazes de dar a ela o que ela de fato necessitava. Pela primeira vez na vida, ela tinha oportunidade de experimentar a água da vida, e assim não teria nunca mais sede, aspectos emocionais profundos foram tratados nela.

Muitas daquelas que iremos encontrar para ministrar a cura emocional, por meio da presença de Cristo que nos sacia de toda e qualquer falta, estão neste ponto. A obra salvífica de Cristo é imprescindível inclusive para nossas emoções.

A submissão reiterada e conectada a maus-tratos, abusos emocionais ou físicos denota a necessidade de um encontro com o Pai no poço, fora da visão de outros, um encontro decisivo, revelador e que trouxe a ela uma mudança fenomenal. Esse é o desejo de Cristo para todas as mulheres, rejeitadas, embaraçadas, violentadas, adoecidas nas emoções. Essas mulheres necessitam de auxílio para perceberem sua real situação, nesse ponto é necessário verificar se a há dependência financeira que não permite o rompimento dos laços de dor não por questões emocionais, mais por questões de limitações financeiras reais.

O fato do ***desejo dela ser e estar totalmente voltado para seu marido*** não lhe é concedido como dádiva e sim como castigo. Muitas mulheres experimentam esse aprisionamento, aceitando maus-tratos porque não estão libertas em Cristo, e, assim se sujeitam a todo tipo de violência e violação emocional. A correção disto vem da entrega do coração a Cristo que nos liberta do fardo do pecado e do poder de satanás, que desde os primórdios da existência recebeu a outorga para nos perturbar. Essa é a razão pela qual há uma explosão de relacionamentos disfuncionais! Mulheres em estado de dependência emocional que buscam a completude em homens, a satisfação emocional que só Cristo pode conceder e, homens que utilizam desta entrega indiscriminada para perpetuação de abusos sejam físicos ou emocionais, essa fragilidade é lucrativa para predadores emocionais.

O verdadeiro valor de uma mulher está intrinsecamente esculpido no propósito original da criação! Jesus veio redimir o homem do poder do diabo, rasgar o escrito de dívida. Todas somos pecadoras e estamos sujeitas ao poder do inferno e da inimizade deflagrada no Éden com riqueza de detalhes, afinal à serpente foi dada uma delegação de perpetuidade de confronto! Muitas de nós redimidas pelo poder do sangue de Jesus, pecadoras redimidas.

Somos parte da representação do corpo místico de Cristo. Ao mesmo tempo que essa perseguição se desenvolve, duas frentes são deflagradas, a igreja deve ser atingida, de igual forma cada um de nós. Aos que estão fora da aliança e descobertos do sangue de Cristo, estão suscetíveis aos ataques ferozes de nossa alma, pervertendo inclusive os relacionamentos afetivos.

A dependência econômica nos traz uma abordagem tão importante quanto a da dependência emocional. As mulheres que estão em um relacionamento afetivo não rompem o ciclo em virtude de dependência financeira do parceiro. É muito comum a evidência de comportamentos controladores, a mulher não trabalha, não tem qualidade de segurada da previdência social, não há nada que favoreça o rompimento, em que pese viver um relacionamento conturbado com violência e abusos, esses são aceitos em troca de teto, comida, cuidado com os filhos! Com frequência, recebo relatos de mulheres dependentes economicamente que recebem propostas do tipo: me dê a guarda das crianças já que você não tem como sustentar; nesse caso os alimentos provisionais são a saída para relacionamentos que chegam ao fim em decorrência da violência. Por outro lado, também recebo relatos de mulheres que dizem: que ele é um bom pai, apesar dos maus-tratos que infringe a companheira, e fica a pergunta: Como alguém pode ser "bom" pai, agredindo a mãe dos seus filhos?

Neste aspecto, no momento da orientação o conselheiro deve estar a par de todos os implementos governamentais, na forma de benefícios assistenciais que podem ser solicitados. A igreja deve estar atenta na identificação de mulheres que vivenciam ambas as dependências, elas são óbices reais que impedem a mulher no rompimento do relacionamento de sofrimento. Em que pese a nova legislação que garante o auxílio incapacidade temporária para mulher vítima de violência, é importante frisar que só é possível acessar a previdência social aqueles que contribuem mensalmente com o INSS, e, em geral, mulheres dependentes economicamente de parceiros agressores não o fazem. Essa característica dificulta o acesso aos benefícios da previdência social. Outros aspectos também são impeditivos para o desenvolvimento pessoal da mulher, quase sempre ela não tem acesso à movimentação financeira da casa, ou do parceiro, é dependente economicamente e essa dependência é implementada como forma de controle.

FIXAÇÃO DO CAPÍTULO

Duas prisões sem muros. Tanto a dependência emocional quanto a dependência financeira tem o condão de paralisar suas vítimas. Em geral essa mulher não consegue manter sua subsistência socioemocional. Para correta identificação é preciso compreender os aspectos que torna a relação adoecida, a quantidade de episódios paralisantes, e, como a mulher lida com tais eventos. A questão é que, para qualquer norteamento para a intervenção e aconselhamento correto, ela precisará se sentir suficientemente segura para que seus relatos sejam mantidos em sigilo. Depois, será necessário guiá-la até a porta de saída que a conduzirá para longe dos abusos sejam emocionais ou privações financeiras que a façam se sujeitar ao agressor indiscriminadamente. A mulher submetida a esse tipo de dependência é levada a se manter numa relação abusiva em razão disso. Conscientização sobre a dependência afetiva, orientações quanto às formas podem ser uma excelente estratégia para gerar a conscientização do abuso, fazendo com que ela mesma deseje romper o ciclo da violência doméstica.

Capítulo XVII

O DESAFIO DA INCLUSÃO

Algumas igrejas já contam com departamentos que trabalham a Língua Brasileira de Sinais. Imaginemos, se as mulheres ditas normais sofrem a violência doméstica e o abuso doméstico, agora imaginemos as mulheres com alguma deficiência sensorial ou física.

Ao chefiar o Serviço de Violência Doméstica na minha cidade, vivenciei o caso de uma mulher evangélica que tristemente tinha sofrido a violência doméstica, e que precisava ser abrigada para não ser morta.

Abrigamos ela e a igreja não concordava com a separação. A mãe da vítima era uma mulher surda. Ao abrigarmos a filha, no outro dia a mãe ficou na casa da filha, durante a madrugada o ex-genro invadiu a residência e violentou a ex-sogra para punir a ex-mulher.

Ao tomarmos ciência do fato, levamos à PM que fez a diligência levando a mulher à delegacia. Ocorre que ao chegar na DEAM não havia intérprete de Libras, e quem foi arrolado como comunicante foi a PM que diligenciou a ocorrência. Ao chegar no nosso serviço, e eu tinha como assessora minha amiga Leila Leal da Cunha dos Santos, que tinha uma experiência linda com sua filha, a Dani, também surda. Leila me auxiliando interpretou aquela senhora que tinha sido violentada, e, ao comparar o boletim de ocorrência com a declaração dela, percebeu uma série de inconsistências que comprometeriam a apuração do fato. A PM (soldado) que estava acompanhando a ocorrência disse que não conseguia entender nada que ela dizia, pois o som que emitia era ininteligível.

Imediatamente, entramos em contato com delegada da DEAM local e ela prontamente concordou com o aditamento do RO em virtude da necessária oitiva, desta vez acompanhada por um intérprete.

Essa situação complicadíssima e triste foi uma das ocorrências em que percebemos a fragilidade do sistema, pois não havia intérpretes disponíveis para acompanhar a ocorrência em sede policial. Nas delegacias e nos atendimentos médicos, muitas mulheres encontram barreiras para se fazer compreender; quando são entendidas, frequentemente têm seu depoimento desqualificado/alterado, principalmente se têm algum grau de deficiência intelectual.

Se sua igreja já tiver implantado ou estiver implantando o departamento de surdos, é imprescindível orientar acerca da violência doméstica, para que elas possuam uma referência de fé e de onde e como buscar ajuda em caso de necessidade.

Não há estatísticas acerca das mulheres que têm deficiência auditiva sobre a situação de violência doméstica e familiar, e isso porque as delegacias não estão aparelhadas e nem os serviços de atendimento à mulher vítima de violência possuem atendimento com intérprete de Libras.

Menciono aqui as minhas vivências na área da deficiência auditiva, contudo também não possuímos material que seja editado e disponibilizado em braile, portanto não é possível dimensionar quantas mulheres na condição de cegueira precisam de auxílio em caso de violência doméstica e não têm referências de auxílio.

Há outros casos em que tivemos que providenciar intérpretes para auxiliar a atividade em sede policial. Temos um limbo, num nível nebuloso e absurdo nessa área, quem sabe nós como igreja possamos dar voz a quem não tem e ser luz para quem não consegue enxergar.

De acordo com dados reunidos pela entidade em fontes oficiais, 68% das denúncias de violência a pessoas com deficiência se referem a mulheres, número que salta a 82%, quando se fala em violência sexual. Os dados são da Procuradoria da Mulher no Senado Federal, que informa que a adolescência das mulheres com deficiência é profundamente marcada por violações.

As intervenções e orientações devem se preocupar com pessoas com deficiência, pois a realidade desses grupos é duríssima. É necessário um olhar atento e empático para esse grupo vulnerável.

Capítulo XVIII

ALGUMAS DEFINIÇÕES IMPORTANTES

Violência provocada por parceiro íntimo: definida como qualquer comportamento no âmbito de uma relação íntima que cause danos físicos, sexuais, psicológicos e comportamentos controladores, durante ou após o término de uma relação (OMS, 2012).

Violência contra a mulher: constitui qualquer ação ou conduta baseada no gênero que cause morte, dano ou sofrimento físico, sexual ou psicológico à mulher, tanto no âmbito público, como no privado (Convenção de Belém do Pará).

Violência Física: qualquer conduta que ofenda a integridade ou saúde corporal da mulher. Inclui atos como tapas, socos, chutes e espancamentos (Política Nacional de Enfrentamento à violência contra a mulher, 2011).

Violência Sexual: é ação que obriga uma pessoa a manter contato sexual, físico ou verbal, ou participar de outras relações sexuais com uso da força, intimidação, coerção, chantagem, suborno, manipulação, ameaça ou qualquer outro mecanismo que anule o limite a da vontade pessoal. Constituem violência como relações sexuais forçadas e outras formas de coerção sexual (Política Nacional de Enfrentamento à Violência contra a Mulher, 2011).

Violência Psicológica: conduta que cause danos emocionais e diminuição da autoestima da mulher ou que lhe prejudique e perturbe seu pleno desenvolvimento, ou ainda que vise degradar ou controlar suas ações, comportamentos, crenças e decisões, mediante ameaça, constrangimento, humilhação, manipulação, isolamento, vigilância constante, perseguição contumaz, insulto, chantagem, ridicularização, exploração e limitação do direito de ir e vir ou qualquer outro meio que lhe cause prejuízo à saúde psicológica e à autodeterminação (Política Nacional de Enfrentamento a Violência contra a Mulher, 2011).

A seguir passo a demonstrar a partir da 4ª Edição de 2023 dados da Pesquisa Visível e Invisível do Fórum Brasileiro de Segurança Pública, sobre a Vitimização de Mulheres no Brasil.

Avaliação da população em relação à violência contra as mulheres nos últimos 12 meses, serie histórica (2021 e 2023)

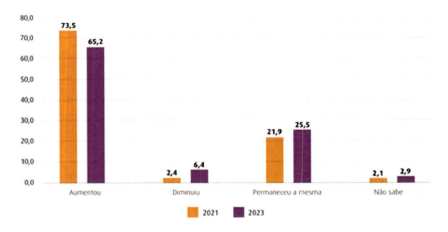

Fonte: Fórum Brasileiro de Segurança Pública. Datafolha Pesquisa Visível e Invisível do, sobre a Vitimização de Mulheres no Brasil, edições 3 e 4, 2021 e 2023

Presenciou alguma dessas situações – Respostas afirmativas, mulheres

Fonte: Fórum Brasileiro de Segurança Pública. Datafolha Pesquisa Visível e Invisível do, sobre a Vitimização de Mulheres no Brasil, edições 3 e 4, 2021 e 2023

Violência provocada por parceiro íntimo ao longo da vida

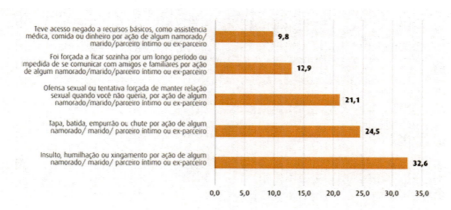

Fonte: Fórum Brasileiro de Segurança Pública. Datafolha Pesquisa Visível e Invisível do, sobre a Vitimização de Mulheres no Brasil, edições 3 e 4, 2021 e 2023

Nos últimos 12 meses, você viu alguma dessas situações acontecendo no seu bairro ou comunidade? serie histórica (2021 e 2023)

	2017	2019	2021	2023
VIU ALGUMA DESSAS SITUAÇÕES	66,0	59,0	51,1	52,0
Meninas, moças ou mulheres adultas que residem na sua vizinhança sendo agredidas por parentes como pai, padrasto, irmão, tio, cunhado, avô, etc	30,0	20,0	17,5	18,2
Mulheres que residem na sua vizinhança sendo agredidas por maridos, companheiros, namorados ou ex-maridos, ex-companheiros, ex-namorado	37,0	28,0	24,8	25,4
Mulheres que residem na sua vizinhança sendo ameaçadas por seus companheiros, maridos, namorados ou ex-companheiros, ex-maridos, ex-namorados	37,0	29,0	25,2	26,7
Homens brigando, se agredindo, se ameaçando ou discutindo por causa de ciúmes de uma namorada ou ex-namorada, companheira ou ex-companheira, mulher ou ex-mulher	44,0	34,0	28,4	30,9
Homens humilhando, xingando ou ameaçando namoradas ou ex-namoradas, mulheres ou ex-mulheres, companheiras ou ex-companheiras	46,0	37,0	32,9	33,9
Homens abordando mulheres na rua de forma desrespeitosa, mexendo, passando cantadas, dizendo ofensas	51,0	43,0	34,3	37,7
NÃO VIU NENHUMA DESSAS SITUAÇÕES	34,0	41,0	48,9	48,0

Fonte: Fórum Brasileiro de Segurança Pública. Datafolha Pesquisa Visível e Invisível do, sobre a Vitimização de Mulheres no Brasil, edições 3 e 4, 2021 e 2023

Violência provocada por parceiro íntimo ao longo da vida, por escolaridade

	Escolaridade		
	Fundamental	Médio	Superior
FOI VÍTIMA DE VIOLÊNCIA OU AGRESSÃO AO LONGO DA VIDA	**49,0**	39,7	43,0
Insulto, humilhação ou xingamento por ação de algum namorado/ marido/ parceiro íntimo ou ex-parceiro	35,6	31,1	32,6
Tapa, batida, empurrão ou chute por ação de algum namorado/ marido/ parceiro íntimo ou ex-parceiro	32,4	22,6	20,3
Ofensa sexual ou tentativa forçada de manter relação sexual quando você não queria, por ação de algum namorado/marido/parceiro íntimo ou ex-parceiro	23,4	18,8	23,2
Foi forçada a ficar sozinha por um longo período ou impedida de se comunicar com amigos e familiares por ação de algum namorado/marido/parceiro íntimo ou ex-parceiro	18,7	11,1	10,8
Teve acesso negado a recursos básicos, como assistência médica, comida ou dinheiro por ação de algum namorado/marido/parceiro íntimo ou ex-parceiro	19,4	7,4	4,8
NÃO FOI VÍTIMA DE VIOLÊNCIA OU AGRESSÃO	50,4	59,4	56,0
RECUSA	0,5	0,9	1,0

Fonte: Fórum Brasileiro de Segurança Pública. Datafolha Pesquisa Visível e Invisível do, sobre a Vitimização de Mulheres no Brasil, edições 3 e 4, 2021 e 2023

Violência provocada por parceiro íntimo ao longo da vida, existência ou não de filhos

	Filhos	
	Tem filhos	Não tem filhos
FOI VÍTIMA DE VIOLÊNCIA OU AGRESSÃO AO LONGO DA VIDA	**44,4**	40,4
Insulto, humilhação ou xingamento por ação de algum namorado/ marido/ parceiro íntimo ou ex-parceiro	**34,3**	29,6
Tapa, batida, empurrão ou chute por ação de algum namorado/ marido/ parceiro íntimo ou ex-parceiro	**27,8**	18,5
Ofensa sexual ou tentativa forçada de manter relação sexual quando você não queria, por ação de algum namorado/marido/parceiro íntimo ou ex-parceiro	20,8	**21,7**
Foi forçada a ficar sozinha por um longo período ou impedida de se comunicar com amigos e familiares por ação de algum namorado/marido/parceiro íntimo ou ex-parceiro	**14,3**	10,5
Teve acesso negado a recursos básicos, como assistência médica, comida ou dinheiro por ação de algum namorado/marido/parceiro íntimo ou ex-parceiro	**13,2**	3,4
NÃO FOI VÍTIMA DE VIOLÊNCIA OU AGRESSÃO	54,7	59,0
RECUSA	0,9	0,6

Fonte: Fórum Brasileiro de Segurança Pública. Datafolha Pesquisa Visível e Invisível do, sobre a Vitimização de Mulheres no Brasil, edições 3 e 4, 2021 e 2023

Vitimização de mulheres nos últimos 12 meses, por renda familiar mensal

	Renda familiar mensal			
	Até 2 S.M.	Mais de 2 a 5 S.M	Mais de 5 a 10 S.M	Mais de 10 S.M
FOI VÍTIMA DE VIOLÊNCIA OU AGRESSÃO NOS ÚLTIMOS 12 MESES	31,2	28,4	27,4	22,6
Insulto, humilhação ou xingamento (Ofensa verbal)	26,0	22,5	20,9	22,6
Amedrontamento ou perseguição	13,2	14,2	15,3	16,2
Ameaça de apanhar, empurrar ou chutar	15,5	11,1	7,5	6,8
Batida, empurrão ou chute	13,8	10,8	5,2	3,1
Ofensa sexual ou tentativa forçada de manter relação sexual (algumas vezes as pessoas agarram, tocam ou agridem fisicamente e verbalmente outras pessoas por motivos sexuais)	10,3	9,1	5,1	3,1
Espancamento ou tentativa de estrangulamento	7,7	3,8	1,3	3,1
Ameaça com faca ou arma de fogo	6,7	4,8		
Lesão provocada por algum objeto que lhe foi atirado	5,6	3,6	1,0	3,1
Esfaqueamento ou tiro	2,1	1,4		
Outro tipo	0,3	0,8	1,1	
NÃO FOI VÍTIMA DE VIOLÊNCIA OU AGRESSÃO	68,8	69,7	71,7	77,4
RECUSA		1,9	1,0	

Fonte: Fórum Brasileiro de Segurança Pública. Datafolha Pesquisa Visível e Invisível do, sobre a Vitimização de Mulheres no Brasil, edições 3 e 4, 2021 e 2023

Atitude em relação a essa agressão mais grave sofrida nos últimos 12 meses. Série histórica, 2017-2023

	PESQUISA 2017	PESQUISA 2019	PESQUISA 2021	PESQUISA 2023
Procurou ajuda da família	13,0	15,0	21,6	17,3
Procurou ajuda dos amigos	12,0	10,0	12,8	15,6
Denunciou em uma Delegacia da Mulher	11,0	10,0	11,8	14,0
Denunciou em uma delegacia comum	10,0	8,0	7,5	8,5
Procurou a Igreja	5,0	8,0	8,2	3,0
Ligou para a Polícia Militar no 190	3,0	5,0	7,1	4,8
Ligou para a Central de Atendimento à Mulher (Ligue 180)	1,0	1,0	2,1	1,6
Não fez nada	52,0	52,0	44,9	45,0
Denunciou à Polícia através de um registro eletrônico			1,8	1,7
Procurou uma associação ou entidade de proteção à Mulher (ONG)			1,9	0,5

Fonte: Fórum Brasileiro de Segurança Pública. Datafolha Pesquisa Visível e Invisível do, sobre a Vitimização de Mulheres no Brasil, edições 3 e 4, 2021 e 2023

A última tabela mostra que na série histórica de 2017 a 2023 as mulheres têm cada vez menos procurado a igreja. Podemos inferir que estamos muito pouco disponíveis para além da limitada capacidade de resolutividade.

A pesquisa completa pode ser encontrada no site do www.forumseguranca.org.br. Dados a respeito do local, idade das vítimas, a forma como resolveram os conflitos entre outros.

Capítulo XIX

TIPOS DE VIOLÊNCIA E ABUSOS

Atacando o corpo através da Violência Psicológica

A violência psicológica, em 2021, passou a ser um crime autônomo. A partir da Lei 14.188/2021, com pena de seis meses a dois anos. Em muitas situações não temos as marcas visíveis da violência física contudo em contrapartida é a alma que é estilhaçada.

Esse tipo de violência é caracterizado frequentemente por manipulações, por humilhações, a vítima é frequentemente estimulada a desacreditar das suas percepções e sanidade mental, o que se popularizou com o "você está ficando louca".

Neste ponto, quando há um abuso emocional diferentemente do abuso físico é muito difícil diagnosticar, por isso é fundamental ações que prestem a informação e que encorajem a mulher a buscar auxílio de maneira que ela possa conversar e não ser julgada. Lembrando que quem sofre esse tipo de agressão em geral tem sua autoestima baixa e sente muito medo.

Segundo a lei 14.188/2021, configura-se violência psicológica:

> *Causar dano emocional à mulher que a prejudique e perturbe seu pleno desenvolvimento ou que vise degradar ou a controlar suas ações, comportamentos, crenças e decisões, mediante ameaça, constrangimento, humilhação, manipulação, isolamento, chantagem, ridicularização, limitação do direito de ir e vir ou qualquer outro meio que cause prejuízo à sua saúde psicológica e autodeterminação.*

Problemas de saúde diversos podem ser desencadeados, inclusive a depressão. O estresse e a tristeza passam a fazer parte da vida da mulher, e minam a resistência dela impedindo que ela consiga sair da situação. As consequências do abuso psicológico são tão graves quanto as de abusos físicos e pode causar problemas na saúde, como depressão, ansiedade, úlceras estomacais, palpitações cardíacas, distúrbios alimentares e insônia, segundo o Serviço Nacional de Saúde do Reino Unido (NHS, na sigla em inglês).

Humilhar, ridicularizar, desacreditar, a não valorização das conquistas da parceira, comentários, piadas humilhantes, culpá-la por situações as quais não é responsável. Privá-la do convívio com a família.

Alguns sinais podem ser medidos, a perda da essência, a pessoa não é mais o que era, o padrão do que era não é o mesmo, é como se a vida estivesse paralisada, estagnada, mudanças emocionais, hobbies, atividades que realizava não são mais realizadas.

Há também uma constante tensão entre o que a pessoa pode dizer ou fazer. Não pode falar livremente ao telefone, está constantemente sendo vigiada. Não tem acesso às contas, ao dinheiro do casal, não participam de nada em relação à vida financeira.

Pode ter que conter as lágrimas, cria um mecanismo para se proteger e esconder sua real situação. A mulher nessa situação vive controlada e isolada das pessoas. Ao lidar com alguém com um comportamento esquivo e distante, procure observar atentamente, talvez esse seja um sinal de que apesar de não falar, ela poderá estar em uma situação de violência.

Em geral quem sofre o abuso não conta para as pessoas. Não deseja que as pessoas vejam o agressor como uma pessoa má e procura esconder o que de fato ocorre. Muito comum no comportamento da vítima é que ela procura justificar o agressor, ele faz isso, mas é um bom pai, é trabalhador.

É comum que ela se sinta culpada pela violência que está sofrendo. Geralmente é ela com frequência que se culpa pela situação de violência vivida na relação. Sentir-se sempre culpada é um sinal de alerta.

Mulheres atingidas pela violência psicológica tendem a um adoecimento progressivo, são afetadas pelo medo da perda. Algumas tem histórico familiar de abusos (pode ser um pai agressivo, uma mãe agressiva) uma realidade de uma vida na infância, adolescência e juventude onde ela tenha vivenciado abusos, o que a exponencialmente lhe torna vulnerável aos abusos psicológicos, desta forma, é preciso que a mulher se conheça e busque auxílio. Sempre repito nos meus aconselhamentos, fomos chamadas à liberdade e à vida abundante, toda e qualquer forma de aprisionamento não tem compatibilidade com a vida que Cristo nos ofertou por meio de seu sofrimento na cruz. Desta forma até para ser curada, é preciso reconhecer as próprias fragilidades e auxiliar na saída do terreno abusivo e tóxico. Jesus convida, bate à porta, mas o processo de decisão é compartilhado.

A mulher vitimada pela violência psicológica tem toda sua vida comprometida, sua autodeterminação. Além de doenças diversas, os filhos também estarão adoecidos nesse adoecimento da mãe. Os padrões de comportamento vivenciados por crianças e adolescentes tendem a ser repetidos e em um grau diferente do qual experimentaram, é imprevisível a extensão do dano na casa inteira. Muitas mulheres não têm coragem para falar sobre o assunto e está tudo bem.

Precisamos de espaços de informação e acolhedores. Locais onde se promovam escutas, artes plásticas, locais de encontro e conversa e ou locais de encontro e silêncio também. Primeiro é necessário que ela esteja segura o suficiente para falar sobre o assunto e isso pode levar algum tempo. As igrejas podem promover esses espaços de acolhimento, uma boa estratégia é tratar o tema em grandes plenárias e depois franquear pequenos grupos e depoimentos podendo ser anônimos, o que dará a ela tempo para elaborar seu desabafo, lembrando que não devemos esperar que ela saia falando mal do agressor, ela não fará isso, antes tentará esconder isso com preço de afetar sua própria existência, ela sente culpa, sente medo, mentalmente não tem mecanismo de defesa, por isso a abordagem deve ser primeiramente despersonalizada, nada deve ser dirigido individualmente, o tema precisa ser tratado de forma coletiva e informativa, com o tempo ela sentirá a segurança necessária para se abrir.

Muitas mulheres em situação de violência doméstica preferem sentir a dor sozinha, e realizar individualmente suas empreitadas de saída da situação. Certa vez chegou para mim uma situação, a mulher havia sido casada e passou por violência, física, psicológica. O agressor fazia parte da liderança da igreja que ela congregava, ela não suportou os abusos. Houve prejuízos materiais, pois ela não conseguiu reaver os valores que aportou para compra do imóvel do ex-casal. Mas o que chama atenção neste relato é que ninguém da liderança soube. Ele era o "obreiro perfeito". Inclusive, ela optou por silenciar pelo medo de ser julgada, pois se sentia lá no fundo culpada. Não se via como vítima. O que ocorreu, ela mudou de igreja (ficou na mesma denominação) mas foi para outro local. Não fala sobre o assunto, não deseja falar. O agressor continua sua vida ministerial, e, recentemente assumiu uma filial da igreja. Ela se casou novamente, e muitos até hoje desconhecem o verdadeiro motivo do divórcio.

É preciso possibilitar que ela reconheça o espaço como referência para que em qualquer momento ela possa acionar a liderança, de preferência alguém designado para essa abordagem, com a expertise necessária para prestar auxílio imediato, sem julgamentos, sem nenhum entrave que a impeça de reconhecer a igreja como um lugar de cura. Essa mulher tem sua existência comprometida, e, lesões profundas e frequentemente invisíveis.

No quadro abaixo, temos todas as leis que regulam as violências cometidas no contexto de violência psicológica. É importante frisar que tais leis sofrem constantemente alterações oriundas de demandas da sociedade, em alguns casos sofrem modulações na aplicação; evoluímos muito, mais não o suficiente para que nossas estatísticas se modifiquem. O que reforça o componente espiritual da escalada da violência contra a mulher, conforme descrito, há um inimigo sagaz a nossa espreita e no caso da mulher duplamente comissionado para nos perseguir. Ao consultar esse quadro, faça buscando apoio da legislação e consultando todas as dinâmicas de alteração.

Crimes Praticados Contra As Mulheres no Contexto De Violência Psicológica

PERSEGUIÇÃO STALKING CYBERSTALKING (Utilizando meios digitais)	ART. 147-A, incluído pela Lei 14.132/2021 do Código Penal
VIOLÊNCIA PSICOLÓGICA	ART. 147-B, incluído pela Lei 14.188/2020 do Código Penal
LESÃO POR DANOS À SAÚDE (Dano Existencial)	ART. 129, § 9º, Código Penal
CONSTRANGIMENTO ILEGAL	ART. 146 Código Penal
AMEAÇA	ART. 147 Código Penal
SEQUESTRO E CÁRCERA PRIVADO	ART. 148 Código Penal
TORTURA PSICOLÓGICA	ART. 1º, I alínea "a" e II da Lei 9.455/1997
PRÁTICA DE CRIME NA PRESENÇA DE CRIANÇA OU ADOLESCENTE	ART. 232 da Lei 8.069/1990
COAÇÃO NO CURSO DO PROCESSO	ART. 344 Do Código Penal
TRÁFICO DE PESSOAS	ART. 149-A Do Código Penal

Fonte: elaborado pela autora

Atacando o corpo por meio da Violência Sexual (Estupro Marital)

O estupro marital se caracteriza quando há a violação sexual da mulher praticada por seu próprio marido. O crime de estupro marital no Brasil, durante muito tempo, não era qualificado como delito, pois era inviável a ideia de se cometer **sexo forçado** no casamento, enquanto exercício regular do direito.

> Art. 7º São formas de violência doméstica e familiar contra a mulher, entre outras:
> III – a violência sexual, entendida como qualquer conduta que a constranja a presenciar, a manter ou a participar de relação sexual não desejada, mediante intimidação, ameaça, coação ou uso da força; que a induza a comercializar ou a utilizar, de qualquer modo, a sua sexualidade, que a impeça de usar qualquer método o contraceptivo ou que a force ao matrimônio, à gravidez, ao aborto ou à prostituição, mediante coação, chantagem, suborno ou manipulação; ou que limite ou anule o exercício de seus direitos sexuais e reprodutivos. (Lei Maria da Penha, n.º11.340, de agosto de 2006)

Precisamos encarar essa importante linha divisória. Sexo não consentido é estupro. Deve haver concordância sempre. Existem dias e dias. Se compreendermos os períodos hormonais que envolvem a fisiologia feminina, um rápido estudo nos mostra que quando o estrogênio diminui, com ele também diminui o desejo sexual, em um outro ponto a tensão pré-menstrual não é frescura, é real e compromete o desenvolvimento sexual pleno da mulher, cólicas, indisposições, irritabilidade fazem parte da rotina feminina. Deus nos fez assim.

A mulher poderá estar indisposta e não querer o sexo, evidenciando um descompasso, ela pode estar emocionalmente indisposta também e por isso não conseguirá responder o estímulo sexual. As variantes são diversas e devem ser consideradas e estudadas. As mulheres em geral são estimuladas pelo que ouvem, o estímulo masculino em geral é mais visual.

Há uma lista que evidencia as diferenças masculinas e femininas, a questão é conhecê-las e aplicar na vida a dois. Por óbvio, reconhecer essas características e estudá-las para aplicar no casamento é uma vantagem enorme e que evitará certamente o cometimento de abusos, quando a mulher se mostrar indiferente ou indisposta para o sexo e que a resposta naquele momento for não.

No contexto de violência doméstica (no âmbito doméstico de relação familiar íntima de afeto), a dominação masculina se evidencia nesse contexto de total desprezo pela fisiologia da mulher e o uso inadequado do que foi dito pelo Apóstolo Paulo: *A mulher não tem poder sobre seu próprio corpo, mas tem-no o marido; e também da mesma maneira, o marido não tem poder sobre seu próprio corpo, mas tem-no a mulher.*

Há quem utilize como regra para o cometimento de abusos. No que tange à orientação paulina, deriva da necessidade de uma vida conjugal sadia e no contexto de evitar a prostituição, o apóstolo que não era casado por opção, quando fala por permissão e não por mandamento, tem seu foco voltado para a pureza necessária no matrimônio, sendo ambos uma só carne, e, sendo necessário um bom relacionamento sexual, onde ambos pudessem se satisfazer plenamente.

Não há aqui uma deliberação para o cometimento de abusos. Por isso mesmo que há uma conexão de poderes (poder do homem x poder da mulher) ambos têm poder, poder conjugado. A questão central não é domínio, é entrega. Eu entrego porque sei que te pertenço como uma só carne, é antes a conjugação do desejo de Deus para o matrimônio, eu entrego porque sou sua, e ele entrega porque ele é meu.

O poder evidenciado na escrita paulina não é deletério. É saudável, espontâneo e evidencia a necessidade de cuidado na área sexual. O sexo é importantíssimo na vida do casal, e a distorção dessa área tem levado a sérios problemas, e as queixas são diversas; há mulheres que se utilizam do sexo para punir seus parceiros, privando-os de sexo, utilizando-o como instrumento de poder, e eu aviso: esse método frequentemente dá muito errado, porque expõe o marido a tentações nessa área, e, aí vemos o sentido da não privação dos nossos corpos, entender essa situação é evitar muitos problemas, e deixar de expor o cônjuge à fragilidade da carne.

Admitir a existência do estupro marital é entender que há limites que devem ser respeitados. A mulher não pode ser vista como propriedade, somos instadas a obedecer e não se submeter indistintamente; há relatos de mulheres que foram abusadas na hora do sexo dentro do seu casamento, práticas humilhantes entre outras que trouxeram sofrimento e não prazer, práticas ligadas ao uso indiscriminado da pornografia. Situações que são mantidas em silêncio, alimentando dores na alma da mulher atingida pelo estupro marital (sexo forçado).

Cristo nos guia pelos caminhos de paz, de contentamento e plenitude, querer andar por eles e permanecer neles, tem muito mais a ver com nossa predisposição em obedecer às suas palavras.

Aqui neste ponto, é preciso enfatizar o uso da violência e da coação por meio até mesmo da palavra. Um ponto de partida interessante para uma correta avaliação orgânica do tema é o autoconhecimento. Se compreendermos o nosso corpo estaremos mais próximos do sucesso sexual em nossos relacionamentos, e, o marido que busca esse entendimento demonstra nesta atitude amor. Vejamos como se divide as fases do ciclo menstrual que é a espinha dorsal das oscilações hormonais durante todo o mês.

Fonte: elaborado pela autora

FASE FOLICULAR/MENSTRUAL

Primeira fase do ciclo, que começa no primeiro dia de menstruação, durando de doze a quatorze dias, essa fase dura até que os óvulos estejam preparados para serem liberados durante a ovulação. Aqui ocorrem recolhimento, introspecção, serotonina baixa e irritabilidade.

FASE OVULATÓRIA/PÓS-MENSTRUAL/MEIO DO CICLO

E o período mais fértil da mulher, nesse período é normal que você perceba um aumento na secreção vaginal e na libido. O período fértil pode durar até cinco dias e acontece, em média quatorze dias após o início da menstruação. Aqui ocorrem aumento do estrogênio, aumento da serotonina, bem-estar e mais disposição, ovulação.

FASE LÚTEA

É a última fase do ciclo menstrual antes da menstruação chegar e um novo ciclo começar. Há um conjunto de sintomas como **TPM** e se estende até a chegada do fluxo menstrual. Aqui ocorrem queda da serotonina, tristeza, insônia, desejo por doce, aumento da progesterona e inchaços.

A compreensão destas fases propiciará o entendimento do corpo da esposa, o que trará benefícios incontáveis ao relacionamento sexual.

Se do ponto de vista do exercício do poder, onde a imposição é o elemento para que o outro se submeta indistintamente, por óbvio, não estamos falando de amor. E, qual o ganho disso? Nenhum. Somente pessoas adoecidas se satisfazem com o sofrimento do outro, é possível que essa mulher não esteja numa fase propícia para o sexo e desta forma pode haver indisposição emocional e física, e isso também vale para o casamento.

A incapacidade de perceber que seu comportamento negativo afeta outras pessoas, é um componente da lista de incapacidades que possuem os psicopatas, então deste modo é preciso perceber que os maus-tratos íntimos (sexuais) infringidos a uma mulher, e, depois achar que está tudo normal. Definitivamente não é nada normal. O Ministério da Saúde (2016) em uma pesquisa desenvolvida demonstrou os seguintes dados sobre estupro por cônjuge, os quais podem ser observados na figura a seguir:

Mulheres vítimas de estupro e estupro de vulnerável por local do fato – estado do Rio de Janeiro – 2022 (números absolutos)

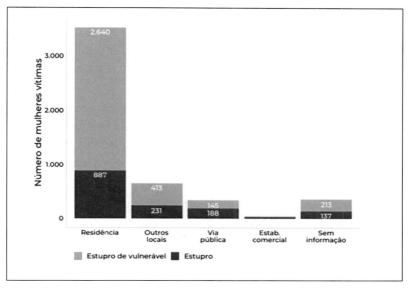

Fonte: elaborado pelo ISP com base em dados da Sepol

Já mencionamos a existência da possibilidade de se infringir castigos corporais às mulheres, era permitido por lei, no Codex Canônico e nas Ordenações Filipinas, todos documentos que regeram legalmente nossa sociedade. O que é inadmissível é termos legitimado esse comportamento dentro da igreja. Agindo desta forma nos abrimos para questionamentos profundos acerca do caráter de Cristo e como embaixadores dele isso deveria assustar aos líderes, mestres e todos que de alguma forma se encontram em posições de destaque dentro da igreja, como aqueles que devem ensinar a santa doutrina e não se valer dela para o cometimento de diversos desvios e alguns deles hoje capitulados como crime dentro do ordenamento jurídico brasileiro.

Uma outra lei que deve ser mencionada no contexto de abuso sexual, lei que alterou a prescrição deste crime. Lei Joana Maranhão (12.650/2015): alterou os prazos quanto à prescrição de crimes de abusos sexuais de crianças e adolescentes. A prescrição passou a valer após a vítima completar 18 anos, e o prazo para denúncia aumentou para 20 anos. E, por uma razão óbvia, a coragem para denunciar.

De que forma poderemos brilhar como luzeiros no meio de uma geração corrupta e perversa, como nos incentiva Filipenses 2: 15.

A igreja tem um papel fundamental nisto. Corrigir as percepções equivocadas, afinal não podemos esquecer que as orientações advindas do Apóstolo Paulo vêm de alguém que, por um zelo extremo em sua fé, cometia atrocidades em meio a uma fé pura. Essa reflexão resolve equações importantes, é possível errar com sinceridade? Sim, é, restando isso provado por Saulo. Suas convicções eram sinceras e foram em certa altura da vida graças a Deus corrigidas.

Podemos modificar nossos padrões de comportamento, a partir de esclarecimento e uma conexão forte com o desejo de Jesus para nós. Fomos chamados a liberdade e não à escravidão. Manter uma mulher oprimida ao lado de qualquer homem na hora do sexo não revela em nada o caráter de Cristo. Pensemos nisso.

Crimes Praticados Contra As Mulheres No Contexto De Violência Sexual

ESTUPRO	ART. 213 CP; ART. 1º, V. da Lei 8.072/1990
ESTUPRO DE VULNERÁVEL	ART. 217-A CP
VIOLAÇÃO SEXUAL MEDIANTE FRAUDE	ART. 215 DO CP
IMPORTUNAÇÃO SEXUAL	ART. 215-A DO CP incluído pela Lei 13.718/2018
INDUZIMENTO PARA SATISFAZER A LASCÍVIA DE OUTREM	ART. 218 DO CP (MENOR DE 14 ANOS); ART. 227 DO CP (MAIOR DE 14 ANOS)
SATISFAÇÃO DA LASCÍVIA NA PRESENÇA DE CRIANÇA OU ADOLESCENTE	ART. 218-A DO CP
FAVORECIMENTO DA PROSTITUIÇÃO OU OUTRA FORMA DE EXPLORAÇÃO DE VULNERÁVEL	ART. 218-B DO CP
MEDIAÇÃO PARA SERVIR À LASCÍVIA DE OUTREM	ART. 227 DO CP
FAVORECIMENTO DA PROSTITUIÇÃO OU OUTRA FORMA DE EXPLORAÇÃO SEXUAL	ART. 228 CP
ASSÉDIO SEXUAL	ART. 216 CP

Fonte: elaborado pela autora

Atacando o corpo por meio da Violência Moral

> *Lei Maria da Penha, em seu artigo 7º, inciso V, a tipifica da seguinte forma: "V – A violência moral, entendida como qualquer conduta que configure calúnia, difamação ou injúria".*

Os xingamentos ou atribuição de fatos que não são verdadeiros caracterizam a violência moral. Nesse contexto, e, muitas vezes usada para o agressor se defender, ele ataca a mulher com acusações diversas. Inventa estórias e ataca moralmente a mulher. Uma tentativa clara de esconder suas práticas de violência, busca tirar o foco de si, transferindo para a vítima. Muito empregado pelo agressor é o fato de imputar à mulher diversos fatos, entre eles acusá-la de traição, emitir juízos morais sobre a conduta dela, expondo sua vida íntima com a finalidade de envergonhá-la e expor a vítima a humilhações. Rebaixar a mulher por meio de xingamentos que incidem sobre sua índole, desvalorizar a mulher pelo seu modo de se vestir.

Frequentemente se levantando falsos contra a mulher, buscando desqualificar de todo modo sua conduta. Atualmente se discute que até na via processual essa conduta se descortina, muitos advogados utilizam meios e peticionam destacando os ataques morais à vítima em suas contestações, pois o fato de a vítima denunciar o agressor e agir processualmente faz com que, ele busque limpar sua "barra" a partir dessas condutas, a prática processual que destaca de forma negativa a mulher, visando sua desmoralização perante o sistema de justiça.

A liderança em geral (pastores, conselheiros) devem estar atentos a essa prática. Em casos que chegam aos gabinetes pastorais é muito comum a prática de "desqualificação" da vítima que não consegue se defender, pois sequer é ouvida.

Essa é uma questão desafiadora, não podemos ouvir só um lado da história e devemos buscar todas as conexões necessárias para tudo seja resolvido. Nossas lideranças estão abarrotadas de contradições, e, a pergunta é: no que nos diferenciamos daqueles que não conhecem a palavra de Deus? A maneira que vemos as mulheres determinará nossa atuação junto a elas.

Certa feita acompanhei um caso, e no relato dela me contou que um pastor fez um gabinete pastoral com um agressor, que mentiu ao pastor sobre a mulher ter contraído uma dívida com um agiota em um momento de desespero e que o agiota estaria ameaçando a família. Ocorre que a ex-mulher (membro da igreja) nunca pegou dinheiro. O pastor solicitou auxílio a igreja, a tesouraria e deu ao agressor a quantia solicitada. Anos depois quando a história foi recontada, a mulher teve oportunidade de falar o que de fato havia ocorrido, e ao indagar o pastor por que ele não se preocupou com o lado dela da história, o pastor simplesmente disse que o intuito era proteger a família dela. Por óbvio, essa não foi a razão. A verdadeira razão é que a palavra da mulher é facilmente desqualificada na nossa cultura. A mulher se ressentiu por ter sido vista como louca, irresponsável, inconsequente por causa da narrativa do seu ex.

Devemos estar alertas quanto aos relatos que nos são trazidos, e pedir que o Espírito Santo descortine nossos olhos para que a verdade surja.

Não podemos utilizar de práticas corporativistas, há muito mais envolvido. Estamos rodeados de uma nuvem de testemunhas e daremos conta de todos os nossos atos. O compromisso do líder deve ser com a verdade sempre, para além disso a correção das injustiças deve ser a métrica.

A mulher samaritana ilustra bem essa condição, nos dois casos expostos acima ambas se sentiram julgadas, excluídas tendo culpa ou não. A mulher Samaritana foi absolvida de seus pecados, foi curada da cegueira que ela nem sabia que existia, seu sistema religioso era falho e imperfeito. Jesus é cura e qualquer que seja nossa iniciativa com qualquer uma de nossas irmãs deve estar pautada nessa lógica de libertação, não haverá nenhum sentido de protegermos os pecados uns dos outros, o que só servirá para entrarmos no inferno de mãos dadas, e aquelas vítimas de injustiças serão absolvidas no caminho como foi a Samaritana.

Crimes praticados contra as mulheres no contexto de Violência Moral

CALÚNIA	ART. 138 CP
DIFAMAÇÃO	ART. 139 CP
INJÚRIA	ART. 140 DO CP
DIVULGAÇÃO DE IMAGENS DE CONTEÚDO SEXUAL ENVOLVENDO CRIANÇAS E ADOLESCENTES	ART. 241-A incluído pela Lei 8069/90
DIVULGAÇÃO DE CENA DE ESTUPRO OU CENA DE ESTUPRO DE VULNERÁVEL, CENA DE SEXO OU DE PORNOGRAFIA	ART. 218-C DO CP incluído pela Lei 13.718/2018

INVASÃO DE DISPOSITIVO INFORMÁTICO	ART.154 DO CP
EXPOSIÇÃO DA INTIMIDADE SEXUAL	ART. 216-B DO CP

Fonte: elaborado pela autora

Atacando o corpo por meio da Violência Física

Violência física é aquela que ocasiona lesões, tapas, chutes, socos, empurrões, puxões de cabelo e qualquer outro ato intencional, que vise ocasionar dor e diminuir a capacidade da mulher, como forma de reprimir e prejudicar. Como já demostrado acima, essa violência tende a escalonar e chegar ao feminicídio. Os dados recentes demonstram que há um aumento gradual na violência contra a mulher, ou seja, as investidas têm sido cada vez mais violentas, por essa razão é preciso identificar a situação de ameaça, por exemplo, e buscar proteção quando necessário.

Muitas mulheres não denunciam por vergonha, medo, por causa dos filhos, ou qualquer outro fator que as mantenham em um relacionamento que inicia sempre como abusivo. É importante mencionar que em geral os sinais se revelam ainda na fase do namoro, por exemplo um empurrão, uma puxada no braço entre outros, são sinais claros de que a relação tende a ser violenta.

A autodeterminação de uma mulher que sofre a violência doméstica fica destruída, em muitos casos essa mulher passa pela rede de saúde que aplica o preenchimento da ficha de notificação compulsória nos casos de violência doméstica, bastando para tal o indício do fato. O levantamento que é feito pelas unidades de saúde tem o condão de realizar levantamentos, e também encaminhar a mulher para o atendimento psicossocial especializado nesses casos de violência doméstica.

A ficha de notificação compulsória, Lei 10.778/2003 e Lei 13931/2019, constitui-se como um instrumento hábil para que haja proteção efetiva da mulher vitimada pela violência.

> Art. 1º Constituem *objeto de notificação compulsória, em todo o território nacional, os casos em que houver indícios ou confirmação de violência contra a mulher atendida em serviços de saúde públicos e privados.*

> § 4º *Os casos em que houver indícios ou confirmação de violência contra a mulher referidos no caput deste artigo serão obrigatoriamente comunicados à autoridade policial no prazo de 24 (vinte e quatro) horas, para as providências cabíveis e para fins estatísticos.* (NR)

Ao chefiar o serviço de atendimento à mulher vítima de violência em Belford-Roxo (RJ) Ceambel (Centro de Referência Especializado de Atendimento à Mulher), realizamos um encontro entre as unidades de saúde e a Deam localizada na cidade, o encontro ocorreu em 2019. No ano anterior, 2018, a cidade havia registrado três casos de feminicídio, e, todas as mulheres haviam passado pelos serviços médicos da cidade. O dado apontado na reunião demonstrou a necessidade do implemento da notificação e da existência de um fluxo de informações que seja capaz de impedir a morte de mulheres como no caso aqui demonstrado.

Uma das inovações legislativas, também na tentativa de desestimular os agressores, a partir da Lei 13.871/2019 os agressores ficam obrigados a arcar com os custos dos serviços de saúde ofertados pelo SUS, responsabilização do agressor para o ressarcimento dos custos relacionados aos serviços de saúde.

Crimes praticados contra as mulheres no contexto de Violência Física

VIAS DE FATO	ART. 21 DA Lei de Contravenções penais
LESÃO CORPORAL	ART. 129, §§ 9º E 13 DO CP
TORTURA	ART. 1º. I alínea "a" e II da Lei 9.455/97
FEMINICÍDIO	ART. 121, § 2º, VI, § 2º-A. I e II, do CP

Fonte: elaborado pela autora

Atacando o corpo por meio da Violência Patrimonial

A violência patrimonial é uma das formas de violência contra a mulher previstas na Lei Maria da Penha. É uma das formas de violência que também destrói a mulher. Se manifesta na forma de controle, de bens, dinheiro, documentos.

> *Ele tomou meu celular da minha mão, para eu prestar atenção nele. Pedi o celular de volta e ele arremessou na parede."* "*Ele mandou eu resolver a po##a do Pix porque disse que não é obrigado pagar tarifa para transferir nada para mim.*

> *Meu ex-marido me levou na pizzaria e não me deixou comer. Disse que se eu quisesse, eu que pagasse, porque eu só queria gastar o dinheiro dele. Enquanto eu cuidava da minha mãe no hospital, meu ex trocou as fechaduras da casa.*
> (Violência patrimonial, quase invisível, destrói a vida de mulheres. Entenda | Brasil e Política | Valor Investe (globo.com)

Um estudo do *DataFolha* demonstrou que agressões verbais e restrições quanto à participação no orçamento familiar, também se constituem como forma de violência patrimonial. Quase metade das entrevistadas (47%) relatou impedimento para participação em decisões de compra.

Ao atender uma mulher vitimada pela violência evangélica, o relato dela em relação ao acesso a documentos do casal, relativos à propriedade e outros pertinentes não eram franqueados a ela, apesar de seu nome estar em vários negócios do casal, ela não tinha nenhum acesso e desconhecia totalmente o fluxo financeiro existente, sem acesso a contas correntes etc. Ela fez uma afirmação: *"Dr.ª nós temos dinheiro, mas eu vivo como uma miserável"*.

Decidida a pôr fim no relacionamento violento, está aguardando uma viagem do marido, para poder ter acesso aos documentos. Tem a vida vigiada, sofre frequentemente e já teve a cabeça quebrada por uma surra que levou do marido.

Muitas mulheres vivem essa realidade. É muito comum que o agressor impeça acesso a documentos importantes sendo utilizados como instrumento de controle, para prejudicar a saída da mulher.

O controle do dinheiro da vítima também é utilizado, usar o dinheiro, pegar o dinheiro na bolsa dela. Quebrar eletrodomésticos sob o pretexto de que ele comprou então poderá quebrar. Afirmações do tipo "você vai sair, mas vai sem nada", entre outros que impedem o livre exercício da mulher que nesta altura vive subjugada.

Crimes Praticados Contra As Mulheres No Contexto De Violência Patrimonial

FURTO	ART. 155 CP
ROUBO	ART. 157 CP
DESTRUIÇÃO OU OCULTAÇÃO DE DOCUMENTOS DA VÍTIMA	ART. 305 CP
DANO	ART. 163 CP

Fonte: elaborado pela autora

Todas as formas de violência elencadas acima estão descritas na Lei Maria da Penha, que se constitui como um marco importante para o combate deste mal.

Utilizando a analogia do corpo para o casamento, quem machuca uma mulher, machuca a si mesmo. É importante pensar que em nada tais comportamentos enaltecem a Cristo. Por isso é urgente a ideia correta quanto ao fato de que se um homem que se diz cristão, comete violência contra a mulher, ele não pode ser visto como cristão.

Cristo é a antítese da violência e dos maus-tratos contra as mulheres. Nesse viés temos dois importantes fatores que impedem as mulheres de romperem com os abusos. São eles: a dependência econômica e a dependência emocional. Tais situações constituem-se como desafios a serem transpostos nesta luta. Em muitos casos não consegue o romper o ciclo por si mesma. Por isso o auxílio até a porta de saída é extremamente importante.

O primordial nesse combate é a percepção da violência, ela precisa identificar-se como vítima, e, entender que não há nenhuma justificativa para o comportamento violento do parceiro.

No momento em que as igrejas passam a se estruturar para abordarem o tema, é preciso que essas mulheres sejam acolhidas e encaminhadas para receberem ajuda qualificada.

Na dependência econômica, ela não tem saída viável quanto ao cuidado dos filhos por exemplo. São variantes importantes em uma tomada de decisão. Atualmente as medidas protetivas de afastamento do agressor do lar podem ser pedidas e cumulado ao seu pedido pode se fazer o pedido dos alimentos provisórios e o próprio divórcio no mesmo processo, com a finalidade de dar mais celeridade ao processo. Muitas mulheres desconhecem esse mecanismo. Outra situação é que muitas mulheres dedicaram a vida inteira ao agressor e não conseguiram trabalhar ou adquirir autonomia financeira, o que dificulta também o processo de tomada de decisão, contudo os alimentos provisórios também podem ser pedidos ao cônjuge, por esse motivo, até que ela consiga reerguer-se financeiramente.

Quanto à dependência emocional, me refiro às mulheres economicamente estáveis que não tem necessidade nenhuma de estar num relacionamento abusivo. O que ocorre nesses casos, tem relação frequentemente com gatilhos emocionais, baixa estima, medo entre outros fatores psicológicos que a impedem de romper o ciclo de violência, a simples crença de que o agressor vai mudar.

De todo modo, o desafio é agigantado. Como igreja precisamos nos posicionar. Temos questões físicas e espirituais implícitas no mesmo problema. É preciso coragem para enfrentar a situação e deliberar sobre ele.

Seja por meio de informação, seja criando grupos de auxílio, por exemplo, para reconhecer a dependência emocional.

A abordagem com a mulher vítima de violência como já dito aqui, precisa ser de forma gradual, primeiro porque ela precisa querer romper com o silêncio, e, para isso precisará se sentir segura o suficiente para confessar suas dores.

Por fim, há muito a se fazer. E, nesse fazer há as cargas umas das outras para serem levadas. Quem estiver disposto terá também resultados compatíveis com o ofício de apregoar liberdade às cativas.

Por fim, é preciso mencionar as Medidas Protetivas de Urgência, elas são garantidas mesmo sem boletim de ocorrência, podem ser solicitadas por meio do aplicativo Rede Mulher. Contudo, se o desejo da mulher for a apuração do crime cometido contra ela, deverá fazer um boletim de ocorrência para que o delito seja apurado. O que ocorre é que a medida protetiva não adentra no mérito da violência, ela simplesmente afasta o agressor da residência por exemplo (sendo essa uma das possibilidades no momento da solicitação) existem outras modalidades como por exemplo (afastamento do emprego sem perder o trabalho em razão da violência sofrida). O papel da medida protetiva não é discutir a violência ela se configura como uma medida cautelar de afastamento (quase sempre). Outro fator importante é que na reiteração delituosa dependendo da data, o agressor não responderá por violências anteriores (pois não há registro de crime), e sim o pedido de afastamento que poderá ou não originar o boletim de ocorrência para apuração do delito.

É muito comum as pessoas externarem insatisfação com a medida protetiva quanto a sua efetividade. Mas é importante lembrar que ela protege a mulher numa situação de vulnerabilidade na iminência de um crime; para isso foi criada. Mas é preciso observar que para que o agressor seja investigado e punido por exemplo por crime de ameaça à vítima deverá realizar um boletim de ocorrência, nos casos também de injúria, difamação, calúnia, perseguição e divulgação de imagem íntima.

Capítulo XX

BREVE HISTÓRIA DAS LEIS DE PROTEÇÃO À MULHER

Maria da Penha, formada em Farmácia e natural do estado do Ceará, foi vítima de violência por parte do marido. Em 1983 o marido tentou matá-la com um tiro de espingarda. Ela escapou da morte, mas como sequela ficou paraplégica. Mesmo após a internação médica e tratamento necessários, ela sofreu nova tentativa de assassinato e dessa vez o marido tento eletrocutá-la.

Depois de muito sofrimento, ela conseguiu ter coragem para denunciar o agressor. Contudo, o cenário para ela não foi nada diferente do que vemos hoje: incredulidade e falta de apoio, familiar, legal. Na época dela muito mais, pois a noção sobre violência doméstica estava adstrita a frases como: "ruim com ele, pior sem ele". "Eu não sei porque estou batendo, mas ela sabe porque está apanhando". "Em briga de marido e mulher, ninguém mete a colher".

Muitas de nós crescemos ouvindo esses jargões, inseridos no cotidiano popular.

Desta forma, sem apoio legal, a defesa do agressor poderia alegar irregularidades no processo, e, assim o agressor era mantido em liberdade, enquanto aguardava julgamento e isso ocorreu com o processo da Maria da Penha.

Em 1994, enquanto o processo corria na justiça, Maria da Penha escreveu o livro *Sobrevivi, posso contar*, onde narrou as violências que sofreu, e que suas três filhas também sofreram. E, esse é um traço perverso dessa violência, ela afeta os filhos, deixando sequelas emocionais profundas, sem falar nas físicas, pois frequentemente essas crianças e adolescentes também são agredidos juntamente com sua mãe.

Quando o livro foi divulgado, Maria da Penha buscou o Centro Pela Justiça e o Direito Internacional (Cejil) e Comitê Latino-Americano e do Caribe para a Defesa dos Direitos da Mulher (Cladem), os órgãos depois de acionados, levaram o caso até a Comissão Interamericana de Direitos Humanos da Organização dos Estados Americanos (OEA), em 1998.

Em 2002, o caso obteve resposta, e foi em forma de condenação, a Corte Interamericana de Direitos Humanos condenou o Estado Brasileiro por omissão e negligência. Portanto, o Brasil teve que assumir o compromisso de reformular as suas leis e políticas em relação à violência doméstica.

Dezessete anos depois de ter entrado em vigor, a Lei Maria da Penha é considerada um grande avanço pela garantia da segurança e direitos da mulher, houve um aumento de 86% de denúncias de violência familiar e doméstica após sua criação.

Essa condenação teve efeitos práticos, o Brasil foi obrigado a iniciar um processo de revisão profundo e além disso precisou criar leis para coibir esse mal. Antes da Lei Maria da Penha, todo ordenamento jurídico, conforme mencionado acima, não favorecia o combate à violência contra a mulher, antes havia morosidade e desprezo pela situação. Quando o Estado Brasileiro passa a tratar o caso à luz dessa condenação, foi que a situação começou a mudar. Em 1995 bater em uma mulher era considerado crime de menor potencial ofensivo. Houve uma grande caminhada, e, uma sobrevivente no meio do caminho que levantou sua voz por todas as mulheres que sofriam.

Os marcos legais tiveram importância máxima na formação do arcabouço legal de proteção à mulher. Esse arcabouço continua sendo criado e estruturado, e uma das razões desta continuidade se dá pelo fato de que a dinâmica da violência persiste, infelizmente. O movimento feminista foi veículo dessas conquistas, por óbvio é necessário analisar e detidamente acerca daquilo que não afronta a fé em Deus, mas analisando: o direito de votar, trabalhar fora, direito de herdar, não ser morta, de não sofrer violência, não foi um grupo de mulheres evangélicas que empreenderam tais iniciativas, nos silenciamos e ficamos assistindo por muito tempo tudo acontecer.

Atualmente é possível mensurar os crimes cometidos contra mulheres e meninas pois a legislação inovou trazendo as delegacias especializadas de atendimento à mulher que são relativamente novas, mas, e, antes nossas tataravós, bisavós e avós quais caminhos percorreram para chegar a esse mundo livre da violência? Deus não mudou e continua abominando aquele que cobre suas vestes de violência, desde sempre Ele é o nosso maior defensor. Na história Ele vem nos guardando e usando a quem quer.

A justiça de Deus se manifesta de várias formas, e apesar dos equívocos, Deus resolveu atuar para que se cessassem diversas injustiças perpetradas contra as mulheres, em Lucas 19:40, Jesus mencionou que se os discípulos se calassem as pedras clamariam, e por quanto tempo como igreja nos silenciamos, fazendo coro com a cultura da época e sem nos erguer em defesa das mulheres, é desta forma que Deus fala ao meu coração. Não, de fato não devemos nada ao feminismo, e, ele não respeita e nem aceita nossa moral judaico-cristã. Mas é preciso compreender que Deus que é justo, levantou vozes por este mundo mediante legislação inspirada por Ele proteção efetiva às mulheres. A glória continua sendo Dele. Aleluia.

Apesar de todo histórico e legado que carrega, Maria da Penha vem sofrendo ataques. Apesar de haver um processo judicial transitado em julgado, há o desejo de descredibiliza-lhe. Toda opressão e jugo impostos a ela e a tantas outras que não tinham voz, e, que passaram a ter após a legislação, não podem sofrer retrocesso.

Todas as vezes que se ouvir tais questionamentos, é necessário lembrar de nossas bisavós, avós e mães que conviveram com o arcabouço jurídico fundamentado na opressão da mulher, onde a legislação se mostrava branda e conivente com os abusos, foi daí que fomos arrancadas. Não podemos esquecer disto.

Capítulo XXI

GRUPOS DE ACOLHIMENTO DENTRO DA IGREJA

O acolhimento deve ser a palavra de ordem para essa mulher tão especial. Nossa forma de ver e encarar o problema deve ser dinamizada, potencializada para que nossa posição na terra, como representantes e embaixadores do reino seja clara o suficiente para toda sociedade (sejam nossos irmãos de fé ou não).

Os relatos demonstram o quanto erramos quando encerramos o assunto somente na esfera espiritual, o que coloca a mulher em sujeição constante, frases como: "você precisa orar mais", "você é responsável por edificar a sua casa" entre outras fazem parte de um repertório superficial e incapaz de prover auxílio! Antes só ampliam a sensação de fracasso dela, sujeitando a um processo de questionamento de sua fé e até da existência de Deus e de como suas orações não são ouvidas, em razão do endurecimento de coração do autor da violência.

Essa mulher está sufocada, amedrontada, perdida e sem rumo. Envergonhada porque tem certeza muitas vezes de que ela é culpada pela violência sofrida. Abaixo, trechos de um diálogo de um agressor enviado por WhatsApp, a vítima evangélica atuante em um dos departamentos de sua igreja (os nomes foram preservados). Observem a dinâmica, a ameaça e o uso da Palavra de Deus.

> — E, aí (fulana) tu vai vir pra casa ou não vai? Vem logo pra gente conversar, não falei para você que se deixasse respingar em mim, não ia ter controle mais? To te esperando aqui agora. Sozinha, não traz rolo não, porque o rolo vai ficar mais grosso.
> — É, (fulana) sem temor, sem medo tudo isso tá acontecendo desse jeito pra não feder mais, se fosse pra feder ia feder mesmo, então tu vem sem medo. Tchau.
> — Eu sei que você está aí dentro ou estava, tentou fugir não dá não... então, tu vem
> — Vem pra conversar primeiro comigo deixa de dar satisfação aí depois.

> — E, aí tu quer que quem foi aí bater na porta, vá te buscar com maior bondão, ou tu vai meter o pé agora? Isso aí, você procurou isso, então tu mete o pé daí agora senão vai chegar o maior bondão aí, não adianta tu querer meter tua bronca não.
> — Você é igual a um carro desgovernado, você não é brincadeira não. Quando a gente não tem medo do perigo a gente fica como se não tivesse acontecendo nada né, poxa tem coisas que só Deus mesmo na vida da gente, mais amém, glória a Deus por isso. Tchau. Obrigado.
> — Tu não quer conversar agora não né? Amanhã não vai ter conversa não. Amanhã não tem mais conversa, po cara, tu sabe, tu tá brincando cara, você fala eu falo, mais na hora tá machucando, tá dentro, eu quero jogar para fora mais não consigo, você acha que não vai acontecer, não tá acontecendo nada, amanhã não tem mais conversa.
> — A Bíblia diz que na carne, é impossível agradar a Deus quando se está longe de Deus e que o salário do pecado é a morte. Deus me mostrou as consequências que saindo da presença dele, a gente perde o temor a tudo, só Deus pra botar a gente de volta no caminho, só Deus na vida da gente.

Esse diálogo é uma demonstração das milhares formas de exercício de domínio e poder. O aprisionamento da vítima pelo medo e pela violência. Após isto, ela recuou e voltou para o agressor. Não podemos resumir a situação numa equação simples, voltou porque quis, ou gosta da situação. Talvez e somente por não haver opção, tenha sido empurrada para permanência ao lado do agressor. O dia após a denúncia, o *day after* não conta com apoiadores, a família do agressor está contra você, os filhos passam por sentimentos ambíguos, as voltas na delegacia, na defensoria, sem recursos, sem auxílio, sem suporte. Os Centros de Referência e Atendimento à Mulher pelo país inteiro possuem serviços multidisciplinares, mas que dependem de alguma saúde emocional para acessá-los.

Uma função importante a ser realizada pela igreja é uma ponte, com a comunidade local e os serviços de atendimento à mulher. Proporcionar além de encontros reflexivos, trabalhos educativos, de prevenção, de orientação e qualificação, se posicionar como salvaguarda, em situações em que o apoio familiar nem sempre ocorre; talvez seja esse um dos motivos pelos quais a mulher quase sempre desiste, por causa da família, dos julgamentos, além do medo frequentemente paralisante.

Como igreja, não conseguimos ir além. Com frequência não possuímos nenhum trabalho direcionado para esta questão. Ficamos à mercê de uma visão secular do enfrentamento, e esse é um dos motivos pelos quais escrevo este livro e promovo treinamentos para estruturar estes trabalhos dentro da igreja do Deus vivo. E, não é necessária uma igreja grande para isso. O que é necessário é a compaixão.

Por não possuirmos um atendimento capaz de ver além do silêncio e do medo, e muitas vezes por uma postura julgadora e não acolhedora, empurramos essas vítimas para o limbo. Ela sozinha não consegue romper.

Como essa vítima (do diálogo) não conseguiu, devido à perseguição que se iniciou, o agressor foi até os traficantes do local, difamando a vítima e colocando os traficantes para vigiá-la constantemente. Esse é um caso que ainda estou cuidando, em articulação com a liderança da igreja que pediu auxílio para a montagem de um Plano de Segurança Pessoal, que fosse capaz de auxiliar a vítima, preservando-a.

No caso em questão, essa vítima se manifestou, falando do pavor que sentia e que não sabia o que fazer diante da pressão. Eu tive ciência do caso após uma aula de EBD sobre o tema de violência doméstica. Neste dia, duas mulheres me procuraram após o culto de ensino. Esses espaços precisam ser garantidos continuamente! É preciso que ela sinta segurança para buscar auxílio e encontrar forças quando ela por ela mesma não mais possui. Sentir que pode ser acolhida.

Se o autor da violência pertencer à estrutura de liderança, a situação fica pior. Em geral, elas se recolhem preferem silenciar, tornam-se amargas, às vezes difíceis, silenciosas e sempre prontas a desistir mesmo sem ter coragem e nem saber o que fazer.

Estratégias De Intervenção Para Liderança

Criação de um Calendário de ações, os meses de março, agosto e novembro são os meses de maior intensificação do tema. Março como o mês internacional da mulher, agosto por ser o mês de criação da Lei Maria da Penha e novembro onde se iniciam os dezesseis dias de Ativismo Pelo Fim da Violência Contra a Mulher. Esse calendário passaria a integrar o rol de ações a serem empreendidas pela igreja, ações como palestras, corridas, encontros, atividades reflexivas, promoção da prevenção à violência doméstica contra mulheres e meninas, uso da internet entre outras atividades evangelísticas e de orientação para o povo de Deus. Materiais educativos e um diálogo franco, é importante que esteja muito claro o entendimento da igreja sobre o fenômeno, sendo essencial que se abra e se reconheça um canal de comunicação com grupos específicos que devem ser de voluntárias evangélicas treinadas na temática (psicólogas, assistentes sociais, advogadas, terapeutas ocupacionais, artesãs (bordado, crochê, macramê etc.), visando às atividades em grupo.

Ofereço esse treinamento no meu curso. As atividades propostas visam à conexão com a Rede de Serviço de Enfrentamento à Violência contra a Mulher, seremos o apoio, a rede ampliada da mulher vítima, até que a situação cesse e ela se torne uma voluntária na igreja atuando para ajudar outras mulheres e famílias.

Atuação do Grupo de Voluntárias (Grupos Operativos)

A escuta ativa vai promover a aproximação dessa mulher. No primeiro momento não é preciso falar. É importante que ela saiba que será ouvida. A identificação de que está em um lugar que não irá privilegiar e nem promover o agressor deve ser a o alvo da instituição. Para promoção da escuta ativa é possível deixar que elas se expressem, e às vezes se expressam por bilhetes. Ao realizar um evento sobre o tema, recebi ao final um bilhetinho (continha um telefone e um nome) e estava escrito situação de violência doméstica. Após um tempo, entrei em contato com telefone, e, para minha surpresa, ela desistiu do pedido de socorro e pediu pelo amor de Deus que eu não ligasse mais, pois estaria correndo riscos.

Fiquei extremamente decepcionada, mas compreendi perfeitamente sua situação e recuei, deixando meu contato disponível caso houvesse necessidade.

O relato acima demonstra o quão difícil é romper o silêncio para elas. Esse silêncio vem revestido de vergonha, culpa, sensação de fracasso, medo, entre outros. Todos os sentimentos que colaboram com a baixa estima, e uma vida de disfarces (considerando o contexto cristão).

Certa vez atendi uma mulher que ao relatar os abusos emocionais sofridos, impetrados pelo marido (obreiro) de uma denominação evangélica; ela estava sofrendo de depressão profunda, eu perguntei se ela havia conversado com o pastor sobre a situação, ela me disse que não e que não queria atingir sua vida na igreja, e por isso não falava a respeito. Mencionou para mim que ao tratar a crise de depressão com a psicóloga do posto de saúde, ficou com medo que a psicóloga denunciasse o agressor e por isso resolveu se "dar" alta, não retornando mais ao atendimento.

As voluntárias na escuta ativa serão responsáveis por inicialmente traçar o perfil, realizar o Plano Pessoal de Segurança, auxiliar os pastores e líderes na questão, aplicar o formulário nacional de risco e realizar a conexão com os serviços da rede existentes para continuidade do atendimento.

Para uma escuta ativa eficiente, **os julgamentos e pré-julgamentos são dispensados**, perguntas de como e por que ela nunca falou sobre, ou por que só agora, são dispensáveis. O sigilo também deve ser garantido. O que a vítima precisa saber é que **sobre** a violência contra a mulher *a mulher cristã também é vítima* e nesse contexto, é preciso que se deixe claro que a vítima é vítima e não culpada.

Não devemos esperar de forma nenhuma que elas saiam falando da sua situação, isso levará tempo, será necessário um processo de confiança; mas ao se sentirem seguras buscarão voluntariamente uma líder/voluntária para uma conversa mais pessoal (esse é às vezes um longo caminho) que pode ocorrer de forma rápida ou não.

Os primeiros momentos de intervenção devem considerar que ela não saberá se de fato quer isso. Em geral, essa mulher sente muita culpa por tudo, acha que é a causadora da situação e que de certa forma merece passar por aquilo e por isso mesmo tem que resolver tudo sozinha também; está enfraquecida, pode apresentar distúrbios estomacais, queda de pressão, fraqueza, muitos destes sintomas com fundo emocional e outros físicos. O suporte espiritual é imprescindível, mas todos os outros são igualmente necessários (tenhamos isso em mente).

É uma mulher fragilizada, cansada. Importante ressaltar que ela poderá parecer confusa. Em alguns momentos deseja ajuda e em outros se afasta pois não quer nenhuma ajuda, acaba desistindo por pressão, por medo do amanhã, por medo de julgamento, por medo de perder seu emprego, por medo do agressor fazer algo pior, medo do julgamento dos filhos, dos outros etc.

Neste momento, a frustração de quem estiver diretamente ligada ao auxílio fica evidente. Pode ocorrer também uma reconciliação, e, quem presta auxílio imediatamente se revolta contra a mulher vítima. Neste ponto, é preciso entender toda a situação, e nem sempre o fato de ter voltado quer dizer que ela deseja viver uma vida de violência, em muitas situações é o medo e a incapacidade de vislumbrar saída para a situação faz com ela se entregue à realidade que tanto lhe machuca. Precisamos considerar na intervenção componentes como dependência financeira (como e quem vai cuidar e manter meus filhos e minha casa?) ou dependência emocional (tão paralisante quanto a financeira, só que a prisão é emocional, pode guardar correlação com um imagem distorcida de si mesma coo dependência e uma longa vivência de abusos emocionais reiterados e isso pode ter ocorrido na infância, essa mulher carrega consigo uma sensação de desvalor profundo, e doa além do que pode só para ser aceita); me emociono profundamente ao falar disso, pois por muito tempo fui dependente emocional de relacionamento destrutivo, e, o cultivava porque havia um desespero profundo na minha alma em relação a rompimentos, além de ter vivido em um lar violento, vendo minha mãe sofrer a violência doméstica, cresci num contexto de perturbação e essas perturbações eram o meu padrão, relacionamentos perturbados emocionalmente, dificuldades diversas e medo de ser abandonada, o que sempre ocorria. Somente quando Cristo me libertou especificamente nessa área, é que consegui me casar novamente e ter uma vida de paz, emocionalmente falando.

 Essas mulheres estão perto de nós. Carregam sentimentos antagônicos que não se explicam facilmente, dentro das nossas igrejas, eu fui uma delas.

 Então, considerando os dois aspectos acima, não devemos nos assustar quando auxiliamos a vítima e ela em determinado momento volta com o mesmo agressor, ou iniciam um novo relacionamento com outro agressor.

 Diante de situações como essas, não podemos fechar a porta para a vítima, precisamos nos posicionar como auxílio no momento em que ela precisar, mesmo imediatamente não compreendendo sua posição e decisão.

 Essa mulher primeiramente precisa ser orientada quanto à violência que está vivenciando, e, aqui neste ponto podemos estar diante de abusos domésticos que envolvem violências não físicas. A psicológica, entre tantos efeitos maléficos, reduz a capacidade desta mulher, afeta sua autodeterminação, paralisando-a. Não podemos perder de vista essa situação.

 Para esse enfrentamento, é preciso resiliência e perseverança para que se possa atuar com a habilidade necessária, para que esta mulher não seja mais fragilizada em uma relação abusiva e que somente ela poderá sair. Não nos cabe somente apontar a porta de saída e imperativamente dar uma ordem de saída, nos cabe o amparo, a orientação, a acolhida, a mão estendida para quem tantas vezes caiu no mesmo ponto e não tem forças sozinha para se levantar, e na verdade ela mesma nem sabe se tem saída para ela, talvez carregue como sentença os maus-tratos que coleciona.

Os crimes condicionados à representação da ofendida são aqueles em que ela escolhe representar ou não. Não podendo o estado interferir no seu direito de queixa. Sendo um divisor de águas tal abordagem, pois o fato de serem condicionados à representação da ofendida não deixam de possuir condenação legal, desta forma, que ao deixar esta mulher na ignorância, imputando a ela toda responsabilidade por manter seu lar de pé, sem que ela a derrube é uma atitude desprovida de qualquer misericórdia com os sofrimentos de muitas destas mulheres, que suportam dores na alma, sem apresentar nenhum hematoma aparente, carregam feridas emocionais profundas. E, isso verificamos quando tais abusos emocionais são ignorados, desprezados e considerados como de menor importância.

Podemos estimular a oração! Sempre e continuamente. Contudo, nas questões de abuso doméstico e de violência doméstica qualquer atitude que interfira na capacidade da mulher de ter o direito de viver uma vida livre de violência, é compactuar com o agressor e pior que isso, impedir que ele mesmo mude de comportamento; nos leva à omissão diante dos homens e de Deus.

O fato de que pode haver reconciliação, e deve haver a partir do momento em que haja o comprometimento profundo com a mudança de comportamento. Tanto é assim que a própria LMP (Lei Maria da Penha) prevê a reeducação de homens autores de violência, chamados de **Grupos Reflexivos**. A participação nesses grupos no Brasil é condicionada à condenação prévia (faz parte da redução da pena), a participação obrigatória nos grupos. O homem é levado a compreender que ele faz parte da construção da dinâmica da violência.

Como estratégia de intervenção, é possível trabalhar grupos reflexivos de forma prévia, considerando os conteúdos a serem trabalhados com grupos de homens evangélicos voluntários (terapeutas, psicólogos, assistentes sociais, advogados) que não sejam autores de violência, mas que possam atuar como multiplicadores da informação na forma de prevenção. Aplicando a dinâmica da intervenção em palestras e encontros estruturados em rodas de conversa com homens jovens, adolescentes e idosos. Considerando que tal aprendizado será utilizado por exemplo como ferramenta para o evangelismo. Para encerrar este capítulo, não podemos entregar o combate efetivo da violência doméstica e familiar somente aos equipamentos públicos, por sua vez aparelhados ideologicamente, encerram o assunto de forma secular, motivando e acirrando o impasse entre homens e mulheres indistintamente, fomentando conceitos equivocados e opostos aos fundamentos cristãos e aos ordenamentos bíblicos, eis aí uma lacuna a ser preenchida.

Se te interessa a estruturação deste trabalho na sua igreja, entre em contato conosco, temos o curso on-line e trabalhamos com mentoria e consultoria para igrejas.

A Rede de Enfrentamento à Violência Doméstica deve ser mapeada, em razão do aconselhamento em momentos de crise. Uma intervenção estruturada, vai garantir o sucesso da iniciativa. Considere o passo a passo a seguir na hora da realização de uma intervenção.

1. Escuta ativa e não julgadora
2. Atuação de um Grupo Operativo (facilmente identificado na igreja)
3. Avaliação do Risco (Plano Pessoal de Segurança)
4. Oferta de atendimento e acolhimento inicial (preparação para encaminhamento a Rede de Enfrentamento)
5. Acompanhamento pós-crise (oferta de encontros terapêuticos atividades de grupo, arte terapia, cursos profissionalizantes que a igreja possua)
6. Mapeamento e interação com a Rede de Atendimento (se posicionar como parceiro multiplicador para debelar o fenômeno da violência doméstica).
7. Desenvolvimento de atividades educativas, recreativas, palestras sobre prevenção ao relacionamento abusivo, autoestima, autoimagem, entre outros podem ser ofertados às mulheres vitimadas pela violência doméstica.

Fonte: elaborado pela autora

Capítulo XXII

APÊNDICE (LEGISLAÇÃO)

Presidência da República Secretaria-Geral Subchefia para Assuntos Jurídicos
LEI Nº 11.340, DE 7 DE AGOSTO DE 2006 – Lei Maria da Penha

Vigência
(Vide ADI nº 4424)
Vide Lei nº 14.149, de 2021

Cria mecanismos para coibir a violência doméstica e familiar contra a mulher, nos termos do § 8º do art. 226 da Constituição Federal, da Convenção sobre a Eliminação de Todas as Formas de Discriminação contra as Mulheres e da Convenção Interamericana para Prevenir, Punir e Erradicar a Violência contra a Mulher; dispõe sobre a criação dos Juizados de Violência Doméstica e Familiar contra a Mulher; altera o Código de Processo Penal, o Código Penal e a Lei de Execução Penal; e dá outras providências.

O PRESIDENTE DA REPÚBLICA Faço saber que o Congresso Nacional decreta e eu sanciono a seguinte Lei:

TÍTULO I
DISPOSIÇÕES PRELIMINARES

Art. 1º Esta Lei cria mecanismos para coibir e prevenir a violência doméstica e familiar contra a mulher, nos termos do § 8º do art. 226 da Constituição Federal, da Convenção sobre a Eliminação de Todas as Formas de Violência contra a Mulher, da Convenção Interamericana para Prevenir, Punir e Erradicar a Violência contra a Mulher e de outros tratados internacionais ratificados pela República Federativa do Brasil; dispõe sobre a criação dos Juizados de Violência Doméstica e Familiar contra a Mulher; e estabelece medidas de assistência e proteção às mulheres em situação de violência doméstica e familiar.

Art. 2º Toda mulher, independentemente de classe, raça, etnia, orientação sexual, renda, cultura, nível educacional, idade e religião, goza dos direitos fundamentais inerentes à pessoa humana, sendo-lhe asseguradas as oportunidades e facilidades para viver sem violência, preservar sua saúde física e mental e seu aperfeiçoamento moral, intelectual e social.

Art. 3º Serão asseguradas às mulheres as condições para o exercício efetivo dos direitos à vida, à segurança, à saúde, à alimentação, à educação, à cultura, à moradia, ao acesso à justiça, ao esporte, ao lazer, ao trabalho, à cidadania, à liberdade, à dignidade, ao respeito e à convivência familiar e comunitária.

§ 1º O poder público desenvolverá políticas que visem garantir os direitos humanos das mulheres no âmbito das relações domésticas e familiares no sentido de resguardá-las de toda forma de negligência, discriminação, exploração, violência, crueldade e opressão.

§ 2º Cabe à família, à sociedade e ao poder público criar as condições necessárias para o efetivo exercício dos direitos enunciados no caput.

Art. 4º Na interpretação desta Lei, serão considerados os fins sociais a que ela se destina e, especialmente, as condições peculiares das mulheres em situação de violência doméstica e familiar.

TÍTULO II
DA VIOLÊNCIA DOMÉSTICA E FAMILIAR CONTRA A MULHER

CAPÍTULO I
DISPOSIÇÕES GERAIS

Art. 5º Para os efeitos desta Lei, configura violência doméstica e familiar contra a mulher qualquer ação ou omissão baseada no gênero que lhe cause morte, lesão, sofrimento físico, sexual ou psicológico e dano moral ou patrimonial: (Vide Lei complementar nº 150, de 2015)

I – no âmbito da unidade doméstica, compreendida como o espaço de convívio permanente de pessoas, com ou sem vínculo familiar, inclusive as esporadicamente agregadas;

II – no âmbito da família, compreendida como a comunidade formada por indivíduos que são ou se consideram aparentados, unidos por laços naturais, por afinidade ou por vontade expressa;

III – em qualquer relação íntima de afeto, na qual o agressor conviva ou tenha convivido com a ofendida, independentemente de coabitação.

Parágrafo único. As relações pessoais enunciadas neste artigo independem de orientação sexual.

Art. 6º A violência doméstica e familiar contra a mulher constitui uma das formas de violação dos direitos humanos.

CAPÍTULO II
DAS FORMAS DE VIOLÊNCIA DOMÉSTICA E FAMILIAR CONTRA A MULHER

Art. 7º São formas de violência doméstica e familiar contra a mulher, entre outras:

I – a violência física, entendida como qualquer conduta que ofenda sua integridade ou saúde corporal;

II – a violência psicológica, entendida como qualquer conduta que lhe cause dano emocional e diminuição da autoestima ou que lhe prejudique e perturbe o pleno desenvolvimento ou que vise degradar ou controlar suas ações, comportamentos, crenças e decisões, mediante ameaça, constrangimento, humilhação, manipulação, isolamento, vigilância constante, perseguição contumaz, insulto, chantagem, violação de sua intimidade, ridicularização, exploração e limitação do direito de ir e vir ou qualquer outro meio que lhe cause prejuízo à saúde psicológica e à autodeterminação; (Redação dada pela Lei nº 13.772, de 2018)

III – a violência sexual, entendida como qualquer conduta que a constranja a presenciar, a manter ou a participar de relação sexual não desejada, mediante intimidação, ameaça, coação ou uso da força; que a induza a comercializar ou a utilizar, de qualquer modo, a sua sexualidade, que a impeça de usar qualquer método contraceptivo ou que a force ao matrimônio, à gravidez, ao aborto ou à prostituição, mediante coação, chantagem, suborno ou manipulação; ou que limite ou anule o exercício de seus direitos sexuais e reprodutivos;

IV – a violência patrimonial, entendida como qualquer conduta que configure retenção, subtração, destruição parcial ou total de seus objetos, instrumentos de trabalho, documentos pessoais, bens, valores e direitos ou recursos econômicos, incluindo os destinados a satisfazer suas necessidades;

V – a violência moral, entendida como qualquer conduta que configure calúnia, difamação ou injúria.

TÍTULO III
DA ASSISTÊNCIA À MULHER EM SITUAÇÃO DE VIOLÊNCIA DOMÉSTICA E FAMILIAR

CAPÍTULO I
DAS MEDIDAS INTEGRADAS DE PREVENÇÃO

Art. 8º A política pública que visa coibir a violência doméstica e familiar contra a mulher far-se-á por meio de um conjunto articulado de ações da União, dos Estados, do Distrito Federal e dos Municípios e de ações não-governamentais, tendo por diretrizes:

I – a integração operacional do Poder Judiciário, do Ministério Público e da Defensoria Pública com as áreas de segurança pública, assistência social, saúde, educação, trabalho e habitação;

II – a promoção de estudos e pesquisas, estatísticas e outras informações relevantes, com a perspectiva de gênero e de raça ou etnia, concernentes às causas, às conseqüências e à freqüência da violência doméstica e familiar contra a mulher, para a sistematização de dados, a serem unificados nacionalmente, e a avaliação periódica dos resultados das medidas adotadas;

III – o respeito, nos meios de comunicação social, dos valores éticos e sociais da pessoa e da família, de forma a coibir os papéis estereotipados que legitimem ou exacerbem a violência doméstica e familiar, de acordo com o estabelecido no inciso III do art. 1º, no inciso IV do art. 3º e no inciso IV do art. 221 da Constituição Federal ;

IV – a implementação de atendimento policial especializado para as mulheres, em particular nas Delegacias de Atendimento à Mulher;

V – a promoção e a realização de campanhas educativas de prevenção da violência doméstica e familiar contra a mulher, voltadas ao público escolar e à sociedade em geral, e a difusão desta Lei e dos instrumentos de proteção aos direitos humanos das mulheres;

VI – a celebração de convênios, protocolos, ajustes, termos ou outros instrumentos de promoção de parceria entre órgãos governamentais ou entre estes e entidades não-governamentais, tendo por objetivo a implementação de programas de erradicação da violência doméstica e familiar contra a mulher;

VII – a capacitação permanente das Polícias Civil e Militar, da Guarda Municipal, do Corpo de Bombeiros e dos profissionais pertencentes aos órgãos e às áreas enunciados no inciso I quanto às questões de gênero e de raça ou etnia;

VIII – a promoção de programas educacionais que disseminem valores éticos de irrestrito respeito à dignidade da pessoa humana com a perspectiva de gênero e de raça ou etnia;

IX – o destaque, nos currículos escolares de todos os níveis de ensino, para os conteúdos relativos aos direitos humanos, à equidade de gênero e de raça ou etnia e ao problema da violência doméstica e familiar contra a mulher.

CAPÍTULO II
DA ASSISTÊNCIA À MULHER EM SITUAÇÃO DE VIOLÊNCIA DOMÉSTICA E FAMILIAR

Art. 9º A assistência à mulher em situação de violência doméstica e familiar será prestada de forma articulada e conforme os princípios e as diretrizes previstos na Lei Orgânica da Assistência Social, no Sistema Único de Saúde, no Sistema Único de Segurança Pública, entre outras normas e políticas públicas de proteção, e emergencialmente quando for o caso.

§ 1º O juiz determinará, por prazo certo, a inclusão da mulher em situação de violência doméstica e familiar no cadastro de programas assistenciais do governo federal, estadual e municipal.

§ 2º O juiz assegurará à mulher em situação de violência doméstica e familiar, para preservar sua integridade física e psicológica:

I – acesso prioritário à remoção quando servidora pública, integrante da administração direta ou indireta;

II – manutenção do vínculo trabalhista, quando necessário o afastamento do local de trabalho, por até seis meses.

III – encaminhamento à assistência judiciária, quando for o caso, inclusive para eventual ajuizamento da ação de separação judicial, de divórcio, de anulação de casamento ou de dissolução de união estável perante o juízo competente. (Incluído pela Lei nº 13.894, de 2019)

§ 3º A assistência à mulher em situação de violência doméstica e familiar compreenderá o acesso aos benefícios decorrentes do desenvolvimento científico e tecnológico, incluindo os serviços de contracepção de emergência, a profilaxia das Doenças Sexualmente Transmissíveis (DST) e da Síndrome da Imunodeficiência Adquirida (AIDS) e outros procedimentos médicos necessários e cabíveis nos casos de violência sexual.

§ 4º Aquele que, por ação ou omissão, causar lesão, violência física, sexual ou psicológica e dano moral ou patrimonial a mulher fica obrigado a ressarcir todos os danos causados, inclusive ressarcir ao Sistema Único de Saúde (SUS), de acordo com a tabela SUS, os custos relativos aos serviços de saúde prestados para o total tratamento das vítimas em situação de violência doméstica e familiar, recolhidos os recursos assim arrecadados ao Fundo de Saúde do ente federado responsável pelas unidades de saúde que prestarem os serviços. (Vide Lei nº 13.871, de 2019) (Vigência)

§ 5º Os dispositivos de segurança destinados ao uso em caso de perigo iminente e disponibilizados para o monitoramento das vítimas de violência doméstica ou familiar amparadas por medidas protetivas terão seus custos ressarcidos pelo agressor. (Vide Lei nº 13.871, de 2019) (Vigência)

§ 6º O ressarcimento de que tratam os §§ 4º e 5º deste artigo não poderá importar ônus de qualquer natureza ao patrimônio da mulher e dos seus dependentes, nem configurar atenuante ou ensejar possibilidade de substituição da pena aplicada. (Vide Lei nº 13.871, de 2019) (Vigência)

§ 7º A mulher em situação de violência doméstica e familiar tem prioridade para matricular seus dependentes em instituição de educação básica mais próxima de seu domicílio, ou transferi-los para essa instituição, mediante a apresentação dos documentos comprobatórios do registro da ocorrência policial ou do processo de violência doméstica e familiar em curso. (Incluído pela Lei nº 13.882, de 2019)

§ 8º Serão sigilosos os dados da ofendida e de seus dependentes matriculados ou transferidos conforme o disposto no § 7º deste artigo, e o acesso às informações será reservado ao juiz, ao Ministério Público e aos órgãos competentes do poder público. (Incluído pela Lei nº 13.882, de 2019)

CAPÍTULO III
DO ATENDIMENTO PELA AUTORIDADE POLICIAL

Art. 10. Na hipótese da iminência ou da prática de violência doméstica e familiar contra a mulher, a autoridade policial que tomar conhecimento da ocorrência adotará, de imediato, as providências legais cabíveis.

Parágrafo único. Aplica-se o disposto no caput deste artigo ao descumprimento de medida protetiva de urgência deferida.

Art. 10-A. É direito da mulher em situação de violência doméstica e familiar o atendimento policial e pericial especializado, ininterrupto e prestado por servidores – preferencialmente do sexo feminino – previamente capacitados. (Incluído pela Lei nº 13.505, de 2017)

§ 1º A inquirição de mulher em situação de violência doméstica e familiar ou de testemunha de violência doméstica, quando se tratar de crime contra a mulher, obedecerá às seguintes diretrizes: (Incluído pela Lei nº 13.505, de 2017)

I – salvaguarda da integridade física, psíquica e emocional da depoente, considerada a sua condição peculiar de pessoa em situação de violência doméstica e familiar; (Incluído pela Lei nº 13.505, de 2017)

II – garantia de que, em nenhuma hipótese, a mulher em situação de violência doméstica e familiar, familiares e testemunhas terão contato direto com investigados ou suspeitos e pessoas a eles relacionadas; (Incluído pela Lei nº 13.505, de 2017)

III – não revitimização da depoente, evitando sucessivas inquirições sobre o mesmo fato nos âmbitos criminal, cível e administrativo, bem como questionamentos sobre a vida privada. (Incluído pela Lei nº 13.505, de 2017)

§ 2º Na inquirição de mulher em situação de violência doméstica e familiar ou de testemunha de delitos de que trata esta Lei, adotar-se-á, preferencialmente, o seguinte procedimento: (Incluído pela Lei nº 13.505, de 2017)

I – a inquirição será feita em recinto especialmente projetado para esse fim, o qual conterá os equipamentos próprios e adequados à idade da mulher em situação de violência doméstica e familiar ou testemunha e ao tipo e à gravidade da violência sofrida; (Incluído pela Lei nº 13.505, de 2017)

II – quando for o caso, a inquirição será intermediada por profissional especializado em violência doméstica e familiar designado pela autoridade judiciária ou policial; (Incluído pela Lei nº 13.505, de 2017)

III – o depoimento será registrado em meio eletrônico ou magnético, devendo a degravação e a mídia integrar o inquérito. (Incluído pela Lei nº 13.505, de 2017)

Art. 11. No atendimento à mulher em situação de violência doméstica e familiar, a autoridade policial deverá, entre outras providências:

I – garantir proteção policial, quando necessário, comunicando de imediato ao Ministério Público e ao Poder Judiciário;

II – encaminhar a ofendida ao hospital ou posto de saúde e ao Instituto Médico Legal;

III – fornecer transporte para a ofendida e seus dependentes para abrigo ou local seguro, quando houver risco de vida;

IV – se necessário, acompanhar a ofendida para assegurar a retirada de seus pertences do local da ocorrência ou do domicílio familiar;

V – informar à ofendida os direitos a ela conferidos nesta Lei e os serviços disponíveis, inclusive os de assistência judiciária para o eventual ajuizamento perante o juízo competente da ação de separação judicial, de divórcio, de anulação de casamento ou de dissolução de união estável. (Redação dada pela Lei nº 13.894, de 2019)

Art. 12. Em todos os casos de violência doméstica e familiar contra a mulher, feito o registro da ocorrência, deverá a autoridade policial adotar, de imediato, os seguintes procedimentos, sem prejuízo daqueles previstos no Código de Processo Penal:

I – ouvir a ofendida, lavrar o boletim de ocorrência e tomar a representação a termo, se apresentada;

II – colher todas as provas que servirem para o esclarecimento do fato e de suas circunstâncias;

III – remeter, no prazo de 48 (quarenta e oito) horas, expediente apartado ao juiz com o pedido da ofendida, para a concessão de medidas protetivas de urgência;

IV – determinar que se proceda ao exame de corpo de delito da ofendida e requisitar outros exames periciais necessários;

V – ouvir o agressor e as testemunhas;

VI – ordenar a identificação do agressor e fazer juntar aos autos sua folha de antecedentes criminais, indicando a existência de mandado de prisão ou registro de outras ocorrências policiais contra ele;

VI-A – verificar se o agressor possui registro de porte ou posse de arma de fogo e, na hipótese de existência, juntar aos autos essa informação, bem como notificar a ocorrência à instituição responsável pela concessão do registro ou da emissão do porte, nos termos da Lei nº 10.826, de 22 de dezembro de 2003 (Estatuto do Desarmamento); (Incluído pela Lei nº 13.880, de 2019)

VII – remeter, no prazo legal, os autos do inquérito policial ao juiz e ao Ministério Público.

§ 1º O pedido da ofendida será tomado a termo pela autoridade policial e deverá conter:

I – qualificação da ofendida e do agressor;

II – nome e idade dos dependentes;

III – descrição sucinta do fato e das medidas protetivas solicitadas pela ofendida.

IV – informação sobre a condição de a ofendida ser pessoa com deficiência e se da violência sofrida resultou deficiência ou agravamento de deficiência preexistente. (Incluído pela Lei nº 13.836, de 2019)

§ 2º A autoridade policial deverá anexar ao documento referido no § 1º o boletim de ocorrência e cópia de todos os documentos disponíveis em posse da ofendida.

§ 3º Serão admitidos como meios de prova os laudos ou prontuários médicos fornecidos por hospitais e postos de saúde.

Art. 12-A. Os Estados e o Distrito Federal, na formulação de suas políticas e planos de atendimento à mulher em situação de violência doméstica e familiar, darão prioridade, no âmbito da Polícia Civil, à criação de Delegacias Especializadas de Atendimento à Mulher (Deams), de Núcleos Investigativos de Feminicídio e de equipes especializadas para o atendimento e a investigação das violências graves contra a mulher.

Art. 12-B. (VETADO). (Incluído pela Lei nº 13.505, de 2017)

§ 1º (VETADO). (Incluído pela Lei nº 13.505, de 2017)

§ 2º (VETADO. (Incluído pela Lei nº 13.505, de 2017)

§ 3º A autoridade policial poderá requisitar os serviços públicos necessários à defesa da mulher em situação de violência doméstica e familiar e de seus dependentes. (Incluído pela Lei nº 13.505, de 2017)

Art. 12-C. Verificada a existência de risco atual ou iminente à vida ou à integridade física ou psicológica da mulher em situação de violência doméstica e familiar, ou de seus dependentes, o agressor será imediatamente afastado do lar, domicílio ou local de convivência com a ofendida: (Redação dada pela Lei nº 14.188, de 2021)

I – pela autoridade judicial; (Incluído pela Lei nº 13.827, de 2019)

II – pelo delegado de polícia, quando o Município não for sede de comarca; ou (Incluído pela Lei nº 13.827, de 2019)

III – pelo policial, quando o Município não for sede de comarca e não houver delegado disponível no momento da denúncia. (Incluído pela Lei nº 13.827, de 2019)

§ 1º Nas hipóteses dos incisos II e III do **caput** deste artigo, o juiz será comunicado no prazo máximo de 24 (vinte e quatro) horas e decidirá, em igual prazo, sobre a manutenção ou a revogação da medida aplicada, devendo dar ciência ao Ministério Público concomitantemente. (Incluído pela Lei nº 13.827, de 2019)

§ 2º Nos casos de risco à integridade física da ofendida ou à efetividade da medida protetiva de urgência, não será concedida liberdade provisória ao preso. (Incluído pela Lei nº 13.827, de 2019)

TÍTULO IV

DOS PROCEDIMENTOS

CAPÍTULO I

DISPOSIÇÕES GERAIS

Art. 13. Ao processo, ao julgamento e à execução das causas cíveis e criminais decorrentes da prática de violência doméstica e familiar contra a mulher aplicar-se-ão as normas dos Códigos de Processo Penal e Processo Civil e da legislação específica relativa à criança, ao adolescente e ao idoso que não conflitarem com o estabelecido nesta Lei.

Art. 14. Os Juizados de Violência Doméstica e Familiar contra a Mulher, órgãos da Justiça Ordinária com competência cível e criminal, poderão ser criados pela União, no Distrito Federal e nos Territórios, e pelos Estados, para o processo, o julgamento e a execução das causas decorrentes da prática de violência doméstica e familiar contra a mulher.

Parágrafo único. Os atos processuais poderão realizar-se em horário noturno, conforme dispuserem as normas de organização judiciária.

Art. 14-A. A ofendida tem a opção de propor ação de divórcio ou de dissolução de união estável no Juizado de Violência Doméstica e Familiar contra a Mulher. (Incluído pela Lei nº 13.894, de 2019)

§ 1º Exclui-se da competência dos Juizados de Violência Doméstica e Familiar contra a Mulher a pretensão relacionada à partilha de bens. (Incluído pela Lei nº 13.894, de 2019)

§ 2º Iniciada a situação de violência doméstica e familiar após o ajuizamento da ação de divórcio ou de dissolução de união estável, a ação terá preferência no juízo onde estiver.(Incluído pela Lei nº 13.894, de 2019)

Art. 15. É competente, por opção da ofendida, para os processos cíveis regidos por esta Lei, o Juizado:

I – do seu domicílio ou de sua residência;

II – do lugar do fato em que se baseou a demanda;

III – do domicílio do agressor.

Art. 16. Nas ações penais públicas condicionadas à representação da ofendida de que trata esta Lei, só será admitida a renúncia à representação perante o juiz, em audiência especialmente designada com tal finalidade, antes do recebimento da denúncia e ouvido o Ministério Público.

Art. 17. É vedada a aplicação, nos casos de violência doméstica e familiar contra a mulher, de penas de cesta básica ou outras de prestação pecuniária, bem como a substituição de pena que implique o pagamento isolado de multa.

CAPÍTULO II
DAS MEDIDAS PROTETIVAS DE URGÊNCIA

Seção I
Disposições Gerais

Art. 18. Recebido o expediente com o pedido da ofendida, caberá ao juiz, no prazo de 48 (quarenta e oito) horas:

I – conhecer do expediente e do pedido e decidir sobre as medidas protetivas de urgência;

II – determinar o encaminhamento da ofendida ao órgão de assistência judiciária, quando for o caso, inclusive para o ajuizamento da ação de separação judicial, de divórcio, de anulação de casamento ou de dissolução de união estável perante o juízo competente; (Redação dada pela Lei nº 13.894, de 2019)

III – comunicar ao Ministério Público para que adote as providências cabíveis.

IV – determinar a apreensão imediata de arma de fogo sob a posse do agressor. (Incluído pela Lei nº 13.880, de 2019)

Art. 19. As medidas protetivas de urgência poderão ser concedidas pelo juiz, a requerimento do Ministério Público ou a pedido da ofendida.

§ 1º As medidas protetivas de urgência poderão ser concedidas de imediato, independentemente de audiência das partes e de manifestação do Ministério Público, devendo este ser prontamente comunicado.

§ 2º As medidas protetivas de urgência serão aplicadas isolada ou cumulativamente, e poderão ser substituídas a qualquer tempo por outras de maior eficácia, sempre que os direitos reconhecidos nesta Lei forem ameaçados ou violados.

§ 3º Poderá o juiz, a requerimento do Ministério Público ou a pedido da ofendida, conceder novas medidas protetivas de urgência ou rever aquelas já concedidas, se entender necessário à proteção da ofendida, de seus familiares e de seu patrimônio, ouvido o Ministério Público.

§ 4º As medidas protetivas de urgência serão concedidas em juízo de cognição sumária a partir do depoimento da ofendida perante a autoridade policial ou da apresentação de suas alegações escritas e poderão ser indeferidas no caso de avaliação pela autoridade de inexistência de risco à integridade física, psicológica, sexual, patrimonial ou moral da ofendida ou de seus dependentes. (Incluído pela Lei nº 14.550, de 2023)

§ 5º As medidas protetivas de urgência serão concedidas independentemente da tipificação penal da violência, do ajuizamento de ação penal ou cível, da existência de inquérito policial ou do registro de boletim de ocorrência. (Incluído pela Lei nº 14.550, de 2023)

§ 6º As medidas protetivas de urgência vigorarão enquanto persistir risco à integridade física, psicológica, sexual, patrimonial ou moral da ofendida ou de seus dependentes. (Incluído pela Lei nº 14.550, de 2023)

Art. 20. Em qualquer fase do inquérito policial ou da instrução criminal, caberá a prisão preventiva do agressor, decretada pelo juiz, de ofício, a requerimento do Ministério Público ou mediante representação da autoridade policial.

Parágrafo único. O juiz poderá revogar a prisão preventiva se, no curso do processo, verificar a falta de motivo para que subsista, bem como de novo decretá-la, se sobrevierem razões que a justifiquem.

Art. 21. A ofendida deverá ser notificada dos atos processuais relativos ao agressor, especialmente dos pertinentes ao ingresso e à saída da prisão, sem prejuízo da intimação do advogado constituído ou do defensor público.

Parágrafo único. A ofendida não poderá entregar intimação ou notificação ao agressor.

Seção II
Das Medidas Protetivas de Urgência que Obrigam o Agressor

Art. 22. Constatada a prática de violência doméstica e familiar contra a mulher, nos termos desta Lei, o juiz poderá aplicar, de imediato, ao agressor, em conjunto ou separadamente, as seguintes medidas protetivas de urgência, entre outras:

I – suspensão da posse ou restrição do porte de armas, com comunicação ao órgão competente, nos termos da Lei nº 10.826, de 22 de dezembro de 2003;

II – afastamento do lar, domicílio ou local de convivência com a ofendida;

III – proibição de determinadas condutas, entre as quais:

a) aproximação da ofendida, de seus familiares e das testemunhas, fixando o limite mínimo de distância entre estes e o agressor;

b) contato com a ofendida, seus familiares e testemunhas por qualquer meio de comunicação;

c) freqüentação de determinados lugares a fim de preservar a integridade física e psicológica da ofendida;

IV – restrição ou suspensão de visitas aos dependentes menores, ouvida a equipe de atendimento multidisciplinar ou serviço similar;

V – prestação de alimentos provisionais ou provisórios.

VI – comparecimento do agressor a programas de recuperação e reeducação; e (Incluído pela Lei nº 13.984, de 2020)

VII – acompanhamento psicossocial do agressor, por meio de atendimento individual e/ou em grupo de apoio. (Incluído pela Lei nº 13.984, de 2020)

§ 1º As medidas referidas neste artigo não impedem a aplicação de outras previstas na legislação em vigor, sempre que a segurança da ofendida ou as circunstâncias o exigirem, devendo a providência ser comunicada ao Ministério Público.

§ 2º Na hipótese de aplicação do inciso I, encontrando-se o agressor nas condições mencionadas no caput e incisos do art. 6º da Lei nº 10.826, de 22 de dezembro de 2003, o juiz comunicará ao respectivo órgão, corporação ou instituição as medidas protetivas de urgência concedidas e determinará a restrição do porte de armas, ficando o superior imediato do agressor responsável pelo cumprimento da determinação judicial, sob pena de incorrer nos crimes de prevaricação ou de desobediência, conforme o caso.

§ 3º Para garantir a efetividade das medidas protetivas de urgência, poderá o juiz requisitar, a qualquer momento, auxílio da força policial.

§ 4º Aplica-se às hipóteses previstas neste artigo, no que couber, o disposto no caput e nos §§ 5º e 6º do art. 461 da Lei no 5.869, de 11 de janeiro de 1973 (Código de Processo Civil).

Seção III
Das Medidas Protetivas de Urgência à Ofendida

Art. 23. Poderá o juiz, quando necessário, sem prejuízo de outras medidas:

I – encaminhar a ofendida e seus dependentes a programa oficial ou comunitário de proteção ou de atendimento;

II – determinar a recondução da ofendida e a de seus dependentes ao respectivo domicílio, após afastamento do agressor;

III – determinar o afastamento da ofendida do lar, sem prejuízo dos direitos relativos a bens, guarda dos filhos e alimentos;

IV – determinar a separação de corpos.

V – determinar a matrícula dos dependentes da ofendida em instituição de educação básica mais próxima do seu domicílio, ou a transferência deles para essa instituição, independentemente da existência de vaga. (Incluído pela Lei nº 13.882, de 2019)

Art. 24. Para a proteção patrimonial dos bens da sociedade conjugal ou daqueles de propriedade particular da mulher, o juiz poderá determinar, liminarmente, as seguintes medidas, entre outras:

I – restituição de bens indevidamente subtraídos pelo agressor à ofendida;

II – proibição temporária para a celebração de atos e contratos de compra, venda e locação de propriedade em comum, salvo expressa autorização judicial;

III – suspensão das procurações conferidas pela ofendida ao agressor;

IV – prestação de caução provisória, mediante depósito judicial, por perdas e danos materiais decorrentes da prática de violência doméstica e familiar contra a ofendida.

Parágrafo único. Deverá o juiz oficiar ao cartório competente para os fins previstos nos incisos II e III deste artigo.

Seção IV

(Incluído pela Lei nº 13.641, de 2018)

Do Crime de Descumprimento de Medidas Protetivas de Urgência
Descumprimento de Medidas Protetivas de Urgência

Art. 24-A. Descumprir decisão judicial que defere medidas protetivas de urgência previstas nesta Lei:(Incluído pela Lei nº 13.641, de 2018)

Pena – detenção, de 3 (três) meses a 2 (dois) anos. (Incluído pela Lei nº 13.641, de 2018)

§ 1º A configuração do crime independe da competência civil ou criminal do juiz que deferiu as medidas.(Incluído pela Lei nº 13.641, de 2018)

§ 2º Na hipótese de prisão em flagrante, apenas a autoridade judicial poderá conceder fiança. (Incluído pela Lei nº 13.641, de 2018)

§ 3º O disposto neste artigo não exclui a aplicação de outras sanções cabíveis. (Incluído pela Lei nº 13.641, de 2018)

CAPÍTULO III
DA ATUAÇÃO DO MINISTÉRIO PÚBLICO

Art. 25. O Ministério Público intervirá, quando não for parte, nas causas cíveis e criminais decorrentes da violência doméstica e familiar contra a mulher.

Art. 26. Caberá ao Ministério Público, sem prejuízo de outras atribuições, nos casos de violência doméstica e familiar contra a mulher, quando necessário:

I – requisitar força policial e serviços públicos de saúde, de educação, de assistência social e de segurança, entre outros;

II – fiscalizar os estabelecimentos públicos e particulares de atendimento à mulher em situação de violência doméstica e familiar, e adotar, de imediato, as medidas administrativas ou judiciais cabíveis no tocante a quaisquer irregularidades constatadas;

III – cadastrar os casos de violência doméstica e familiar contra a mulher.

CAPÍTULO IV
DA ASSISTÊNCIA JUDICIÁRIA

Art. 27. Em todos os atos processuais, cíveis e criminais, a mulher em situação de violência doméstica e familiar deverá estar acompanhada de advogado, ressalvado o previsto no art. 19 desta Lei.

Art. 28. É garantido a toda mulher em situação de violência doméstica e familiar o acesso aos serviços de Defensoria Pública ou de Assistência Judiciária Gratuita, nos termos da lei, em sede policial e judicial, mediante atendimento específico e humanizado.

TÍTULO V
DA EQUIPE DE ATENDIMENTO MULTIDISCIPLINAR

Art. 29. Os Juizados de Violência Doméstica e Familiar contra a Mulher que vierem a ser criados poderão contar com uma equipe de atendimento multidisciplinar, a ser integrada por profissionais especializados nas áreas psicossocial, jurídica e de saúde.

Art. 30. Compete à equipe de atendimento multidisciplinar, entre outras atribuições que lhe forem reservadas pela legislação local, fornecer subsídios por escrito ao juiz, ao Ministério Público e à Defensoria Pública, mediante laudos ou verbalmente em audiência, e desenvolver trabalhos de orientação, encaminhamento, prevenção e outras medidas, voltados para a ofendida, o agressor e os familiares, com especial atenção às crianças e aos adolescentes.

Art. 31. Quando a complexidade do caso exigir avaliação mais aprofundada, o juiz poderá determinar a manifestação de profissional especializado, mediante a indicação da equipe de atendimento multidisciplinar.

Art. 32. O Poder Judiciário, na elaboração de sua proposta orçamentária, poderá prever recursos para a criação e manutenção da equipe de atendimento multidisciplinar, nos termos da Lei de Diretrizes Orçamentárias.

TÍTULO VI
DISPOSIÇÕES TRANSITÓRIAS

Art. 33. Enquanto não estruturados os Juizados de Violência Doméstica e Familiar contra a Mulher, as varas criminais acumularão as competências cível e criminal para conhecer e julgar as causas decorrentes da prática de violência doméstica e familiar contra a mulher, observadas as previsões do Título IV desta Lei, subsidiada pela legislação processual pertinente.

Parágrafo único. Será garantido o direito de preferência, nas varas criminais, para o processo e o julgamento das causas referidas no caput.

TÍTULO VII
DISPOSIÇÕES FINAIS

Art. 34. A instituição dos Juizados de Violência Doméstica e Familiar contra a Mulher poderá ser acompanhada pela implantação das curadorias necessárias e do serviço de assistência judiciária.

Art. 35. A União, o Distrito Federal, os Estados e os Municípios poderão criar e promover, no limite das respectivas competências: (Vide Lei nº 14.316, de 2022)

I – centros de atendimento integral e multidisciplinar para mulheres e respectivos dependentes em situação de violência doméstica e familiar;

II – casas-abrigos para mulheres e respectivos dependentes menores em situação de violência doméstica e familiar;

III – delegacias, núcleos de defensoria pública, serviços de saúde e centros de perícia médico-legal especializados no atendimento à mulher em situação de violência doméstica e familiar;

IV – programas e campanhas de enfrentamento da violência doméstica e familiar;

V – centros de educação e de reabilitação para os agressores.

Art. 36. A União, os Estados, o Distrito Federal e os Municípios promoverão a adaptação de seus órgãos e de seus programas às diretrizes e aos princípios desta Lei.

Art. 37. A defesa dos interesses e direitos transindividuais previstos nesta Lei poderá ser exercida, concorrentemente, pelo Ministério Público e por associação de atuação na área, regularmente constituída há pelo menos um ano, nos termos da legislação civil.

Parágrafo único. O requisito da pré-constituição poderá ser dispensado pelo juiz quando entender que não há outra entidade com representatividade adequada para o ajuizamento da demanda coletiva.

Art. 38. As estatísticas sobre a violência doméstica e familiar contra a mulher serão incluídas nas bases de dados dos órgãos oficiais do Sistema de Justiça e Segurança a fim de subsidiar o sistema nacional de dados e informações relativo às mulheres.

Parágrafo único. As Secretarias de Segurança Pública dos Estados e do Distrito Federal poderão remeter suas informações criminais para a base de dados do Ministério da Justiça.

Art. 38-A. O juiz competente providenciará o registro da medida protetiva de urgência. (Incluído pela Lei nº 13.827, de 2019)

Parágrafo único. As medidas protetivas de urgência serão, após sua concessão, imediatamente registradas em banco de dados mantido e regulamentado pelo Conselho Nacional de Justiça, garantido o acesso instantâneo do Ministério Público, da Defensoria Pública e dos órgãos de segurança pública e de assistência social, com vistas à fiscalização e à efetividade das medidas protetivas. (Redação dada Lei nº 14.310, de 2022) Vigência

Art. 39. A União, os Estados, o Distrito Federal e os Municípios, no limite de suas competências e nos termos das respectivas leis de diretrizes orçamentárias, poderão estabelecer dotações orçamentárias específicas, em cada exercício financeiro, para a implementação das medidas estabelecidas nesta Lei.

Art. 40. As obrigações previstas nesta Lei não excluem outras decorrentes dos princípios por ela adotados.

Art. 40-A. Esta Lei será aplicada a todas as situações previstas no seu art. 5º, independentemente da causa ou da motivação dos atos de violência e da condição do ofensor ou da ofendida.(Incluído pela Lei nº 14.550, de 2023)

Art. 41. Aos crimes praticados com violência doméstica e familiar contra a mulher, independentemente da pena prevista, não se aplica a Lei nº 9.099, de 26 de setembro de 1995.

Art. 42. O art. 313 do Decreto-Lei nº 3.689, de 3 de outubro de 1941 (Código de Processo Penal), passa a vigorar acrescido do seguinte inciso IV:

"Art. 313...

....

IV – se o crime envolver violência doméstica e familiar contra a mulher, nos termos da lei específica, para garantir a execução das medidas protetivas de urgência." (NR)

Art. 43. A alínea f do inciso II do art. 61 do Decreto-Lei nº 2.848, de 7 de dezembro de 1940 (Código Penal), passa a vigorar com a seguinte redação:

"Art. 61. ....

....

II - ....

....

f) com abuso de autoridade ou prevalecendo-se de relações domésticas, de coabitação ou de hospitalidade, ou com violência contra a mulher na forma da lei específica;

.... " (NR)

Art. 44. O art. 129 do Decreto-Lei nº 2.848, de 7 de dezembro de 1940 (Código Penal), passa a vigorar com as seguintes alterações:

"Art. 129. ....

....

§ 9º Se a lesão for praticada contra ascendente, descendente, irmão, cônjuge ou companheiro, ou com quem conviva ou tenha convivido, ou, ainda, prevalecendo-se o agente das relações domésticas, de coabitação ou de hospitalidade:

Pena – detenção, de 3 (três) meses a 3 (três) anos.

....

§ 11. Na hipótese do § 9º deste artigo, a pena será aumentada de um terço se o crime for cometido contra pessoa portadora de deficiência." (NR)

Art. 45. O art. 152 da Lei nº 7.210, de 11 de julho de 1984 (Lei de Execução Penal), passa a vigorar com a seguinte redação:

"Art. 152. ....

Parágrafo único. Nos casos de violência doméstica contra a mulher, o juiz poderá determinar o comparecimento obrigatório do agressor a programas de recuperação e reeducação." (NR)

Art. 46. Esta Lei entra em vigor 45 (quarenta e cinco) dias após sua publicação.

Brasília, 7 de agosto de 2006; 185º da Independência e 118º da República.

LUIZ INÁCIO LULA DA SILVA

Dilma Rousseff Este texto não substitui o publicado no DOU de 8.8.2006

Presidência da República Secretaria-Geral Subchefia para Assuntos Jurídicos

LEI Nº 14.188, DE 28 DE JULHO DE 2021 – Violência Psicológica

> Define o programa de cooperação Sinal Vermelho contra a Violência Doméstica como uma das medidas de enfrentamento da violência doméstica e familiar contra a mulher previstas na Lei nº 11.340, de 7 de agosto de 2006 (Lei Maria da Penha), e no Decreto-Lei nº 2.848, de 7 de dezembro de 1940 (Código Penal), em todo o território nacional; e altera o Decreto-Lei nº 2.848, de 7 de dezembro de 1940 (Código Penal), para modificar a modalidade da pena da lesão corporal simples cometida contra a mulher por razões da condição do sexo feminino e para criar o tipo penal de violência psicológica contra a mulher.

O PRESIDENTE DA REPÚBLICA Faço saber que o Congresso Nacional decreta e eu sanciono a seguinte Lei:

Art. 1º Esta Lei define o programa de cooperação Sinal Vermelho contra a Violência Doméstica como uma das medidas de enfrentamento da violência doméstica e familiar contra a mulher previstas na Lei nº 11.340, de 7 de agosto de 2006 (Lei Maria da Penha), e no Decreto-Lei nº 2.848, de 7 de dezembro de 1940 (Código Penal), altera a modalidade da pena da lesão corporal simples cometida contra a mulher por razões da condição do sexo feminino e cria o tipo penal de violência psicológica contra a mulher.

Art. 2º Fica autorizada a integração entre o Poder Executivo, o Poder Judiciário, o Ministério Público, a Defensoria Pública, os órgãos de segurança pública e as entidades privadas, para a promoção e a realização do programa Sinal Vermelho contra a Violência Doméstica como medida de ajuda à mulher vítima de violência doméstica e familiar, conforme os incisos I, V e VII do caput do art. 8º da Lei nº 11.340, de 7 de agosto de 2006.

Parágrafo único. Os órgãos mencionados no caput deste artigo deverão estabelecer um canal de comunicação imediata com as entidades privadas de todo o País participantes do programa, a fim de viabilizar assistência e segurança à vítima, a partir do momento em que houver sido efetuada a denúncia por meio do código "sinal em formato de X", preferencialmente feito na mão e na cor vermelha.

Art. 3º A identificação do código referido no parágrafo único do art. 2º desta Lei poderá ser feita pela vítima pessoalmente em repartições públicas e entidades privadas de todo o País e, para isso, deverão ser realizadas campanha informativa e capacitação permanente dos profissionais pertencentes ao programa, conforme dispõe o inciso VII do caput do art. 8º da Lei nº 11.340, de 7 de agosto de 2006 (Lei Maria da Penha), para encaminhamento da vítima ao atendimento especializado na localidade.

Art. 4º O Decreto-Lei nº 2.848, de 7 de dezembro de 1940 (Código Penal), passa a vigorar com as seguintes alterações:

"Art. 129 ....

....

§ 13. Se a lesão for praticada contra a mulher, por razões da condição do sexo feminino, nos termos do § 2º-A do art. 121 deste Código:

Pena – reclusão, de 1 (um) a 4 (quatro anos)." (NR)

"Violência psicológica contra a mulher

Art. 147-B. Causar dano emocional à mulher que a prejudique e perturbe seu pleno desenvolvimento ou que vise a degradar ou a controlar suas ações, comportamentos, crenças e decisões, mediante ameaça, constrangimento, humilhação, manipulação, isolamento, chantagem, ridicularização, limitação do direito de ir e vir ou qualquer outro meio que cause prejuízo à sua saúde psicológica e autodeterminação:

Pena – reclusão, de 6 (seis) meses a 2 (dois) anos, e multa, se a conduta não constitui crime mais grave."

Art. 5º O caput do art. 12-C da Lei nº 11.340, de 7 de agosto de 2006 (Lei Maria da Penha), passa a vigorar com a seguinte redação:

"Art. 12-C. Verificada a existência de risco atual ou iminente à vida ou à integridade física ou psicológica da mulher em situação de violência doméstica e familiar, ou de seus dependentes, o agressor será imediatamente afastado do lar, domicílio ou local de convivência com a ofendida:

...." (NR)

Art. 6º Esta Lei entra em vigor na data de sua publicação.

Brasília, 28 de julho de 2021; 200º da Independência e 133º da República.

JAIR MESSIAS BOLSONARO
Damares Regina Alves
Este texto não substitui o publicado no DOU de 29.7.2021

Presidência da República Secretaria-Geral Subchefia para Assuntos Jurídicos

LEI Nº 14.132, DE 31 DE MARÇO DE 2021 – Crime de Stalking (Perseguição)

> Acrescenta o art. 147-A ao Decreto-Lei nº 2.848, de 7 de dezembro de 1940 (Código Penal), para prever o crime de perseguição; e revoga o art. 65 do Decreto-Lei nº 3.688, de 3 de outubro de 1941 (Lei das Contravenções Penais).

O PRESIDENTE DA REPÚBLICA Faço saber que o Congresso Nacional decreta e eu sanciono a seguinte Lei:

Art. 1º Esta Lei acrescenta o art. 147-A ao Decreto-Lei nº 2.848, de 7 de dezembro de 1940 (Código Penal), para prever o crime de perseguição.

Art. 2º O Decreto-Lei nº 2.848, de 7 de dezembro de 1940 (Código Penal), passa a vigorar acrescido do seguinte art. 147-A:

"Perseguição

Art. 147-A. Perseguir alguém, reiteradamente e por qualquer meio, ameaçando-lhe a integridade física ou psicológica, restringindo-lhe a capacidade de locomoção ou, de qualquer forma, invadindo ou perturbando sua esfera de liberdade ou privacidade.

Pena – reclusão, de 6 (seis) meses a 2 (dois) anos, e multa.

§ 1º A pena é aumentada de metade se o crime é cometido:

I – contra criança, adolescente ou idoso;

II – contra mulher por razões da condição de sexo feminino, nos termos do § 2º-A do art. 121 deste Código;

III – mediante concurso de 2 (duas) ou mais pessoas ou com o emprego de arma.

§ 2º As penas deste artigo são aplicáveis sem prejuízo das correspondentes à violência.

§ 3º Somente se procede mediante representação."

Art. 3º Revoga-se o art. 65 do Decreto-Lei nº 3.688, de 3 de outubro de 1941 (Lei das Contravenções Penais).

Art. 4º Esta Lei entra em vigor na data de sua publicação.

Brasília, 31 de março de 2021; 200º da Independência e 133º da República.

JAIR MESSIAS BOLSONARO
Anderson Gustavo Torres
Damares Regina Alves
Este texto não substitui o publicado no DOU de 1º.4.2021 – Edição extra

Presidência da República Secretaria-Geral Subchefia para Assuntos Jurídicos

LEI Nº 13.641, DE 3 DE ABRIL DE 2018.

Crime de Descumprimento de Medida Protetiva

> Altera a Lei nº 11.340, de 7 de agosto de 2006 (Lei Maria da Penha), para tipificar o crime de descumprimento de medidas protetivas de urgência.

O PRESIDENTE DA REPÚBLICA Faço saber que o Congresso Nacional decreta e eu sanciono a seguinte Lei:

Art. 1º Esta Lei altera a Lei nº 11.340, de 7 de agosto de 2006 (Lei Maria da Penha), para tipificar o crime de descumprimento de medidas protetivas de urgência.

Art. 2º O Capítulo II do Título IV da Lei nº 11.340, de 7 de agosto de 2006 (Lei Maria da Penha), passa a vigorar acrescido da seguinte Seção IV, com o seguinte art. 24-A:

" Seção IV

Do Crime de Descumprimento de Medidas Protetivas de Urgência

Descumprimento de Medidas Protetivas de Urgência

Art. 24-A. Descumprir decisão judicial que defere medidas protetivas de urgência previstas nesta Lei:

Pena – detenção, de 3 (três) meses a 2 (dois) anos.

§ 1º A configuração do crime independe da competência civil ou criminal do juiz que deferiu as medidas.

§ 2º Na hipótese de prisão em flagrante, apenas a autoridade judicial poderá conceder fiança.

§ 3º O disposto neste artigo não exclui a aplicação de outras sanções cabíveis."

Art. 3º Esta Lei entra em vigor na data de sua publicação.

Brasília, 3 de abril de 2018; 197º da Independência e 130º da República.

MICHEL TEMER
Torquato Jardim
Gustavo do Vale Rocha
Este texto não substitui o publicado no DOU de 4.4.2018

Presidência da República – Secretaria-Geral – Subchefia para Assuntos Jurídicos
LEI Nº 13.104, DE 9 DE MARÇO DE 2015. Lei do Feminicídio

> Altera o art. 121 do Decreto-Lei nº 2.848, de 7 de dezembro de 1940 – Código Penal, para prever o feminicídio como circunstância qualificadora do crime de homicídio, e o art. 1º da Lei nº 8.072, de 25 de julho de 1990, para incluir o feminicídio no rol dos crimes hediondos.

A PRESIDENTA DA REPÚBLICA Faço saber que o Congresso Nacional decreta e eu sanciono a seguinte Lei:

Art. 1º O art. 121 do Decreto-Lei nº 2.848, de 7 de dezembro de 1940 – Código Penal, passa a vigorar com a seguinte redação:

"Homicídio simples

Art. 121. ....

....

Homicídio qualificado

§ 2º ....

....

Feminicídio

VI – contra a mulher por razões da condição de sexo feminino:

....

§ 2º -A Considera-se que há razões de condição de sexo feminino quando o crime envolve:

I – violência doméstica e familiar;

II – menosprezo ou discriminação à condição de mulher.

....

Aumento de pena

....

§ 7º A pena do feminicídio é aumentada de 1/3 (um terço) até a metade se o crime for praticado:

I – durante a gestação ou nos 3 (três) meses posteriores ao parto;

II – contra pessoa menor de 14 (catorze) anos, maior de 60 (sessenta) anos ou com deficiência;

III – na presença de descendente ou de ascendente da vítima." (NR)

Art. 2º O art. 1º da Lei nº 8.072, de 25 de julho de 1990, passa a vigorar com a seguinte alteração:

"Art. 1º ....

I – homicídio (art. 121), quando praticado em atividade típica de grupo de extermínio, ainda que cometido por um só agente, e homicídio qualificado (art. 121, § 2º, I, II, III, IV, V e VI);

...." (NR)

Art. 3º Esta Lei entra em vigor na data da sua publicação.

Brasília, 9 de março de 2015; 194º da Independência e 127º da República.

DILMA ROUSSEFF
José Eduardo Cardozo
Eleonora Menicucci de Oliveira
Ideli Salvatti
Este texto não substitui o publicado no DOU de 10.3.2015

Capítulo XXIII

A CONTA DA VIOLÊNCIA DOMÉSTICA

Quem paga são as vítimas

Entre os anos de 2020 e 2021 foram mortas 2.695 pela condição de ser mulher, 1.354 em 2020 e 1.341 em 2021. Representando um acréscimo de 23 mil chamados de emergência para o número 190 solicitando atendimento para caso de violência doméstica (variação de 4% de um ano para outro). O equivalente a uma pessoa ligando para o 190 por minuto em 2021, denunciando agressões como essas (Fonte: Justiça Delas).

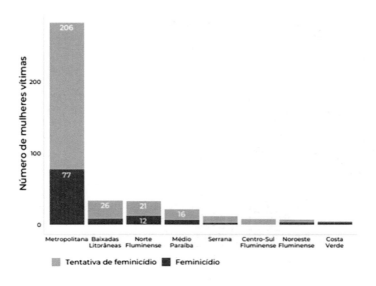

Gráfico 40 – Mulheres vítimas de feminicídio e tentativa de feminicídio – regiões do estado do Rio de Janeiro – 2022 (números absolutos)

Fonte: Elaborado pelo ISP com base em dados da SEPOL.

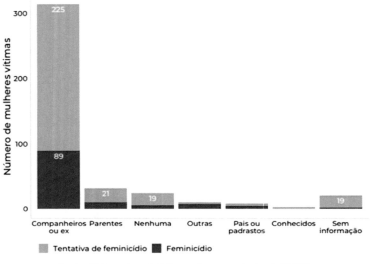

Gráfico 45 – Mulheres vítimas de feminicídio e de tentativa de feminicídio por tipo de relação entre vítima e autor – estado do Rio de Janeiro – 2022 (números absolutos)

Fonte: Elaborado pelo ISP com base em dados da SEPOL.

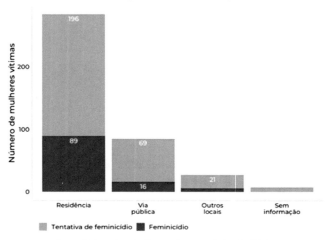

Gráfico 47 – Mulheres vítimas de feminicídio e de tentativa de feminicídio por local do fato – estado do Rio de Janeiro – 2022 (números absolutos)

Fonte: Elaborado pelo ISP com base em dados da SEPOL.

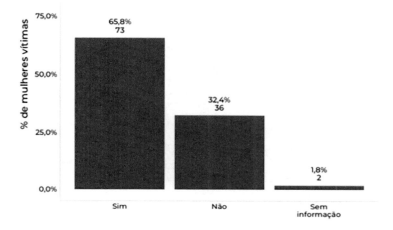

Gráfico 48 – Mulheres vítimas de feminicídio com filhos – estado do Rio de Janeiro – 2022 (números absolutos e valores percentuais)

Fonte: Elaborado pelo ISP com base em dados da SEPOL.

Os prejuízos são diversos, primeiro porque temos a questão da fé. Quando os homens falham como despenseiros, o mal tende a se instalar. A misericórdia infalível de Deus tem sido nossa salvaguarda. Mas, se imaginarmos a quantidade de mulheres decepcionadas com o evangelho, desamparadas dentro de suas próprias igrejas, e, famílias destruídas pelos abusos e violências sejam cristãs ou não, e ainda a nossa ineficiente forma de agir sobre a situação, podemos perceber que os danos são muito maiores.

A situação é urgente! Os campos estão brancos para ceifa. Será que haverá ceifeiros? Roguemos ao Senhor da seara.

CONCLUSÃO

Chego ao final da jornada deste livro, com a sensação de dever cumprido, mas também com uma noção de que muito há de ser feito por cada um de nós, se porventura você não foi vítima ou não conhece ninguém que tenha sido, precisamos pelo menos falar do assunto, admiti-lo como real e que faz parte de nossa sociedade, depois podemos levantar clamores pelas mulheres, orar por aquelas que estão sendo oprimidas por esse mal, e muitas outras ações podem e devem ser empreendidas pelas igrejas.

A história da perseguição contra a mulher vem dos primórdios de nossa história. A inimizade da serpente é o cerne de toda a opressão.

Os motivos das distorções e violências guardam correlação com a história bíblica, do inimigo a antiga serpente. O ódio aos homens vem daí. Qualquer interpretação que desconsidere essa realidade estará fadada à incompletude e nos manterá afastados da solução.

Toda confusão em torno da situação faz parte do processo do engano, a tentativa deliberada de nos tirar do foco, do verdadeiro inimigo a ser combatido. Aí reside o desejo de satanás que todos os dias busca alargar suas fronteiras e macular a criação de Deus com seus ardis. Utilizando-se de argumentos falaciosos, doutrinas humanas, sofismas.

Compreender que no princípio de tudo o pecado entra no mundo e introduz as distorções em torno dos papéis do homem e da mulher, aquilo que atendia à vontade de Deus, a complementariedade harmoniosa, deu lugar à opressão como consequência da queda.

O desejo do diabo é levar o homem a questionar a Deus, rejeitando-o e fazer com que, a partir do engano, a sociedade continue em constante perturbação.

Nisso temos a crença de que não há uma verdade absoluta, verdade acerca do ser mulher e do chamado de Deus para cada uma de nós. Por isso temos noções estereotipadas e erráticas de mulher e homem segundo os padrões desse tempo.

A ideia nesta obra é fornecer ao leitor um manual de compreensão para além das estórias contadas, teorias humanas e diabolicamente inventadas com a única finalidade de destruir a criação de Deus.

Sendo assim, servir ao Senhor e exercer a missão de adjutora não é carregar um selo de permissão para sermos vítimas de maus-tratos acobertados pelo sistema religioso denominacional, seja ele qual for. Nosso chamado para sermos filhas por adoção jamais pode ser confundido com permissividade para que obreiros fraudulentos, possam infringir maus-tratos e violências.

As mulheres precisam compreender que somos o alvo predileto do inferno, o diabo tem uma missão e uma designação de ser nosso inimigo e por isso mesmo tem de forma inteligente, buscado doutrinar mulheres, moças, meninas levando-as até doutrinadoras feministas que rejeitam profundamente a missão digna de ser adjutora idônea, erram quanto a vontade de Deus e se estribam em seus próprios entendimentos, levando as mulheres, moças e meninas a viverem um culto as suas emoções e a perseguirem um desejo de se libertarem de toda opressão, o que se constitui no argumento mais sofisticado do engano proposto pela serpente, a má interpretação da palavra de Deus, distorcendo-a. Com isto levam muitas a se digladiarem com os homens, serem avessas ao casamento, e assim seguem pervertendo pensamentos que uma vez inflados por modismos, pelo espírito deste tempo que busca o prazer a todo custo, esquecendo-se de Deus todo-poderoso, e, isso tem feito muitas mulheres e homens cativos do inferno.

Basta vermos as novelas e outros temas na TV aberta ou na fechada também. A ideia central e atual é a desconstrução das masculinidades, é preciso remover o homem de sua posição a qualquer custo.

Nesta obra mostramos que a verdade é mais profunda e o inimigo é o diabo e não o patriarcado, o legado da desobediência no Éden, é a distorção. Na verdade, a partir deste livro podemos entender a versão moderna de ódio aos homens por meio dessa palavra, como forma de problematizar a figura da liderança do pai.

O que nos acende um alerta enquanto mulheres cristãs. Cada vez que nos simpatizamos com essa noção, estamos esvaziando o propósito de Deus quando criou e chamou homem e a mulher, a divisão de papéis combatida é a salutar complementariedade imaginada por Deus para o homem e a mulher, devemos aprender a amar o propósito de Deus para nós.

As mentes precisam ser dessensibilizadas, uma sociedade hedonista (que visa ao prazer) deve agir de acordo com interesses puramente egoístas, oposta ao altruísmo cristão.

Objetiva-se a interseccionalidade da terceira onda e a toda e qualquer aceitação, incluindo a ideologia de gênero. O temor do Senhor é nosso antídoto contra tudo isso.

As mulheres cristãs devem ser as mais belas, no sentido pleno e não somente estético da palavra. Somos comparadas à igreja de Cristo! E, no quesito atenção e amor, dedicação, estes precisam e devem ser dispensados a nós. Essa é a régua e o padrão.

O erro está no comportamento distorcido do padrão. Se como igreja não conseguimos dizer ao mundo que somos tremendamente amadas, e felizes com nosso chamado e posição, que tipo de influência podemos exercer? E, aos homens se enquanto líderes eclesiásticos tornam-se vetores de violências contra as mulheres, de igual forma que tipo de influência poderão exercer?

Nossos maridos precisam ser os mais honrados e respeitados. Precisam desempenhar a função que lhes foi designada por Deus a Adão. Nossas famílias precisam se destacar, para que outras famílias desejem a presença de Deus.

Espero ter sido clara e levar você, minha irmã e irmão, ao uso deste livro para auxílio, como um manual a ser lido e relido, questionado, aprendido e ao final ser usado como ferramenta para o bom combate.

REDES DE SERVIÇOS

Delegacias Especializadas de Atendimento à Mulher (DEAM): As unidades especializadas da Polícia Civil contam com profissionais preparados e capacitados, que realizam ações de prevenção, proteção e investigação dos crimes de violência doméstica e violência sexual contra as mulheres, entre outros.	Importante destacar que toda e qualquer delegacia está apta a receber denúncias de violência, mas nem todas as cidades brasileiras têm delegacias especializadas.
Casa da Mulher Brasileira: Trata-se de uma inovação no atendimento humanizado das mulheres, mas a iniciativa do governo federal ainda não está disponível em todas as capitais.	Prevenção da gravidez indesejada (até 72 horas após a violação), além da interrupção da gestação nos casos previstos em lei (aborto legal) e do acompanhamento psicossocial continuado. A profilaxia de doenças sexualmente transmissíveis, realização de exame de corpo de delito no local.
O Serviço de Atendimento às Mulheres Vítimas de Violência Sexual (SAMVVIS):	decorrentes da prática de violência doméstica e familiar contra a mulher. O serviço oferece acolhimento integral às vítimas de estupro, completamente gratuito, pelo SUS. Entre os procedimentos estão previstos acompanhamento interdisciplinar (social, psicológico, pedagógico e de orientação jurídica).
Juizado de Violência Doméstica e Familiar contra a Mulher:	Órgãos da Justiça Ordinária com competência cível e criminal, poderão ser criados pela União, no Distrito Federal e nos Territórios, e pelos Estados, para o processo, o julgamento e a execução das causas Especializado em Violência Doméstica e Familiar contra as Mulheres; Ministério Público, Defensoria Pública; Serviço de Promoção de Autonomia Econômica; Espaço de cuidado das crianças – Brinquedoteca; Alojamento de Passagem e Central de Transporte. Em apenas um só espaço são oferecidos diferentes atendimentos especializados, como Acolhimento e Triagem; Apoio Psicossocial; Delegacia; Juizado.

Centro de Referência às Mulheres Vítimas de Violência:	Faz parte da rede de equipamentos de enfrentamento à violência contra mulher e oferece acolhimento.
Núcleos de Atendimento às Mulheres Vítimas de Violência (Defensorias Públicas estaduais):	Oferecem orientação jurídica, promoção dos direitos humanos e defesa dos direitos individuais e coletivos em todos os graus (judicial e extrajudicial), de forma integral e gratuita.
Núcleos de Atendimento às Mulheres Vítimas de Violência (Ministérios Públicos estaduais):	Responsável por mover ação penal pública, solicitar investigações à Polícia Civil e demandar ao judiciário medidas protetivas de urgência, além de fiscalizar estabelecimentos públicos e privados de atendimento às vítimas.

Fonte: Cedim (Conselho Estadual de Direitos da Mulher/RJ)

REDE ESPECIALIZADA DE ATENDIMENTO À MULHER NO ESTADO DO RIO DE JANEIRO

Local	Serviço
RIO DE JANEIRO	Secretaria Especial de Políticas para as Mulheres/SPM-Rio Praça Pio X, nº 119, 7º andar, Centro – Rio de Janeiro CEP.: 20.040-020. Tel.: 2976-7455
RIO DE JANEIRO	Centro Especializado de Atendimento à Mulher Chiquinha Gonzaga Rua Benedito Hipólito, nº 125 – Praça Onze – Centro – Rio de Janeiro CEP: 20.211-130 Tel./Fax.: 2517-2726
RIO DE JANEIRO	Centro Integrado de Atendimento à Mulher (CIAM) MÁRCIA LYRA Rua Regente Feijó, nº 15, Centro/Rio de Janeiro CEP: 20.060-060 DISQUE MULHER Rua Regente Feijó, 15, Centro/RJ (21) 2332-8249

Local	Serviço
RIO DE JANEIRO	DISQUE ASSEMBLÉIA DIREITOS DA MULHER 08002820119 E-mail: cddm@alerj.rj.gov.br DISQUE DENÚNCIA E-mail: misiji@gmail.com (21) 2253-1177 Horário de atendimento: de segunda a quinta, das 9h às 17h
RIO DE JANEIRO – MARÉ	Centro de Referência de Mulheres da Maré Carminha Rosa Rua 17, s/n°, Vila do João – Maré (Anexo ao Posto de Saúde) Tel./Fax: 3104-9896/ 3104-5170 Horário de Funcionamento: 2ª à 5ª feira das 9:00h às 16:00 horas
RIO DE JANEIRO – ILHA	Centro de Referência para Mulheres Suely Souza de Almeida. Praça Jorge Machado Moreira, 100 - Cidade Universitária - Rio de Janeiro - CEP 21941-598 Telefones 3938-3773 - 3938-3720
DEAM CENTRO	Av. Visconde do Rio Branco, n° 12, Centro Referência: perto da Praça Tiradentes Telefones Plantão: (21) 2334-9859 / 3657-4323 Fax: (21) 2332-9996
DEAM LEGAL Oeste	Rua Cesário de Melo, n° 4138 - Campo Grande CEP: 23050-100 Telefone: (21) 2333-6941 / 2333-6944 / 2333-6940 / 2332-7588 / 2332-7537 / 2332-7549 / 2332-7548 / 2333-6944 Fax: 2332-7588
DEAM LEGAL Jacarepaguá	Rua Henriqueta, 197 - Tanque Referência: Rua do Posto de Saúde, do Corpo de Bombeiros e da CEDAE. Telefone Plantão: (21) 2332-2578/2574
NUAM Complexo do Alemão	45ª DP - Complexo do Alemão Rua Nova sem número, Itararé (entrada pela Estação Itararé do Teleférico) Tel.:3885-4486

Local	Serviço
NUAM Rocinha	11ª DP - Rocinha Rua Bertha Lutz, 84, São Conrado Tel.: 2334-6772
NUAM Santa Cruz	36º DP – Santa Cruz AV. D. João VI, 67 Plantão: 2333-7246
I Juizado da Violência Doméstica e Familiar contra a Mulher	Lâmina 2 do Complexo do Judiciário, na Avenida Erasmo Braga, 115, 12º andar, sala 1204. Tel.: (21) 3133-3820
II Juizado da Violência Doméstica e Familiar contra a Mulher	Rua Carlos da Silva Costa, 141, Bloco III, Térreo, Centro, Campo Grande CEP.: 23050-230 Secretaria: Telefone: (21) 3407-9731 / 3407-9732
III Juizado da Violência Doméstica e Familiar contra a Mulher	Rua Professora Francisca Piragibe, 80 – Taquara – Jacarepaguá CEP.: 22710-195 Tel.: 2444-8171
IV Juizado da Violência Doméstica e Familiar contra a Mulher	Endereço: Rua 12 de Fevereiro, s/nº Bangu – CEP: 21.810-050 Telefone: (21) 3338-2030/3338-2031
V Juizado da Violência Doméstica e Familiar contra a Mulher	Endereço: Av. Erasmo Braga, nº 115 - 12º andar - sala 1204 – Centro – Rio de Janeiro – CEP: 20.020-903 Telefone: (21) 3133-3938-3133-3939
VI Juizado da Violência Doméstica e Familiar contra a Mulher	Fórum Regional da Leopoldina. Rua Filomena Nunes, 1071, Sala 106, Olaria - CEP.: 21021-380 Secretaria: Telefone: (21) 3626-4200/4371/4372
CEJEM - Comissão Judiciária de Articulação dos Juizados de Violência Doméstica e Familiar contra a Mulher do Poder Judiciário do Estado do Rio de Janeiro	Endereço: Av. Erasmo Braga, nº 115, Lâmina I - Sala 905. Castelo - Rio de Janeiro/RJ Tel.: 3133-2996 Fax: 3133-3309

Local	Serviço
CEJUVIDA Central Judiciária de Abrigamento Provisório da Mulher Vítima de Violência Doméstica	Plantão Judiciário – Rua Rodrigues Alves, nº 731 – Centro Entrada pela Av. Binário do Porto Tel. (21) 3133-3894 / (21) 3133-4144
NUDEM (Núcleo de Defesa dos Direitos da Mulher)	Avenida Marechal Câmara Tel.: 2332-6371 Atendimento: de segunda-feira a quinta-feira, das 10h às 16h E-mail: nudem@dpge.rj.gov.br
Defensoria Pública	Sede: Av. Marechal Câmara, 314 Site: www.dgpe.rj.gov.br E-mail: dgpe@dgpe.rj.gov.br Ouvidoria: 0800 282 2279
Ministério Público	6ª Promotoria de Justiça de Tutela Coletiva – Cidadania - Av. Nilo Peçanha 26, 4º andar – Centro. Tel.: 2222-5196
Centro de Apoio Operacional das Promotorias de Justiça de Violência Doméstica contra a Mulher	Tel.: 2262-1776
HOSPITAL ESPECIALIZADO	Hospital Maternidade Fernando Magalhães – Unidade de saúde do município do Rio de Janeiro referência para a realização do aborto legal. Funciona 24h. Rua General José Cristino, 87, São Cristóvão. Tel.: (21) 3878-1498 / 3878-2327
HOSPITAIS DE EMERGÊNCIA QUE ATENDEM VÍTIMAS DE VIOLÊNCIA SEXUAL	Hospital Municipal Souza Aguiar - Praça da República, 111 – Centro, Rio de Janeiro, RJ
	Hospital Maternidade Oswaldo Nazareth - Praça XV de Novembro, 04 - Fundos Praça XV, Rio de Janeiro, RJ
	Hospital Maternidade Maria Amélia Buarque de Hollanda - Rua Moncorvo Filho, 67 Centro, Rio de Janeiro, RJ
	Hospital Municipal Miguel Couto - Rua Mário Ribeiro, 117 - Gávea, Rio de Janeiro, RJ

Local	Serviço
HOSPITAIS DE EMERGÊNCIA QUE ATENDEM VÍTIMAS DE VIOLÊNCIA SEXUAL	Hospital Municipal Paulino Werneck - Estrada da Cacuia, 745 - Ilha do Governador, Rio de Janeiro, RJ
	Hospital Municipal Salgado Filho - Rua Arquias Cordeiro, 370 - Méier, Rio de Janeiro, RJ
	Hospital Maternidade Carmela Dutra - Rua Aquidabã, 1037 - Lins de Vasconcelos, Rio de Janeiro, RJ
	Hospital Maternidade Herculano Pinheiro - Av. Min. Edgard Romero, 276 - Madureira, Rio de Janeiro, RJ
	Hospital Municipal Francisco da Silva Telles - Avenida Ubirajara, 25 - Irajá, Rio de Janeiro, RJ
	Hospital Maternidade Alexander Fleming - Rua Jorge Schimdt, 331 - Marechal Hermes, Rio de Janeiro, RJ
	Hospital Municipal Lourenço Jorge / Maternidade Leila Diniz - Av. Ayrton Senna, 2000 - Barra da Tijuca, Rio de Janeiro, RJ
	Hospital da Mulher Mariska Ribeiro - Praça 1º de Maio, s/n - Bangu, Rio de Janeiro, RJ
	Policlínica Lincoln de Freitas Filho - Rua Álvaro Alberto, 601 - Santa Cruz, Rio de Janeiro, RJ
	Hospital Municipal Pedro II - Rua do Prado, nº 325 – Santa Cruz, Rio de Janeiro, RJ
	Hospital Estadual Albert Schweitzer - Rua Nilópolis, 329, Realengo - Rio de Janeiro - RJ
	Hospital Estadual Eduardo Rabello - Estrada do Pré, s/n - Senador Vasconcelos, Rio de Janeiro, RJ
	Hospital Estadual Rocha Faria - Avenida Cesário de Melo, 3215 - Campo Grande, Rio de Janeiro - RJ
	Hospital Estadual Getúlio Vargas - Rua Lobo Júnior nº 2293 - Penha, Rio de Janeiro, RJ

Local	Serviço
BELFORD ROXO Superintendência de Políticas para Mulheres	Av. Joaquim da Costa Lima, n° 2.490, Santa Amélia - Belford Roxo CEP: 26.165-385 Tel.: 2761-6604 / 2761-6700 Centro Especializado de Atendimento à Mulher de Belford Roxo - CEAMBEL Av. Joaquim da Costa Lima, n° 2.490, Santa Amélia - Belford Roxo. CEP: 26.165-385 Tel.: 2761-6604 / 2761-6700 - Fax: 2761-5845 Horário de Funcionamento: 2ª à 6ª feira, de 8h às 17h
DUQUE DE CAXIAS Departamento dos Direitos da Mulher	Avenida Brigadeiro Lima e Silva, n° 1.618 - Bairro: 25 de Agosto – Duque de Caxias CEP: 25.071-182 Telefone: (21) 2672-6667 / 2672-6650 ramal 222 Centro de Referência de Atendimento à Mulher em Situação de Violência Rua Manoel Vieira, S/N - Centenário - Duque de Caxias (Localizado dentro do Complexo de Assistência Social Juíza Olímpia Rosa Lemos). Telefone: (21) 2653-2546 Horário de Funcionamento: de segunda a sexta, de 8h às 17h
GUAPIMIRIM Coordenadoria de Políticas para as Mulheres	Avenida Íta, n° 117 - Centro - Guapimirim Telefone: (21) 99186-4622
MESQUITA Coordenadoria Municipal de Políticas para Mulheres (CMPM)	Rua: Egídio n° 1459, Vila Emil – Mesquita Tel.: 2696-2491/2697-2750 Centro Especializado de Atendimento à Mulher – CEAM - Mesquita Rua Egídio, n° 1459 – Vila Emil. CEP: 26.553-000 Tel./fax: 3763-6093 Horário de Atendimento: 2ª a 6ª feira de 9h às 17h
NILÓPOLIS Superintendência dos Direitos da Mulher de Nilópolis	Rua Antônio João Mendonça, n° 65, Centro - Nilópolis. Tel.: 2691-6887/3684-1946

Local	Serviço
Casa Municipal da Mulher Nilopolitana	Rua Antônio João Mendonça, n° 65 – Centro - Nilópolis. CEP: 26.540-020 Tel.: (21) 2691-6887 Horário de Funcionamento: de 9h às 17h
NOVA IGUAÇU Coordenadoria de Políticas para Mulheres	Rua Teresinha Pinto, 297, 2° andar, Centro – Nova Iguaçu. (prédio do CRAS) CEP: 26.215-210 Tel.: 2698-2562/2668-6383
Núcleo de Referência de Atendimento à Mulher	Rua Teresinha Pinto, 297, 2° andar, Centro – Nova Iguaçu. (prédio do CRAS) CEP: 26.215-210 Tel.: 2698-2562/2668-6383 Horário de Atendimento: 2ª a 6ª feira das 9h às 17h
Centro Integrado de Atendimento à Mulher (CIAM) BAIXADA	Rua Coronel Bernardino de Melo, s/n°, Bairro da Luz – Nova Iguaçu. (Ref.: Rua do Fórum) CEP: 26262-070 Tel.: (21) 3773-3287 Atendimento: Segunda a sexta de 9h às 17h
PARACAMBI Coordenadoria Especial de Políticas para as Mulheres	Endereço: Rua São Paulo, s/n°, Guarajuba – Paracambi (Ref.: Antigo Posto de Saúde). CEP: 26.600-000 Tel.: 2683-2247
Centro de Referência e Atendimento às Mulheres em Situação de Violência Clarice Lavras da Silva – CRAMP/SV	Rua São Paulo, s/n°, Guarajuba – Paracambi. (Ref.: Antigo Posto de Saúde) CEP: 26.600-000 Tel.: (21) 3693-4685
QUEIMADOS Coordenadoria Especial de Políticas para as Mulheres	Rua Otília, n° 1495, Centro – Queimados CEP: 26.391-230 Tel.: (21) 3699-3461/2665-8562
Centro Especializado de Atendimento à Mulher de Queimados	Estrada do Lazareto, n°85 - Centro - Queimados Tel.: (21) 2663-3222

Local	Serviço
SÃO JOÃO DE MERITI Superintendência de Direitos da Mulher	Rua Defensor Público Zilmar Pinaud, s/nº Vila dos Teles CEP.: 25.555-690 Tel.: 2662-7626/2651-1198
Centro de Referência e Atendimento à Mulher Meritiense	Rua Defensor Público Zilmar Pinaud, s/nº, Vila dos Teles CEP.: 25.555-690 Tel.: 2662-7626/2651-1198
SEROPÉDICA Núcleo Integrado de Atendimento à Mulher - NIAM SEROPÉDICA	Estrada Rio-São Paulo – Km 41, nº 26 – Campo Lindo - Seropédica Tel.: 3787-6042 Horário de atendimento: 8h às 17h de segunda à sexta
NITERÓI CODIM - Coordenadoria de Políticas e de Direitos das Mulheres	Rua Cônsul Francisco Cruz, nº 49 – Centro – Niterói (Referência: perto da Universidade Salgado de Oliveira). Tel.: 2719-3047/ 2620-1993/ 2620-6638 Horário de atendimento: 2ª a 6ª feira de 9h às 17h
Centro Especializado de Atendimento à Mulher (CEAM)	Rua Cônsul Francisco Cruz, nº 49 – Centro – Niterói (Referência: perto da Universidade Salgado de Oliveira) Tel.: 2719-3047/ 2620-1993/ 2620-6638 Horário de atendimento: 2ª a 6ª feira de 9h às 17h
ITABORAÍ Centro de Referência de Atendimento à Mulher de Itaboraí	Travessa Agenor Castor Santos, nº 30 Centro - Itaboraí CEP: 24.800-153 Horário: 8h às 17h Tel.: 3639-1548 E-mail: casadamulherita@gmail.com
MARICÁ Subsecretaria Municipal de Políticas para as Mulheres	Rua Uirapurus, 50, Flamengo, Maricá (Sede própria está em reforma, atualmente estão no endereço Alcebides Alves de Matos, 229 – Centro – Marica) Tel.: 3731-5636
Centro de Referência da Mulher Natália Coutinho Fernandes	Rua Uirapurus, nº 50 - Maricá Tel.: 3731-5636 Horário de atendimento: 9h às 17h
SÃO GONÇALO Coordenadoria de Políticas para as Mulheres	Rua Urcina Vargas, nº 36 – Alcântara – São Gonçalo Tel.: 3262-3646 / 3262-3647

Local	Serviço
CEOM – Centro Especial de Orientação à Mulher Zuzu Angel	Rua Camilo Fernandes Moreira, s/n – Neves - São Gonçalo CEP: 24.940-210 Celular serviço: 3703-2109 Horário de funcionamento: de 9h às 17h
CEOM - Centro Especial de Orientação à Mulher Patrícia Acioli	Rua Albino Imparato, Lt. 16, Qd. 55 (ao lado do DPO) – Jardim Catarina – São Gonçalo Celular serviço: 2706-7190 Horário de atendimento: 2ª a 6ª feira de 9h às 17h
TANGUÁ Coordenadoria de Atendimento à Mulher	Rua Demerval Garcia de Freitas, nº 112 – Centro – Tanguá CEP: 24.890-000 Tel.: 2747-2879/3719-0973
CRAM - Centro de Referência e Atendimento à Mulher	Rua Demerval Garcia de Freitas, nº 112 – Centro – Tanguá CEP: 24.890-000 Tel.: 2747-2879/3719-0973
MANGARATIBA Superintendência das Mulheres	Praça Robert Simões s/n Centro - Mangaratiba Tel.: (21) 2680-7404
ANGRA DOS REIS Coordenadoria de Políticas Públicas para as Mulheres	Rua Honório Lima, nº 127 – Centro - Angra dos Reis Tel.: (24) 3365-5772
RIO DAS OSTRAS Centro de Referência – Casa da Mulher	Rua Jandira Morais Pimentel, 44, Centro – Rio das Ostras (Ref.: Rua da Secretaria de Fazenda) CEP.: 28.890-000 Tel.: (22) 2771-3125 / 2771-3560 Horário de atendimento: 8h às 17h telefone plantão 24h
CABO FRIO Secretaria Municipal da Mulher	Endereço: Rua Getúlio Vargas, nº 173, São Francisco – Cabo Frio CEP: 28.900-000 Tel./Fax: (22) 2644-6063
Centro de Referência e Atendimento à Mulher em Situação de Violência	Rua: Getúlio Vargas, nº 173 – Parque Central (Ref.: Próxima a Delegacia). Tel.: (22) 2645-1899 Horário: 8h às 12h e 14h às 17h

Local	Serviço
Centro de Referência e Atendimento à Mulher em Situação de Violência – Tamoios	Rua Rio de Janeiro, nº 21, Aquarius – Cabo Frio Horário: 8h às 12h e 14h às 17h
BÚZIOS Coordenadoria de Políticas Públicas para as Mulheres	Travessa dos Pescadores, s/n Praça Santos Dumont – Centro - Búzios. Tel.: (22) 2623-6497
Centro Especializado de Atendimento à Mulher – CEAM BÚZIOS	End.: Av. José Bento Ribeiro Dantas, nº 4994 – Manguinhos - Búzios Tel.: (22) 2623-6720 Horário de Atendimento: 8h às 17h de segunda à sexta.
SILVA JARDIM Secretaria Municipal Especial dos Direitos das Mulheres e das Minorias	Rua Augusto Antônio de Amorim, 254 – Caju - Silva Jardim CEP.: 28.820-000 Tel.: (22) 2668-2181
Centro de Referência da Mulher	Rua Augusto Antônio de Amorim, nº 254 – Caju - Silva Jardim CEP.: 28.820-000 Tel.: (22) 2668-2181 Atendimento: segunda a sexta de 8h às 17h
ARARUAMA Coordenadoria de Políticas para as Mulheres	Av. Brasil, nº 480, Bairro: Parque Hotel. CEP: 28.970-000 Coordenadora: Lourdes Belchior Cel.: (22) 98811-7902 Tel.: (22) 2665-3131 E-mail: almeida.belchior@gmail.com; cmulheres@araruama.rj.gov.br
Centro de Referência e Atendimento à Mulher – CRAM	Av. Brasil, nº 480, Bairro: Parque Hotel. CEP.: 28.970-000 Tel.: (22) 2665-3131 Horário: 9h às 17h
SAQUAREMA Secretaria Municipal da Mulher	Rua Waldomiro Diogo de Oliveira, 471 – Centro - Bacaxá Tel.: (22) 2653-2769
Centro de Atendimento à Mulher	Rua Waldomiro Diogo de Oliveira, 476 - Bacaxá Tel.: (22) 2653-0658 Horário de funcionamento: de 9h às 17h

Local	Serviço
ARRAIAL DO CABO Secretaria de Sustentabilidade, Promoção da Igualdade Racial e Direitos da Mulher	Rua Duque de Caxias, 37 Praia dos Anjos – Arraial do Cabo CEP.: 28.930-000
BARRA MANSA Centro Especializado de Atendimento à Mulher - CEAM Maria Aparecida Roseli Miranda	Rua João Chiesse Filho, nº 312, Parque da Cidade. Tel.: (24) 3328-0765 Horário de atendimento: 8h às 17h de segunda à sexta
RESENDE Coordenadoria de Políticas para as Mulheres	Rua Augusto Xavier de Lima, 251 Jardim Jalisco – Resende/RJ CEP.: 27.510-090 Tel.: (24) 3354-8836
Núcleo Integrado de Atendimento à Mulher - NIAM Resende	Rua Macedo de Miranda, nº 81 - Jardim Jalisco (Ref.: casa rosa em frente garagem vistoria do DETRAN). Tel.: (24) 3360-9824 Horário funcionamento: das 8h às 17h
VOLTA REDONDA Secretaria Municipal de Políticas Públicas para as Mulheres	Rua 552, nº 46 – Bairro Jardim Paraíba – Volta Redonda CEP.: 27510-090 Tel.: (24) 3339-9025 / 9519 / 9520
Casa da Mulher Berta Lutz	Rua 539, nº 456, Nossa Senhora das Graças – Volta Redonda. Tel.: (24) 3339-2288/ 0800-032-0366 Horário de atendimento: 7h às 17h de segunda a sexta.
ITATIAIA Secretaria Municipal de Políticas Públicas para as Mulheres	Rua Antônio José Pereira, nº 303, Vila Odete CEP.: 27580-000 Tel.: (24) 3352-1339
Centro de Referência da Mulher	Rua Antônio Jose Pereira, nº 303, Vila Odete CEP.: 27.580-000 Tel.: (24) 3352-1339 Horário de funcionamento: 8h às 17h

Local	Serviço
NOVA FRIBURGO Centro de Referência da Mulher de Nova Friburgo - CREM	Av. Alberto Braune, 223 – Centro Tel./Fax: (22) 2525-9226 Horário de Funcionamento: 2ª à 6ª feira, de 9h às 18h
PETRÓPOLIS Centro de Referência e Atendimento à Mulher Tia Alice – CRAM	Rua Santos Dumont, nº 100 – Centro. Funciona no Centro de Atendimento à Mulher e à Criança Olga Benário Tel.: (24) 2243-6212 / 2244-8995 Horário de Funcionamento: 2ª à 6ª feira, de 8h às 17h. Terças e quartas: 8h às 20h.
TERESÓPOLIS Secretaria Municipal de Direitos da Mulher	Av. Lucio Meire, nº 375 - antigo Fórum - Centro. (Em frente à loja sai de baixo) Tel.: (21) 2742-1038 / 2643-4237 / 2742-1038 Horário de atendimento: 12h às 18h de segunda, terça, quarta e sexta. Quinta funciona o dia todo.
Centro Especializado de Atendimento à Mulher	Av. Lucio Meira, 375 - antigo Fórum – Centro - Teresópolis Tel.: (21) 2742-1038 / 2643-4237 / 2643-4741 Horário de atendimento: 9h às 18h de segunda à sexta
MACAÉ Subsecretaria Municipal de Políticas para as Mulheres	Rua São João, nº 33, Centro – Macaé (Ref.: ao lado da delegacia de Macaé) Tel.: (22) 2796-1045 (Telefax) (22) 2772-5202/ (22) 2791-6620
Centro de Referência da Mulher	Rua São João, 33. Centro (ao lado da Delegacia) Tel.: (22) 2796-1045 Horário de atendimento: de 8h às 17h de segunda a sexta.
CAMPOS Abrigo - Casa da Mulher Benta Pereira	(Endereço sigiloso) Triagem realizada pelo Centro Especializado de Atendimento à Mulher vítima de violência.
ITAPERUNA Maria Magdalena da Silva Fernandes - CIAM	Rua Izabel Vieira Martins, nº 131 - Bairro Presidente Costa e Silva – Itaperuna CEP.: 28.300-300 Tel.: (22) 3824-1665 Horário de funcionamento: de 8h às 17h

Local	Serviço
NATIVIDADE Coordenadoria de Política para as Mulheres	Rua Domiciano Gomes, s/nº, Bairro Liberdade, CEP.:28.380-000 Tel.: (22) 3841-2212 – Fax: (22) 3841-2212

Fonte: Cedim (Conselho Estadual de Direitos da Mulher/RJ)

REFERÊNCIAS

A FACE Oculta do Feminismo (Documentário) – Streaming Brasil Paralelo. 2021.

BIANCHINI Alice, BAZZO Mariana, CHAKIAN Silvia. **Crimes contra Mulheres (2022) Lei Maria da Penha, Crimes Sexuais.**

BIANCHINI Alice, **Espiral da Violência (2023)** –Violência de Gênero 2023 – IERB/MP RJ.

BÍBLIA SAGRADA – Edição King James.

BROWN, Sandra M.A. **Como Identificar homens com distúrbios de personalidade e se livrar de um relacionamento abusivo.** São Paulo: Editora Cultrix

BUENO, Samira et al. **Visível e invisível:** a vitimização de mulheres no Brasil. 4. ed. São Paulo: Fórum Brasileiro de Segurança Pública, 2023. Relatório. https://forumseguranca.org.br/wp-content/uploads/2023/03/visiveleinvisivel-2023-relatorio.pdf.

Conselho Estadual Dos Direitos Da Mulher/RJ (Cedim.Rj.Gov.Br). Disponível em: https://www.unirv.edu.br/conteudos/fckfiles/files/estupro%20marital%20-%20a%20prote%c3%87%c3%83o%20do%20estado%20em%20defesa%20da%20mulher.pdf#:~:text=considerase%20estupro%20marital%20a%20viol%c3%aancia%20sexual%20empregada%20contra,sexual%2c%20considerase%20estupro%20%28barbosa%3b%20tessmann%2c%202014%2c%20p.%204%29.

Dossiê Mulher 2023. Disponível em: https://www.mpsp.mp.br/portal/page/portal/documentacao_e_divulgacao/doc_biblioteca/bibli_servicos_produtos/BibliotecaDigital/BibDigitalLivros/TodosOsLivros/Dossie-Mulher-2023.pdf

FERNANDES, Eliseu. **Reforma Protestante, Rupturas, Recomeço e Reavivamento** (E-Book).

FREIRA franciscana é a primeira mulher 'número dois' do Vaticano. **O Vale.** Disponível em: https://sampi.net.br/ovale/noticias/593314/o-vale/2021/11/freira-franciscana-e-a-primeira-mulher-numero-dois-do-vaticano

FRIDA Vingren: oitenta e quatro anos após sua morte a AD São Cristóvão-RJ reconhece seu pastorado. Disponível em: https://www.youtube.com/watch?v=0MA_Tz-cdDQ.

KRAMER, Heinrich; Sprenger, James. **O martelo das feiticeiras** (p. 1). Rosa dos Tempos. Edição do Kindle.

MACEDO, Bispo. As Mulheres da Universal. **Universal.org.** Disponível em: https://www.universal.org/bispo-macedo/post/as-mulheres-da-universal/

MORENO, Jesús. Por que mulheres são mortas até hoje sob acusação de 'bruxaria'. **BBC**. Disponível em: https://www.bbc.com/portuguese/geral-58560697.

PASTANA, Marcela. Quem eram as mulheres queimadas nas fogueiras da Inquisição? **PsiBr**. Disponível em: https://psibr.com.br/colunas/sexualidade-e-genero/marcela-pastana/quem-eram-as-mulheres-queimadas-nas-fogueiras-da-inquisicao

VINGREN, Frida. Frida Vingren (p. 2). CPAD. Edição do Kindle.